KLAUS MERTEN

Das Handwörterbuch der PR

A–Q

HERAUSGEGEBEN VON KLAUS KOCKS
UND KLAUS MERTEN

KLAUS MERTEN

Das Handwörterbuch der PR

A – Q

Mit aktualisierter Homepage!

F.A.Z.-INSTITUT
FÜR MANAGEMENT-, MARKT- UND MEDIENINFORMATIONEN GMBH

Die Deutsche Bibliothek – CIP-Einheitsaufnahme

Merten, Klaus

Das Handwörterbuch der PR
A–Q / R–Z

2 Bde., **Bd. 1 A–Q**

F.A.Z.-Institut für Management-,
Markt- und Medieninformationen,
Frankfurt am Main: 2000

ISBN 3-927282-99-5

Aktualisierte Homepage zum Buch:
www.prspezial.de

Umschlaggestaltung xplicit Gesellschaft für visuelle Kommunikation, Frankfurt am Main

DTP-Layout Dietmar Ostermann, F.A.Z.-Institut für Management-, Markt- und Medieninformationen GmbH

Druck Druckhaus Beltz, Hemsbach

Inhalt

Zum Geleit

Das „Handwörterbuch PR“ soll der erste Band einer Reihe von Publikationen sein, die sich mit den modernsten Formen und Fragestellungen von Publizistik und PR beschäftigt. Ziel ist dabei eine konkrete, fast könnte man sagen handfeste Unterrichtung der Leser, das, was man heute „news to use“ nennt. Darüber hinaus sollen aber übergreifende Zusammenhänge und Hintergrundprobleme herausgearbeitet und der Stand der wissenschaftlichen Diskussionen deutlich werden. Die Abhandlungen sind konkret, das Abstrahieren ermöglichend. Sie zeigen, daß „best practice“ in der kommunikativen Praxis und ein hohes theoretisches Reflexionsniveau keine Widersprüche sind. Nichts ist praktischer als eine gute Theorie. Das Handwörterbuch PR liefert hierzu zahlreiche Belege, so daß es auch insofern beispielhaft am Beginn der Reihe stehen kann.

Dieses Handwörterbuch will seinen Lesern das Leben leichter machen und schwerer. Es löst Probleme und schafft neue. Fachbegriffe der Public Relations sind für den qualifizierten Laien wie für den Experten fundiert und schlüssig erklärt, erläutert und eingeordnet – eine Aufgabe, die in doppelter Weise schwer zu lösen war. Denn einerseits bildet die boomende Branche der Public Relations unzählige Spitznamen, Schlagwörter, Fachtermini unterschiedlichster Herkunft und Qualität heraus. Andererseits wächst die wissenschaftliche Literatur zum Phänomen Public Relations, und komplizierte sozialwissenschaftliche und philosophische Diskurse dringen in die klassische Publizistik ein. Die Fachsprache des historisch jungen PR-Gewerbes ist daher eine sich schnell wandelnde Mischung aus Begriffen ganz unterschiedlicher Provenienz, in ihrer Gesamtheit keine Kategorien, schon gar kein kategoriales System. Zum Teil sind die Termini nicht mal das, was man in der Wissenschaft Begriffe nennt. Gleichzeitig bleibt diese Fachsprache aber nicht auf die Berufsausübenden beschränkt, also im Status einer Geheimsprache oder einer laienexkludierenden Expertensprache. Die Begriffe der PR werden zunehmend Teil des politischen Alltagsdiskurses. Sie sind Teil der politischen Berichterstattung geworden, tauchen in

Talkshows auf und gehen in die Jugendsprache ein. In England weiß jeder Zeitungsleser, was ein „Soundbite" ist, und in Deutschland steht der „Spin Doctor" schon ohne Übersetzung in der Überschrift. Dies verlangt nach einem fundierten Handlexikon.

Während die mit PR bezeichnete gesellschaftliche Praxis exponential wächst, verhalten sich weite Teile der Bezugswissenschaft, also der Publizistik eher regressiv: Sie versuchen das Neue in den Paradigmen des Alten zu denken, quasi rückzuübersetzen und sich so zu kalmieren. Im Grunde ist das Auto, so wird hier phantasiert, eine Kutsche, vielleicht mit einigen technischen Raffinessen, aber ob gerade die unseren ethischen Ansprüchen gerecht werden, haben wir, die Vertreter der gehobenen Zeitungslehre, unsere Zweifel... Die traditionelle Publizistik ist auch dort, wo sie neue Kommunikationsformen zu ihrem Gegenstand macht, oft residual: Sie denkt die Evolution von hinten nach vorne, sucht im Auto die Kutsche, findet im Menschen den Affen. Gewaltige exkursive Behandlungen des Phänomens Öffentlichkeitsarbeit sind von dem festen Willen beherrscht, die alten Paradigmen zu halten, sprich den Wunsch von gestern für die Wirklichkeit von morgen zu halten. Dies fällt im politischen Diskurs nicht auf, weil die berufsethische Werteskala der Publizisten einem Dekadenzparadigma unterliegt. Das Neue ist, Effizienz hin, Effizienz her, Sittenverfall, Rückschritt. Damit finden wir in der Publizistik zwei gegenläufige fundamental- ideologische Achsen: die des (regressiven) professionellen Selbstverständnisses und die der (progressiven) Entwicklung der professionellen Praxis. In solchen Dissonanzen neigen Menschen dazu, radikal zu denken. Der Fortschritt ist kein Fortschritt, sondern eigentlich ein Rückschritt. Je weniger die berufliche Praxis dem eigentlichen Selbstverständnis entspricht, desto stärker werden die berufsethischen Selbstvergewisserungsrituale.

Das ist der Humus, auf dem dann political correctness gedeiht. Ad exemplum: Ein Chefredakteur beschwert sich vor jungen Journalisten darüber, daß die Wünsche der werbungstreibenden Wirtschaft nach redaktionellem Einfluß immer dreister werden und warnt sie vor dem Bösen, während sein Verlagsleiter eben dieser werbungstreibenden Wirtschaft mit Angeboten auf die Nerven geht, redaktionell anmutende Beilagen zu finanzieren, in die man alle Werbeaussagen packen könne und für deren Gestaltung die Redaktion gern einige Jungredakteure bereitstelle. Der in der zweiten Wochenhälfte mit der Beilagenproduktion befaßte Jungredakteur hat am Montag und Dienstag für den redaktionellen Teil seines Blattes ein schönes Stück fertiggemacht, in dem ein korrupter Politiker enttarnt wird, der seinem Neffen eine Praktikumsstelle bei den Stadtwerken besorgt hat, in deren Aufsichtsrat er sitzt. Der Artikel ist ihm gut von der Hand gegangen, weil er das Material von der Pressestelle einer Ratsfraktion bekommen hat, in der sein ehemaliger Lokalchef jetzt als Sprecher sitzt, den eine amerikanische PR-Agentur bei der Arbeit unterstützt. Für die Beilage liefert zufällig die gleiche Agentur das Material, weil das auftraggebende Unternehmen dort ebenfalls durch ein Team von PR-Journalisten betreut wird. Wie beurteilt man diese Situation publizistisch? Um dieses Beispiel nicht zu billig werden zu lassen, nehme man zur Beurteilung nun an, beide Arbeiten unseres Jungjournalisten sind in sich und für sich publizistisch untadelig – auch das Feature in der Beilage.

Die kognitive und affektive Dissonanz, die die Publizistik bei der Beurteilung eines solchen Falles übermannt, ist berufsnotorisch. Innerhalb der Wissenschaftler gibt es entsprechende Kontroversen, von der wohlgesetzten Begründung des Bekannten („Vierte Gewalt!"), über Befriedungsversuche („Intereffikation!"), bis hin zu Extrempositionen wie dieser: „Journalisten sind in ihrer vorwiegenden beruflichen Praxis in einem verlegerischen Interesse handelnde Bearbeiter von PR-Material – ohne sich dessen durchgängig bewußt zu sein, vor allem aber ohne gesicherte Kenntnisse über die PR-spezifischen Kommunikationsstrategien" *(E. U. Palinos)*. Wäre das wahr, würde ein gutes Handwörterbuch PR schon helfen.

Umgekehrt ist der Mythos über die Allmacht der PR natürlich auch nur ein PR-Mythos. Die überwiegende Berufspraxis der Öffentlichkeitsarbeit in Deutschland ist weit unterhalb des Standes der Technik, die Mehrheit der Berufsausübenden sind Quereinsteiger und die berufsständischen Eigendefinitionsbemühungen von einer geradezu rührenden Unbeholfenheit. Da aber PR nur mittelbar zum Erfolg einer Unternehmung beiträgt (jedenfalls nicht so unmittelbar wie die gute Geschichte eines guten Journalisten zum Erfolg seines Blattes), da ferner PR sich traditionell als verborgene Kunst versteht, gedeiht im Halbdunkel Spekulation und wohl auch Überschätzung. Der PR-Mythos von den „geheimen Verführern" (ehedem Standardargument gegen Werbung) nimmt an Moment zu, je mehr die PR-Manager selbst in die öffentliche Wahrnehmung treten. Das Berufsbild wandelt sich in einigen Bereichen, zum Beispiel der Politik, von der Grauen Maus zum Medienstar.

Die eigentliche treibende Kraft in der Überschätzung von PR sind aber die PR-Agenturen, die, wie viele Consultants, ihre kleinen Tricks und Kniffe aus Geschäftsinteresse als Geheimwissenschaft zu inszenieren suchen.

PR ist strategisches Kommunikationsmanagement, nicht mehr – und wenn es „best practice" beherrscht – auch nicht weniger. Verleger sein, ist vermutlich auch nichts anderes als strategisches Kommunikationsmanagement. Der eigentliche Unterschied liegt darin, daß PR-Manager zwischen den ökonomischen und den publizistischen Bedingungen und Zielen ihrer Tätigkeit keinen Antagonismus empfinden. Deshalb bleibt den Public Relations viel jener Doppelmoral erspart, die den Diskurs der nach Quote und Auflage gierenden Medien Tag um Tag mehr Glaubwürdigkeit kosten.

Zwischen einem Verleger, dem ökonomischen Prinzip, und einem Journalisten, dem publizistischen Prinzip des Medienprozesses, liegen, im klassischen berufsethischen Selbstverständnis, Welten. Auf dem Schreibtisch eines Chefredakteurs steht das Bild eines Unholds, einer Unperson der Geschichte. „Aber", hören wir ihn mit Haifischgrinsen sagen, „ganz schlecht kann er nicht gewesen sein, er hat einen Verleger erschossen."

Die diskursive Enthaltsamkeit der Publizistik gegenüber PR hat freilich tiefere Ursachen als die von berufstypischen Rollenkonzepten. Der traditionelle Journalismus ist eine Wort-Kunst, Public Relations sind Bild-Künste, insofern der Werbung näher als dem redaktionellen „Schreiben". Nachdem sich *Focus* gegen den *Spiegel* behauptet hat, richtiger gesagt neben dem *Spiegel*, mag diese Zuteilung von Wortlastigkeit und Bilderfreude nicht mehr stimmen. Aber wenn es nach dem Gutdünken der akademischen Publizistik ginge, hätte sich *Focus* auch eigentlich nicht behaupten dürfen.

Hier irrt der Kunde leider noch. Unser traditionelles Denken ist, so soll ausgeführt werden, auf das „Wort" im emphatischsten Sinne bezogen, während wir das „Bild" vorwiegend unserem Empfinden zuordnen und aus der Philosophie in die Psychologie verweisen möchten. Die jüdisch-christliche Kultur denkt in Worten und fühlt in Bildern. Die Neuzeit hat diese Dichotomie verstärkt. Der Bildersturm der Protestanten gab dem *Lutherschen Verdikt* „Das Wort sie sollen lassen staan" eine verhängnisvolle Realität. Der Rechenstift der Rationalisten und der Rohrstock der aufgeklärten Pädagogen trieben aus den neuzeitlichen Menschen jenes Dionysische, das das Mittelalter noch so bunt hatte erscheinen lassen.

Auch die Publizistik hat sich bisher vor allem ihren Ursprüngen nach als Wissenschaft um das Wort, das schnell verkaufte, gedruckte Wort verstanden, also als gehobene Zeitungslehre. Die Schwarze Kunst der Gutenbergschen Bleilettern kennen wir fünfhundert Jahre, die fliegenden Blätter seit dreihundert. Die Texte wurden in den Zeitungen mit Fortschritt der Drucktechnik schließlich bebildert – um Fotografien ergänzt. Wo die Bilder zur Strecke auswuchsen, entstanden Illustrierte, in denen das visuelle Beiwerk den größten Raum einzunehmen begann. Im Bereich der elektronischen Medien ersetzte das Fernsehen weitgehend das Radio als Sinnmitte der häuslichen Wohnung. In der Illustrierten wie im Fernsehen ist das Bild zunächst Träger einer Geschichte, und sei es nur einer Episode um die Abgebildeten. Aber seine räumliche und zeitliche Dominanz ist so groß, daß sich die visuelle Rezeptionswut in dieser referentiellen Funktion nicht erschöpfen kann. Freilich wissen wir von dieser überbordenden visuellen Signifikanz wenig. Der Sog, den die Bilder auf ihre Betrachter auslösen, ist dadurch, daß sie etwas sagen, das eine Agenturmeldung auch sagen könnte, nicht erklärt. Vielleicht ließe sich ein analytischer Ansatz finden, wenn man nicht nur auf die Fotos im *Spiegel* schaut, sondern auf die im *Playboy* oder in *Max*. Aber das ist, wie *Kipling* sagt, eine andere Geschichte.

Im strengeren Blick der Publizistik liegen nicht Bildchen, sondern die Pressefotos. Gerade hier gibt es einen ungewöhnlichen Befund. Denn zwei Alltagserfahrungen, die wir gleichzeitig in unseren Köpfen haben, passen eigentlich nicht zusammen. Einerseits wissen wir, daß „ein Bild mehr sagt als tausend Worte“. Wir stehen am Kiosk vor einem Meer von Bildern. Selbst das Handelsblatt, sehen wir, erscheint jetzt in Farbe. Ganze Stäbe ringen um das Titelbild einer Illustrierten. Wir gliedern unsere Epoche in Erinnerungen an Pressefotos: die von Napalm verbrannten, fliehenden Kinder Vietnams, der im Gedenken an die Opfer des Warschauer Ghettos in Polen kniende deutsche Bundeskanzler, die Berliner Mauerspechte, *Marylin Monroe* über'm U-Bahn-Schacht, ein mit Rohöl verschmierter Wasservogel, Greenpeace im Schlauchboot, Verona und Naddel, der Rennfahrer und das Boxenluder... Andererseits liegt in unserer Berufsbewertung zwischen einem wirklichen Journalisten und einem (Presse-) Fotografen eine Welt. Redakteure einer freien Presse, das sind uns die Pulitzerpreisträger der New

York Times, die einen Präsidenten stürzen, weil der in die Wahlkampfzentrale seiner Gegner einbrechen ließ. Richtige Journalisten, das sind uns Lichtgestalten der moralischen Unbestechlichkeit und der spitzen Feder. Wir sehen vor uns Richter der Zeitenläufe, die unermüdlich recherchieren, gewitzt geheimste Quellen erschließen, eins und eins zusammenzählen und dann in einer Philippika schwarz auf weiß einen Lichtstrahl der Aufklärung in das böse Dunkel fremder Machenschaft fallen lassen. Justitias Waage wird von Gänsekielen, Tuschefedern, Kulis, Blöckchen und Laptops beschwert: Wehe dem, gegen die sie sich senkt. Aber auch jenseits der großen Investigationen, etwa im Feuilleton oder auf der bunten Seite, geht es vorwiegend um eins, das wohlgesetzte Wort.

Im Redaktionsalltag gibt es einen Text, der bestenfalls noch zu redigieren ist. Je edler die Feder, um so geringer ist die Bereitschaft, das eigene Wort der Beliebigkeit jedweder Korrektur auszusetzen. Es spielen sich wahre Tragödien des Autorenstolzes ab. Der Fotograf aber wirft zwanzig Motive auf den Tisch und überläßt es dem Blattmacher, welches der sich herausklaubt. Eine Bildagentur übermittelt elektronisch jeden Tag den Umfang eines Quellekataloges zur freien Auswahl. Anders ist dies seit *Erich Salomon*, *Stefan Lorant* und *Thomas McAvoy* allenfalls bei den großen Namen, aber insgesamt bleibt die Tatsache, daß Fotografien aus einer Überzahl ausgewählt werden. Die Lupe wandert durch eine schier endlose Auswahl, so wie man auf der Sommerwiese unter all den dreiblättrigen Kleeblättern ein vierblättriges sucht. Den Widerspruch zwischen diesen beiden Alltagserfahrungen beschreibend, bemerken wir, daß tief in unserer Seele das Bild als etwas Oberflächliches, Flüchtiges, Weltliches erscheint. Und wenn der Zufall es will, dann gibt es mal einen epochalen „Schnappschuß". Das Wort dagegen scheint uns von transzendentalem Gewicht. In uns schwingt in einer verqueren Interpretation seit zwei Jahrtausenden das Johannes-Evangelium: „Am Anfang war das Wort..." Und die Furcht vor dem Frevel des Bildes: „Du sollst Dir kein Bildnis machen..."

Wie das Alltagsbewußtsein, so die Publizistik: Ihre wesentlichen Leitvorstellungen entstammen der ideologischen Konzeption von freier Presse und Zeitungen des 17., 18. und gerade noch 19. Jahrhunderts sowie den demokratietheoretischen Diskursen dieser Zeit, insbesondere des englischen Parlamentarismus und des dazugehörenden puritanischen Bürgertums. Mit dieser ideengeschichtlichen Zuordnung ist keine Bewertung verbunden – allein wegen der Erfindung des World Wide Web ist das 20. Jahrhundert wahrlich noch kein philosophisches oder politisches Paradigma. Aber es ist erläutert, was behauptet wurde, daß sich die Publizistik als gehobene Zeitungswissenschaft noch immer in der Gedankenwelt des gedruckten Wortes bewegt und sich selbst als Exegese denkt, sprich als der der Schrift zugewandte Teil der Theologie. Überhaupt sind die religiösen Paradigmen ihr nicht fremd. Der Autor gilt als Schöpfer eines Textes. Der Text offenbart eine Wahrheit. Wenn er unterhaltend daherkommt, berichtet er ein Geschehen als Gleichnis. Die insgesamt gehobene Stimmung würde es nur verderben, wenn man in diesem Zusammenhang von Klingelbeutel und Kirchensteuer spräche (also dem Verlegerischen). Es geht um kein schnödes Geschäft, sondern die Wahrheit, Läuterung und Erlösung. Und natürlich darum, daß die Welt voller Teufel ist und man gerade in vermeintlichen Paradiesen auf keinen Fall Äpfel annehmen darf...

Public Relations ist die Furcht vor fremder Verführung. Kommunikationsleistungen in diesem Bereich sind immer Dienstleistungen. Zum Wesen der Dienstleistung gehört, daß sie den Dienst in eine doppelte Loyalität stellt. Der Dienstleister ist seinem Auftraggeber verpflichtet und seinem Kunden. Wes Brot er ißt, des Lied er singt, und in den neuesten PR gibt es in diesem Song einen Refrain, der eben dies mit anpreist; was der Vogel im Käfig „branding“ nennt, eine auf Markenbildung angelegte Eigen-PR. Die Welt der PR ist bunt, es ist eine Bilderwelt. Freilich wird auch hier geschrieben, aber doch nur als Teil einer bildnerischen Tätigkeit.

Das Primat des Bildes in der PR ist jener Wesenszug, den die moderne Publizistik als die Fähigkeit beschrieben hat, wünschenswerte Welten zu konstruieren. Vergleichen wir also die PR-Manager mit Deckenmalern in Renaissance-Kapellen, also lauter Leonardos und Michelangelos und Donatellos, die Glaubensbereiten zur Bilderschwärmerei gewaltige Szenen in den Horizont malen. Wäre die Welt eine Renaissance-Kapelle, so käme den Journalisten in dieser Welt der Hochämter allenfalls die Rolle der Predigt zu; eigentlich aber gehörten sie in ein protestantisches Gotteshaus, in dem Deutsch gepredigt wird, nicht aber an diesen Ort, der noch vom Lateinischen erfüllt ist. Dieses Kirchenlatein der PR-Welt zu übersetzen, gelingt dem vorliegenden Handwörterbuch auf das Vortrefflichste.

Warum aber hieß es zu Beginn dieses Geleitwortes, daß das vorliegende Werk nicht nur Probleme löse, sondern auch neue schaffe? Das Erklären des Lexikons ist nur eine halbe Erlösungsleistung. Man versteht nach der Lektüre eines Abschnitts den fraglichen Begriff. Man findet sich aber zugleich mit weiterführenden Fragen belastet oder erfreut: Hinter den Begriffen öffnen sich die Problemstellungen des Fachs. So verleitet das Handwörterbuch zu weitergehender, ausschweifender Lektüre, die den Besucher der PR-Kathedrale in den Bann zieht und ihm am Ende gar einen Blick hinter den Tempelvorhang in Krypta und Sakristei ermöglicht. Ob dies zu Erweckungserlebnissen führt, muß bezweifelt werden. Denn hier versteht sich Publizistik nicht als PR für PR, also als Missionstätigkeit. Aber einen Lutherschen Blick auf die PR-Liturgie ermöglicht das Handwörterbuch schon. Es nimmt analytischen Sektionen der mysteriösen Rituale in den profanen Hochämtern der PR-Welten vor. Dabei erlangt der Leser manches Tintenfaß, das er künftig nach den Teufeln der Versuchung werfen kann.

Die Herausgeber wünschen sich den praxisbezogenen wißbegierigen Leser, der einen klaren Blick auf die Sache mit einer kritischen Sicht der Dinge zu verbinden wünscht. Verpflichtet fühlen sie sich dabei einer demokratischen Publizistik, die den Konsens aus der Kontroverse gewinnt, in der auch Polemik und Glosse ihren Ort haben. Die unpathetischste Definition von publizistischer Integrität in einer solchen Streitkultur stammt von dem großen amerikanischen Verleger William Randolph Hearst: „News is what someone wants to stop you printing, all the rest is ads."

Klaus Kocks

Vorwort

Public Relations, jüngster und sich derzeitig am schnellsten entfaltender Zweig des sich ausdifferenzierenden Kommunikationssystems, hat sich mittlerweile zu einer eigenständigen Profession entwickelt. Ihre vielfältigen Beziehungen zu anderen kommunikativen Feldern, vor allem Journalismus und Werbung, ihr wissenschaftlicher Bezug (vor allem in der Beanspruchung von Theorien und Methoden der Soziologie, Psychologie, der Kommunikationswissenschaft) haben notwendig zur Folge, daß die Professionalisierung von PR die Kenntnis umfangreicher Wissensbestände aus vielen Disziplinen und Arbeitsfeldern voraussetzt.

Das vorliegende Handwörterbuch der Public Relations unternimmt daher den Versuch, über 1000 wichtige theoretische und praktische Begriffe vorzustellen, zu erklären und in ihrer Verweisung auf andere Begriffe den komplexen Sachverhalt, den Public Relations darstellen, transparent zu machen.

Dazu dienen zunächst die zahlreichen Hauptstichwortverweise, aber auch die zu jedem Stichwort – soweit sinnvoll – angefügten seitengenauen Stichwortverweise auf weiterführende Literatur, die in der umfangreichen Bibliographie aufgelistet sind.

Viele zentrale Begriffe, insbesondere aus dem theoretischen Arsenal von PR, sind oft nicht einheitlich und vor allem nur alltagswissenschaftlich definiert und werden zudem mit sehr unterschiedlicher Bedeutung verwendet. In solchen Fällen wird ein Hauptstichwort ausgewiesen (z. B. Public Relations), unter dem – in mehreren Unterbegriffen (z. B. Public Relations, Konzeption) – ein differierendes Verständnis von Begriffen, Ansätzen und theoretischen Bezugspunkten annotiert und ggf. ausführlicher diskutiert und resümiert wird. Soweit nötig und möglich, wurden für komplexere Sachverhalte Beispiele als Verständnishilfe angefügt.

Die Bibliographie am Schluß dieses Bandes ist redundant angelegt: Sie ist einmal als Gesamtbibliographie in alphabetischer Folge aufgeführt. Daran schließt sich die gleiche Bibliographie nochmals an, jetzt jedoch nach den wichtigsten PR-Gebieten aufgeschlüsselt (und innerhalb dieser wieder in alphabetischer Abfolge). An die Bibliographie ist ein Adressenteil angefügt, der sowohl für PR-relevante Institutionen aufführt als auch einschlägige E-Mail-Adressen, unter denen Hinweise auf neue, einschlägige Literatur zu PR, Termine für PR-relevante Kongreßtermine und anderes versammelt sind.

Dieses Handwörterbuch versteht sich als Werkzeug, dessen Nutzen ganz erheblich in seiner Aktualität liegt. Diese wird durch Bezug auf die Internet-Adresse **http://www.prspezial.de** garantiert, auf der laufend neue, zusätzliche Literatur zu PR, neu aufgenommene oder aktualisierte Stichworte und Adressen zu finden sind, die bei der nächsten Auflage dann in das Handwörterbuch übernommen werden.

Die Erstellung dieses Bandes wäre ohne die unverdrossene Mitarbeit, die laufende, gelegentlich schonungslose, immer aber viable Kritik von Katja Brickwedde, Klaus Kocks, Stefan Kombüchen und Edith Wienand sowie vieler lieber Kolleginnen und Kollegen aus Theorie und Praxis nicht möglich gewesen. Ihnen allen schuldet der Autor Dank, der hier zu annoncieren ist. Gleichwohl kann und soll ihn dies nicht von der Verantwortung, die er für Auswahl, Darstellung und Validität der dargestellten Inhalte trägt, entbinden.

Münster, im Juni 2000

Klaus Merten

Siglen – die Regeln zur Navigation durch das Lexikon

Es finden sich verschiedene Stichworteinträge: Hauptstichwörter und themenverwandte Stichwörter. Verweise gibt es sowohl im Hauptstichworteintrag als auch im erläuternden Text.

I Hauptstichworteintrag

Befragung	Hauptstichwort
→	Verweis
Klassische Werbung → Werbung	Verweis von einem Hauptstichwort auf ein anderes Hauptstichwort
Aufforderungscharakter (Valenz)	Hauptstichwort mit dazugehörigem Fremdwort
Kommunikation → Kommunikation, Definition von → Kommunikation, Forschung → Kommunikation, Funktion → Kommunikation, informelle	Hauptstichwort mit alphabetischen Binnenverweisen

---

II Erläuternder Text

→ Mediengesellschaft	Verweis auf ein themenverwandtes Stichwort. Sie finden das Stichwort und den erläuternden Text unter dem Hauptstichworteintrag **Mediengesellschaft.**

→ Kommunikation, informelle	Verweis auf ein themenverwandtes Stichwort mit alphabetischem Binnenverweis. Zu suchen wäre hier nach dem Hauptstichworteintrag **Kommunikation.**
→ *Kurt Lewin*	Verweis auf einen wichtigen Vertreter einer Theorie. Sie finden Kurt Lewin unter dem Hauptstichworteintrag **Lewin.**
subjektive Verhaltensdisposition (engl. *attitude)*	Erläuterung durch Angabe des fremdsprachlich, gängigen Ausdrucks
(Dörrbecker 1997: 191)	Quelle nach Zitatende mit Seitenangabe
[Grunig 1960: 8 f.]	Verweis auf weiterführende Literatur mit Seitenangabe
www.prspezial.de	Die aktuelle Homepage zum Handwörterbuch, unter der laufend weitere Stichworte, Literatur, Adressen und Updates zu finden sind.

Textbeispiel zur Erläuterung der Siglen

Sleeper-Effect

Die Hypothese vom Sleeper-Effect wurde in den 40er Jahren von → *Hovland* entdeckt und besagt, daß bestimmte Wirkungen der → Massenkommunikation erst mit einer gewissen Verzögerung eintreten. Mittlerweile kann man aber zeigen, daß diese Hypothese nie gestimmt haben kann und einen echten wissenschaftlichen Artefakt darstellt.

Hovland, Carl Iver (1912–1961)

Er gilt wegen seiner Verdienste um die Wirkungsforschung, insbesondere die Messung der Veränderung von → Einstellungen, neben → *Lewin* (1890–1947, → *Lasswell* (1902–1971) und → *Lazarsfeld* (1901–1976) als einer der „Väter der Kommunikationsforschung".

Massenkommunikation

Der Begriff der Massenkommunikation ist gleich aus zwei Gründen irreführend: Zum einen sind die Rezipienten der Massenkommunikation keine Massen (also einander unbekannte, aber in einer Situation sich zufällig wechselseitig wahrnehmende Personen). Zum anderen ist die Grundstruktur von Kommunikation, nämlich Symmetrie und Steuerung durch Rückkopplung, in der Struktur von Massenkommunikation nicht vorhanden. Das hat mehrfach dazu geführt, daß Modelle der → informellen Kommunikation unzulässig auf den Prozeß der Massenkommunikation übertragen worden sind und hier als schiere Artefakte positioniert werden (→ Verständigungsorientierte PR).

Klassische Werbung → Werbung

A

Ablaufplan von PR → Public Relations, Konzeption

Ablaufplan, empirische Forschung → Design, empirische Forschung

Abonnement

Vertraglich vereinbarte regelmässige (tägliche, wöchentliche, monatliche) Lieferung von Printmedien durch den Verlag an den Abonnenten. Das Abonnement ist entweder befristet oder kann ansonsten gekündigt werden.

Absatzförderung → Verkaufsförderung

Adressenkartei

Sie ist eines der basalen Instrumente zur → Kontaktpflege. Wichtigste Datei ist dabei die Pressedatei, die neben der jeweiligen Adresse weitere Hinweise enthält, etwa: a) Typ des Mediums (wo der Journalist arbeitet), b) Art der Verbreitung des Mediums (lokal, regional, national, international), c) Zielgruppenspezifik des Mediums (etwa: nach Geschlecht, Beruf), nach Ressort, nach Anlaß der Begegnung/des Kennenlernens etc. Unabdingbar ist die regelmäßige Prüfung auf Stimmigkeit, weil sich bis zu 25% der Adressen pro Jahr ändern (Erfahrungswert).

Auch die jährlich neu erscheinenden Nachschlagewerke (etwa: Stamm: Leitfaden für Presse und Werbung; Zimpel; Kroll-Taschenbücher u. a.) oder Adressenbücher führen Adressen von Institutionen und den dort spezifisch tätigen Personen (Journalisten, Redaktionen, PR-Management etc.) auf. Zur Ansprache oder Analyse einer Zielgruppe kann man auch Adressen bei einer Adressenagentur kaufen.

Äquivalenzanalyse → Resonanzanalyse

Agenda-Setting

Der Agenda-Setting-Ansatz ist eine arrivierte Form der Kontrollhypothese der Medienwirkungsforschung (→ Wirkung von Kommunikation, Modell). Wenn Medien ein Thema auf die öffentliche Agenda setzen, dann ist dieses Thema wenige Wochen später auch in den Köpfen der Rezipienten vorhanden. [Merten 1999: 339 ff.]

Agentur für PR

PR-Dienstleistungsunternehmen, das im Auftrag von Kunden einmalig (projektbezogen), gelegentlich oder dauerhaft PR-Leistungen erbringt. Eine PR-Agentur verfügt über entsprechende Fachleute, die einen bestimmten Ausschnitt oder die gesamte Palette (Fullservice Agentur) von PR abdecken können. Kunden sind vor allem Unternehmen (→ Unternehmens-PR), Verbände (→ Verbands-PR) und Nonprofit-Einrichtungen (→ Nonprofit-PR), des weiteren Parteien (→ Political Relations) und (prominente) Personen.

Zu den Aufgaben einer PR-Agentur gehören a) die Entwicklung von Konzeptionen, b) die gesamte (laufende) oder teilweise (temporäre) Betreuung des externen und/oder internen Auftritts, c) die Beratung des Kunden und d) die Messung von Resonanz, insbesondere des Images des Kunden in der Öffentlichkeit. PR-Agenturen, die bestimmte Standards (z. B. Zahl der Mitarbeiter, Mindestumsatz, Full-Service-Potential) erfüllen und sich zur Einhaltung vorgegebener ethischer und wirtschaftlicher Prinzipien verpflichten, sind in der → GPRA (Gesellschaft Public Relations Agenturen) zusammengeschlossen.

Die durchschnittliche Größe von PR-Agenturen beträgt (1993) zwischen fünf und neun festangestellten Mitarbeitern, die Zahl der freien Mitarbeiter liegt in der Regel deutlich darüber. Die Organisation kann sowohl nach dem **Funktionsprinzip** (Abteilungsorganisation) als auch nach dem **Objektprinzip** (Kunden, Etats, Projekte) erfolgen. [Nöthe 1994: 65 ff. u. 120 ff.]

AGIL-Schema

Schema der vier Basisfunktionen eines Systems: **A**daptation (Anpassung des Systems an die Umwelt), **G**oal Attainment (Zielverwirklichung), **I**ntegration (Integrationsleistung) und **L**atent Pattern Maintenance (Selbsterhaltung des Systems) (Abb. 1). Dieses Schema gilt sowohl für organische als auch soziale Systeme, insbesondere auch für Kommunikation oder → Öffentlichkeit. Während z. B. die Selbsterhaltung bei organischen Systemen sich in dem Bestreben nach Fortpflanzung ausdrückt, drückt sie sich bei Kommunikation durch das Bestreben nach zeitlicher Aufrechterhaltung aus: Die Terminierung von Kommunikation erfordert daher grundsätzlich Verweise auf deren Weiterbestehen (etwa: „Auf Wiedersehen") oder die Vereinbarung neuer Termine.

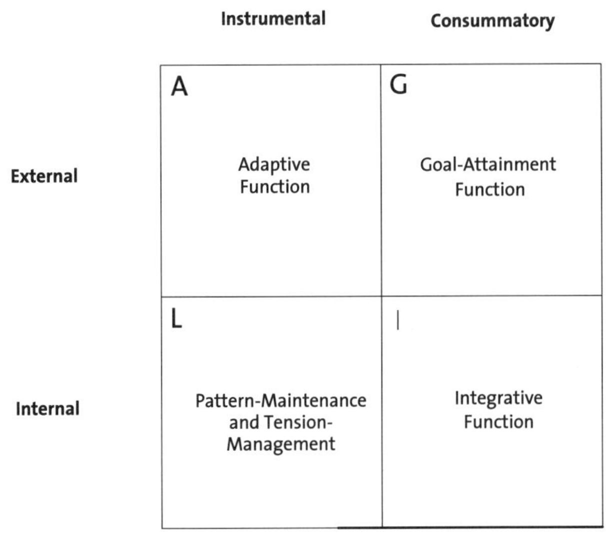

Abbildung 1: AGIL-Schema nach Parsons (1959: 7)

Agitation

Bezeichnet, wie auch → Propaganda, nach *Lenin* ein Ziel der kommunistischen Beeinflussung durch die Presse. In der Werbung synonym verwendet für stark emotional unterfütterte Beeinflussungstechniken.

AG.MA

Arbeitsgemeinschaft Media-Analyse e.V. (Adresse: Am Weingarten 25, 60487 Frankfurt), der Zusammenschluß von Werbeträgern, Werbeagenturen und Werbetreibenden, der aus der 1954 gegründeten AGLA

(Arbeitsgemeinschaft Leser-Analyse) hervorgegangen ist. Seit 1972 auch Analyse von elektronischen Medien, seitdem Umbenennung in AG.MA. Diese führt die jährliche → Media-Analyse (MA) durch. Dabei handelt es sich um eine Stichtagerhebung der Reichweiten von Presse und Rundfunk, jeweils differenziert nach demographischen Größen (Alter, Geschlecht) der jeweiligen Nutzer.

AIDA-Formel

Von *E. Lewis* (1898) entwickelte Abfolge von vier Prozessen (Aufmerksamkeit, Interesse, Wunsch, Konsumhandlung), die durch Präsentation einer Werbe-Aussage angeregt werden und eine Kaufentscheidung auslösen sollen: Attention ⇨ Interest ⇨ Desire ⇨ Action. Sie hat heute, analog zur → Lasswellformel, nur noch den Rang eines Merkverses. [Wöhe 1993]

Aktionswerbung → Werbung

Aktualität

Das wichtigste → Publizistische Kriterium und zugleich journalistischer Begriff, der die Eigenschaften von Ereignissen, die diese berichtenswert machen, bezeichnet. Vereinfacht wird unter Aktualität A das Produkt aus dem Relevanzindex R eines Ereignisses (dazu gehören: Grad der Bedrohung für Leib und Leben, Umfang der damit angesprochenen Zielgruppe etc.) und dessen Informationswert I (Überraschungswert, Neuigkeitswert) verstanden: $A = R \cdot I$. Ist einer der beiden Faktoren Null, so ist die Aktualität des Ereignisses ebenfalls Null, d. h. es wird in den Medien nicht darüber berichtet. [Merten 1999: 147 ff.]

Akzeptanz

Positive Annahme (Rezeption, Aufnahme) von oder die Zustimmung zu innovativen Objekten (Organisationen, Produkten, Ideen, Personen, Ereignissen). In der Werbung Ausdruck der Zustimmung zu einem beworbenen Produkt, für PR die positive Aufnahme von strategischen Botschaften einer Organisation, der Organisation selbst oder ihrer Ziele, Werte oder Verhaltensweisen in der Öffentlichkeit. Akzeptanz ist u. a. von der → Glaubwürdigkeit des akzeptierten Objektes bzw. der dazu verfügbaren Information abhängig.

Alltagstheorie

Annahmen über praktisches Alltagshandeln (das sich auf Alltagswissen stützt), die aber nicht nach wissenschaftlichen Kriterien überprüft sind und daher oft nicht oder nicht vollständig zutreffen. Hierzu gehören z. B. ethnische Vorurteile, der Glaube an Glück oder Pech etc., aber auch die letztlich riskante Vorstellung, daß jeder vernünftige (andere) Mensch die gleichen Auffassungen über → Wirklichkeit besitzt und vertritt wie man selbst (→ Theorie, wissenschaftliche).

Analyse

→ Inhaltsanalyse

→ Public Relations, Konzeption

→ Media-Analyse

→ Multivariate Analyse

→ Statistische Datenanalyse

→ Werbeträgeranalyse

Anlaß

Wichtiges, zu erfüllendes Kriterium, damit Journalisten über einen Sachverhalt oder ein Ereignis berichten. Eine der Aufgaben von PR liegt in der Entdeckung bzw. Schaffung von Anlässen durch Pressekonferenzen, Events etc.

Anschlußkommunikation

Ein wichtiges Prinzip von PR liegt darin, alle Gelegenheiten, Situationen oder Anlässe beständig darauf zu prüfen, ob diese für die Erzeugung oder Artikulation von Kommunikation genutzt werden können.

Anspruchsgruppe → Zielgruppe

Anzeige (Annonce, Inserat)

Vom Anzeigenkunden bezahlte Fläche in der Ausgabe eines Printmediums, die dem Anzeigenkunden im Rahmen der Vorschriften des Presserechts zur eigenen (bildlichen und/oder textlichen) Gestaltung überlassen wird. Analog spricht man beim Rundfunk von Spot.

Anzeigenblatt

Kostenlos, meist wöchentlich oder monatlich verteiltes Printmedium, das sich ausschließlich durch Anzeigen finanziert, denen ggf. ein redaktionell themenverwandter Beitrag zur Seite gestellt wird, der überwiegend lokale Bezüge besitzt. Die Anzeigenblätter sind im Bundesverband Deutscher Anzeigenblätter (BVDA) organisiert (Adresse: Bundesverband Deutscher Anzeigenblätter (BVDA), Dreizehnmorgenweg 36, 53175 Bonn. Tel. (0228) 95 924-0; Fax (0228) 95 924-30, E-Mail info@ BVDA.de).

Anzeigenkontakt → Mediaplanung

Anzeigen-Test → Copy Test

Anzeigenwirkung → Werbewirkung

Attitude → Einstellung

Audit

Überprüfung bzw. Revision eines Verfahrens oder einer Norm in bezug auf Zielerreichung oder Kompatibilität zu vorgegebenen externen Normen. Dazu gehört z. B. die Norm → DIN ISO 9000/9001.

Aufforderungscharakter (Valenz)

Von → *Lewin* geprägter Begriff, der die Potenz eines Objekts, eine bestimmte Handlung auszulösen, bezeichnet.

Auflage

Bei Printmedien die Zahl der Exemplare einer Ausgabe. Sie wird differenziert in a) gedruckte Auflage (G), b) verbreitete Auflage (V) und c) verkaufte Auflage (K). Davon ist zu unterscheiden die Zahl der Leser (L) pro Ausgabe des verbreiteten Printmediums. Generell gilt: L > G > V > K. Der analoge Begriff für den Rundfunk ist die → Einschaltquote.

Aufmerksamkeit → Wahrnehmung, selektive

Kognitiver Prozeß, der ein erhöhtes neurologisches Aktivationsniveau voraussetzt und die Vorbedingung für alle Wahrnehmung bzw. Rezeption beim Rezipienten ist. Aufmerksamkeit hat selektive Funktion und entlastet das Bewußtsein. Das Zentralnervensystem des Menschen kann pro Sekunde 10^9 Bit aufnehmen, aber davon nur etwa 10^2 Bit

bewußt verarbeiten, d. h., es findet laufend eine rigide Selektion statt. Welchen Informationen sich der Rezipient also zuwendet (und welchen nicht), wird u. a. durch Aufmerksamkeit geregelt, wobei diese wiederum besonders nach Überraschung (Information) und Relevanz selegiert. [Ruhrmann 1989: 33 ff.]

Ausbildung in PR

Public Relations (PR) ist ein Berufsfeld, das sich innerhalb der Kommunikationsberufe (Journalismus, Werbung, PR etc.) durch zwei Besonderheiten auszeichnet:

Public Relations (Öffentlichkeitsarbeit) ist der jüngste und zugleich am schnellsten wachsende Kommunikationsberuf. Zählt man heute (2000) etwa 20 000 PR-Berater, so wird sich diese Zahl bis zum Jahr 2010 bereits verdoppelt haben.

Public Relations entwickelt sich derzeit zu einem „akademischen" Beruf, der hohe Anforderungen in vier Bereichen stellt: a) Kommunikationskompetenz, b) Redaktionskompetenz, c) Kreativität und d) Managementkompetenz. Während aber jede dieser Kompetenzen an Universitäten und Fachhochschulen innerhalb eines regulären akademischen Studienganges einzeln und je für sich studiert werden kann (z. B. als Rhetorik, Journalismus, Kreativität/Design resp. Management Science), gibt es für den PR-Beruf, der alle diese Qualifikationen gebündelt fordert, bislang keinen akademischen Abschluß, wenn man von Teilstudiengängen PR (z. B. an der Freien Universität Berlin) absieht. An der Universität Leipzig und an der Fachhochschule Hannover sind Hochschulstudiengänge im Aufbau.

Für die Ausbildung zum PR-Berater gibt es mehrere Möglichkeiten:

Studium der Kommunikationswissenschaft bzw. des Journalismus oder eines anderen Kommunikationsberufes mit thematischem Schwerpunkt möglichst nahe an PR; gleichzeitig Erwerb praktischer Kenntnisse durch Praktika in Agenturen, PR-Abteilungen von Unternehmen oder Pressestellen von Behörden.

Zusatzausbildung (nach einem bereits abgeschlossenen Hochschulstudium) in Tages- bzw. Abendkursen oder im Fernstudium mit dem Abschluß als PR-Berater. Der Begriff „PR-Berater" hat sich als mehr oder minder akzeptierte Bezeichnung für den Abschluß einer anspruchsvollen Zusatzausbildung in PR eingebürgert. Daneben wird aber auch der Begriff „Kommunikationswirt“ verwendet, der jedoch nicht einheitlich gebraucht wird.

Hochschulstudiengänge der PR: Die vergleichsweise hohen Ansprüche, die PR an Wissen, Fähigkeiten und Fertigkeiten (*Skills*) stellt und die in viele Disziplinen hineinreichen – vor allem durch Ansprüche an PR in Agenturen und Unternehmen bedingt – haben seit langem zu der Forderung nach einer hochschulgebundenen Ausbildung in PR geführt. Diese Forderung ist bislang nicht erfüllt: Das Studium der PR an Universitäten ist in Deutschland bislang nur als **Teilstudium** möglich. Der Teilstudiengang PR an der Freien Universität Berlin im Rahmen des Magisterstudiengangs etwa baut im Grundstudium auf den Grundlagen der Publizistik- und Kommunikationswissenschaft auf und setzt im Hauptstudium eine viersemestrige Spezialisierung in PR hinzu. Eine schwerpunktmäßige Berücksichtigung von PR im Haupt- oder Nebenfach bieten auch die Studiengänge Publizistik/Kommunikationswissenschaft an den Universitäten Bamberg, Bochum, Mainz, München, Münster, Nürnberg/Erlangen sowie an der Kath. Universität Eichstätt. Allerdings sind dies – anders als an der FU Berlin – nur Angebote, denen vor allem die Berücksichtigung von Praxis fehlt.

Fort- und Weiterbildung in nichthochschulgebundenen Studiengängen: Hier gibt es eine große Anzahl von ausbildenden Instituten mit sehr unterschiedlichem Niveau. Von daher hat die Deutsche Public Relations Gesellschaft (→ DPRG) als Berufsverband folgerichtig damit begonnen, Institute, die in PR ausbilden, zu zertifizieren und damit Maßstäbe für eine qualifizierte Ausbildung zu setzen. Dieser Schritt war erforderlich, weil die Fort- und Weiterbildung in PR bislang nur kommerziell betrieben wird, so daß sich hier nach einer jüngst durchgeführten Erhebung mehr als 600 ausbildende Institute auf einem sehr undurchsichtigen Bildungsmarkt tummeln. Von diesen Instituten können aber nur etwa ein Dutzend, deren Adressen am Ende dieses Beitrags aufgeführt sind, als seriös und anerkannt gelten.

Vollzeitkurse: Grundsätzlich erfordert die Teilnahme an einem Vollzeitkurs PR mit dem Abschluß „PR-Berater/in“ ein abgeschlossenes Hochschulstudium. Einige Institute lassen jedoch auch Teilnehmer zu, die nur über die mittlere Reife verfügen, dafür aber eine mindestens zweijährige Praxis in einem Kommunikationsberuf nachweisen können.

Vollzeitkurse fordern des weiteren die Anwesenheit der Teilnehmer über zwölf Monate, insbesondere Kurse, die vom Arbeitsamt (nach SGB III) gefördert werden. Die Kosten liegen für Selbstzahler bei ca. 14 000 DM (zzgl. Unterkunft am Ort für ein Jahr).

Das **F.A.Z.-Institut** bietet in Zusammenarbeit mit **oeffentlichkeitsarbeit.de** (Heidelberg) einen einjährigen Vollzeitkurs an (*Initiative Communication*).

Die Ausbildung umfaßt etwa 1.500 Stunden bei täglich acht Unterrichtsstunden. Darin sind das dreimonatige Praktikum sowie die Anfertigung einer Hausarbeit einbezogen, d. h., von den 12 Monaten Kursdauer stehen neun Monate für den Unterricht zur Verfügung. Der Schwerpunkt der Ausbildung liegt naturgemäß auf PR. Darunter fallen kommunikationswissenschaftliche Grundlagen, Grundlagen der Organisation (Management) von Kommunikation, Konzeption, Redaktion, kommunikatives Verhalten und Effect Controlling. Weitere Schwerpunkte sind Präsentation, Budget Controlling sowie Ethik, Recht und Geschichte der PR. Als wichtige und unverzichtbare Nebenfächer gelten Betriebswirtschaft, Marketing, Werbung und empirische Sozialforschung.

Der Kursus schließt mit einer regulären Prüfung zum PR-Berater ab. Dazu gehört die Anfertigung einer Hausarbeit, die die Entwicklung einer PR-Konzeption beinhaltet, die Bearbeitung von Klausuren, die Adhoc-Präsentation einer Konzeption sowie eine theoretische Prüfung. Zusammenfassend kann man sagen, daß die nichthochschulgebundene Fort- und Weiterbildung in PR vor allem für Akademiker, die sich – ggf. gefördert nach SGB III – zum PR-Berater umschulen wollen, interessant ist. Der Nachteil dieser Kurse – zeitliche Bindung über zwölf Monate – macht die Kurse für Studierende und Berufstätige allerdings uninteressant.

Teilzeitkurse (berufsbegleitende Kurse): Wer schon im Beruf steht, sich aber qualifizieren möchte, kann an Vollzeitkursen nicht teilnehmen. Für diese Zielgruppe ist daher die Teilnahme an berufsbegleitenden PR-Kursen mit Präsenzphasen (vorzugsweise am Wochenende) von besonderem Interesse.

oeffentlichkeitsarbeit.de (Heidelberg) bietet in Verbindung mit dem **F.A.Z.-Institut** einen dualen Vollzeitkurs an (PR dual), der für eine Zielgruppe konzipiert ist, die bereits im Beruf steht oder ein PR-Praktikum absolviert. Er sieht im Verlauf von zwölf Monaten fünf Präsenzphasen von je 14 Tagen Dauer vor. Analog zum Vollzeitkursus gibt es eine Abschlußprüfung zum PR-Berater, die die Anfertigung einer Hausarbeit, Klausuren und eine mündliche Prüfung umfaßt.

Ein ähnliches Angebot macht das Deutsche Institut für Public Relations e.V. (**DIPR**) in Hamburg: Hier wird ein Grundkursus G1 (sieben Tage) und ein Grundkursus G2 (acht Tage) zum Preis von 2 370 bzw. 2 810 DM angeboten. Teilnahmevoraussetzung sind Hochschulreife und Berufspraxis. Über den erfolgreichen Abschluß stellt die DIPR Zertifikate aus, die in der Praxis anerkannt sind.

Auch **oeffentlichkeitsarbeit.de** (Heidelberg) bietet in Kooperation mit dem **F.A.Z.-Institut** einen Kompaktkurs (vier Module, fünf Tage) für Volontäre, Trainees und Seiteneinsteiger (PR compact) an, der insgesamt 7 000 DM kostet.

Ein **Fernstudium PR**, das bereits vom Gemeinschaftswerk der **Evangelischen Presse e.V.** (GEP) in Frankfurt, vom **PR-Kolleg** (Berlin) und von **PR$^+$plus** (Heidelberg) in Zusammenarbeit mit dem **F.A.Z.-Institut** angeboten wird und ebenfalls zum PR-Berater ausbildet, hat gegenüber den bisher vorgestellten Ausbildungswegen für PR erhebliche Vorteile:

Neben der Zielgruppe der umzuschulenden Akademiker tritt die Zielgruppe der Berufstätigen und die Zielgruppe derer, die ein (einschlägiges) akademisches Studium absolvieren. Die Kursuskosten liegen mit etwa 10 000 DM deutlich unter dem vergleichbarer Kurse. Dem steht allenfalls der Nachteil einer längeren Kursusdauer von 18 Monaten (PR$^+$plus) bzw. 24 Monaten (PR-Kolleg und GEP) gegenüber.

Besonders attraktiv erscheint dabei die von **PR$^+$plus** entwickelte Ausbildung. Unter dem Motto „PR$^+$ begins @t home“ kann zum einen in einer optimalen Lernumgebung zu Hause gelernt werden; die Nutzung des Internets gibt den Zugriff frei auf Literatur und Datenbanken und eröffnet zugleich die Möglichkeit, durch Bildung von Newsgroups den Lernfortschritt durch beliebig intensive und spezifische Dialoge zu optimieren. Zum anderen wurde für diesen Studiengang ein wissenschaftlicher Beirat, bestehend aus prominenten Vertretern von Konzernen, PR-Agenturen und Hochschulen, installiert, der über eine optimale praxisgerechte Ausbildung und allfällige notwendige Veränderungen der Inhalte wachen soll.

PR ist ein anspruchsvoller Kommunikationsberuf mit guten Berufschancen. Wer hier Fuß fassen möchte, sollte schon während des Studiums ein Praktikum in einer PR-Agentur, einem Unternehmen oder einem Verband mit eigener PR-Abteilung absolvieren. Solche Möglichkeiten werden in Instituten für Kommunikationswissen-schaft/ Journalistik oder verwandten Einrichtungen laufend angeboten. Studierende dieser Fachrichtungen sind auch hier im Vorteil. Oder man bemüht sich selbst um einen Praktikumsplatz – ein erster Test auf Fähigkeit zu kommunikativen Kontakten.

Absolvieren weiterer Praktika in möglichst allen relevanten Bereichen: in PR-Agenturen, in Unternehmen und in Verbänden/Parteien ist nützlich, aber auch die Ausrichtung des gewählten Hochschulstudiums (soweit möglich) auf Kommunikationswissenschaft/PR, z. B. durch Besuch von Zusatzveranstaltungen, oder auch auf Management oder Betriebswirtschaft.

Das starke und sicherlich lang anhaltende Wachstum der PR-Branche eröffnet auch die Chance, sich schnell und erfolgreich selbständig zu machen. Wer dies vorhat, weiß:

Agenturerfahrung – ein oder zwei Jahre zumindest – ist unverzichtbar. Der Trend geht auch in Public Relations zu speziellen Dienstleistungen. Die Chance, sich erfolgreich selbständig zu machen, ist besonders groß, wenn man sich auf eines der sich ständig vermehrenden Arbeitsfelder (z. B. Sponsoring, Event-PR, Messe-PR, Investor Relations etc.) konzentriert und spezialisiert.

Es gibt zunehmend Zusammenschlüsse von spezialisierten Agenturen (Netzwerke). Ein Start innerhalb eines solchen Netzwerkes erhöht die Erfolgschancen erheblich. Durch die Mitgliedschaft in der Deutschen Public Relations Gesellschaft (→ DPRG) erhält man laufend wichtige Insider-Informationen.

Adressenauswahl

Deutsches Institut für Public Relations e.V. (DIPR), Postfach 10 16 28, 41548 Kaarst, Tel. (02131) 76 89 70 (Grundkurse 1 und 2 für PR).

Deutsche Angestellten-Akademie (DAA) im Bildungswerk der DAG e.V., Holstenwall 5, 20355 Hamburg, Tel. (040) 35 094-0, E-Mail: information@daa-bw.de (Ausbildung zum PR-Berater in 12 Monaten Vollzeitkurs in Bonn, Gelsenkirchen, Marburg und München).

F.A.Z.-Institut für Management-, Markt- und Medieninformationen GmbH, Mainzer Landstraße 195, 60326 Frankfurt am Main, Tel. (069) 7591 - 2243, E-Mail: seminare@faz-institut.de (Bietet in Zusammenarbeit mit **oeffentlichkeitsarbeit.de** [Heidelberg] als einziger Bildungsträger sämtliche Ausbildungsgänge an: a) einen einjährigen Vollzeitkurs: Initiative Communication, b) einen Kompaktkurs für Volontäre, Trainees, Seiteneinsteiger: PR compact, c) eine duale Ausbildung in 12 Monaten: PR dual, d) Spezial-Kurse für besondere Probleme [Effect Controlling, Financial Relations] oder neue Themen der PR: PR special, e) PR- Kurse für Führungskräfte: PR executive, f) PR-Kurse für Sekretärinnen in Kommunikationsberufen: PR office und g) ein 18-monatiges Fernstudium PR: PR^{+}plus).

Freie Universität Berlin, Institut für Publizistik- und Kommunikationswissenschaft, Malteserstr. 74-100, 12249 Berlin, Tel. (030) 77 92 820, E-Mail: prfocus@kommwiss.fu-berlin.de (Teilstudiengang Public Relations innerhalb des Magister- bzw. Promotionsstudienganges).

Gemeinschaftswerk der Evangelischen Publizistik e.V. (GEP), Postfach 50 05 50, 60394 Frankfurt, Tel. (069) 58 09 81 02, E-Mail: gepoea@epd.de (Fernstudium PR).

oeffentlichkeitsarbeit.de, Kaiserstraße 36, 69115 Heidelberg, Tel. (06221) 90 58 600, E-Mail: info@oeffentlichkeitsarbeit.de (Bietet in Zusammenarbeit mit dem **F.A.Z.-Institut für Management-, Markt- und Medieninformationen** [Frankfurt] als einziger Bildungsträger sämtliche Ausbildungsgänge an: siehe **F.A.Z.-Institut**).

PR-Kolleg Berlin, Kommunikation und Management GmbH, Wallstr. 60, 10179 Berlin, Tel. (030) 27 56 03 29, E-Mail: kontakt@prkolleg.com (Ausbildung zum PR-Berater in 18 Monaten, berufsbegleitend als Abendlehrgang oder als Fernstudium).

PR^{+}plus Fernstudium Public Relations GmbH, Kaiserstr. 36, 69115 Heidelberg, Tel. (06221) 90 58 610, E-Mail: info@prplus.de (Ausbildung zum PR-Referenten in 18 Monaten Fernstudium; Studienbriefe und Internet-Betreuung, sowie 24 Präsenztage, in Kooperation mit dem **F.A.Z.-Institut**).

Universität Leipzig, Institut für Kommunikations- und Medienwissenschaft, Abteilung Öffentlichkeitsarbeit/PR und Kommunikationsmanagement, Augustusplatz 9/V, 04109 Leipzig, Tel. (0341) 97 35 730, E-Mail: bentele@rz.uni-leipzig.de (Ausbildung zum „Bachelor of Arts für Public Relations und Kommunikationsmanagement" in 6 Semestern Vollstudium, geplant ab 1999). Internet: http://www.uni-leipzig.de.

Um die Qualifikation der Ausbildung zu verbessern, zertifiziert die → DPRG ab dem Jahr 2000 Studiengänge bzw. Kurse, die anspruchsvollen, von der DPRG festgesetzten Kriterien genügen. Die Zertifizierung muß, analog zum TÜV, alle drei Jahre wiederholt werden.

Aussage

→ Inhaltsanalyse

→ Public Relations, Konzeption

→ Kommunikation, Prozeß

Aussagenanalyse → Inhaltsanalyse

Ausstellung → Messe

Austausch, Kommunikation als

Alltagswissenschaftliche Metapher zur Beschreibung eines Kommunikationsprozesses, die wissenschaftlich nicht haltbar ist (→ Kommunikation, Modell).

Auswahlverfahren, statistisches → Stichprobe

AWA → Werbeträgeranalyse

B

Bartering

Im Kommunikationsbereich bezeichnet Bartering den Handel mit Werbezeiten. Der Lieferant von Waren, Dienstleistungen erhält im Gegenzug Werbezeiten im Fernsehen oder Radio („Ware gegen Medialeistung"). Eine Kooperation könnte wie folgt aussehen: Ein Unternehmen übernimmt die Ausstattung des Fuhrparks eines Senders oder liefert elektronisch Hardware und erhält dafür die Werbezeiten.

Es gibt auch die Form des Programm-Barterings: Dabei geht es um einen Tausch von vorproduzierten Sendeprogrammen gegen Werbezeiten. Aus dieser Art des Bartergeschäftes entstanden die sogenannten → Soap Operas.

Bedeutung

Alltagswissenschaftlicher Begriff, der die semantische Beziehung eines Zeichens zu dem von ihm bezeichneten Objekt angibt. Die → Semiotik (Lehre von den Zeichen) unterscheidet die rein **denotative** Bedeutung eines Zeichens, die normativ festgelegt werden kann (etwa in Lexika, Wörterbüchern etc.) von der **konnotativen** Bedeutung, die jeweils in der Kommunikationssituation festgelegt wird. Der Begriff ist in der Wissenschaft mittlerweile verpönt, weil die „Bedeutung" eben nicht aus dem Zeichen selbst, sondern nur aus der selektiven Operation (Interpretation), die der Rezipient bei Rezeption dieses Zeichens (→ Symbol) vornimmt, erschlossen wird. [Eco 1972: 69 ff.; Merten 1999: 99 f.]

Beeinflussung → Wirkung

Befragung

→ Instrument zur Erhebung sozialer Wirklichkeit, bei dem durch einen Interaktionsprozeß die Antworten auf Fragen zu Wissen, Einstellungen oder Meinungen erhoben und schriftlich festgehalten werden. Die Befragung (Interview) ist nach der → Inhaltsanalyse das am häufigsten eingesetzte Instrument kommunikationswissenschaftlicher Datenerhebung.

Bei der Befragung kann man nach Grad der Standardisierung und nach Befragungssituation mehrere Formen unterscheiden (Abb. 2):

- das **Interview** in Anwesenheit des/der Befragten (dieses sowohl in standardisierter als auch nichtstandardisierter Form) und
- die **schriftliche Befragung** (per Post, Fax oder E-Mail)

Im Prozeß der Befragung werden durch Fragen verbale (oder schriftliche) Erfahrungsbestände aus der Erinnerung abgerufen. Die Befragung ist daher besonders gut geeignet, um Meinungen, Einstellungen, Wissen und Wertvorstellungen des Befragten zu erheben.

Dagegen ist die Befragung nur beschränkt geeignet, aktuelle Modi des Verhaltens, die der Befragte an den Tag legt, zu erheben, da diese ihm oft nicht bewußt sind. Fragen wie „Sind Sie bei Behördengängen nervös?" produzieren daher meist wenig valide Antworten.

Situation	Standardisierung: Ja	Standardisierung: Nein
interaktiv	Standardisiertes Interview (face-to-face, telefonisch)	Leitfadeninterview Tiefeninterview
nicht interaktiv	Schriftliche Befragung	-

Abbildung 2: Typologie der Befragung

Während man in der Anfangszeit der → Markt- und → Meinungsforschung, wo die Befragung hauptsächlich eingesetzt wird, davon ausging, daß es ausreiche, wenn allen Befragten der gleiche Stimulus (= die gleiche Frage im Wortlaut) präsentiert würde, berücksichtigt man heute, daß die Befragung ein Kommunikationsprozeß ist, so daß Menschen auf die gleiche Frage unterschiedlich und umgekehrt auf unterschiedliche Fragen in gleicher Weise reagieren können. Daher ist es besonders wichtig, im → Pretest das Verständnis von gestellten Fragen zu prüfen und sicherzustellen.

Varianten der Befragung lassen sich nach zwei nicht-exklusiven Kriterien differenzieren: Erhebungssituation und Standardisierungsgrad (vgl. Tab. 1). Eine Unterscheidung in mündliche und schriftliche Befragung kann nach Art der Erhebungssituation vorgenommen werden. Bei der **schriftlichen Befragung** wird der Fragebogen zugesandt oder ein Interviewer übergibt den Fragebogen und erläutert den Zweck der Untersuchung. Hier ist weder die zu befragende Person noch die Situation der Befragung unter Kontrolle. Der Fragebogen wird später vom Interviewer wieder abgeholt und unter Umständen auf Vollständigkeit überprüft. In diesem Fall liegt die Rücklaufquote weit höher als bei der postalischen Befragung, bei der die Rücklaufquote gering ist, so daß 10% oft schon als Erfolg gelten.

Distanz/ Standardisierung	face-to-face	telefonisch	schriftlich
vollstandardisiert Standardbefragung	Standardbefragung	Standardbefragung	
teilstandardisiert	Leitfadeninterview	–	–
unstandardisiert	Tiefeninterview	–	–

Tabelle 1: Varianten der Befragung

Eine Quote von über 20% gilt in der Praxis generell als gutes Ergebnis. Die postalische Befragung (oder neuerdings: die Befragung per Fax oder per E-Mail) bietet hingegen den Vorteil, daß auch geographisch weitverstreut lebende Personen in die Befragung einbezogen werden können.

Für die schriftliche Befragung müssen zwei Bedingungen erfüllt sein:

- Existenz einer möglichst aktuellen Adressenkartei mit der vollständigen Anschrift der zu befragenden Personen.
- Verständlichkeit und Übersichtlichkeit des schriftlichen Fragebogens.

Die Bereitschaft der Befragten, den Fragebogen auszufüllen, hängt vom Befragungsthema, der Dauer der Befragung (dem Umfang des Fragebogens) und dem Begleitschreiben zum Fragebogen ab (vgl. Friedrichs 1990: 241 f.). Aus dem Begleitschreiben muß der Zweck und die soziale Relevanz der Untersuchung klar hervorgehen. Die Garantie, daß die Daten anonym erhoben und ausgewertet werden und das Datenschutzgesetz peinlich eingehalten wird, darf nicht fehlen.

Beispiel 1: Schriftliche Befragung zu Public Relations (Merten 1997)

Durch eine schriftliche Befragung bei Unternehmen, Agenturen und Organisationen sollten möglichst präzise Daten über das Anforderungsprofil für PR in Deutschland (1996) erhoben werden. Da PR-Leute offenbar stets im Streß sind und sich mit Fragebögen nur widerwillig befassen, wurde folgende Strategie gewählt: Die nach einem Zufallsverfahren ausgewählten Personen wurden zunächst durch ein Schreiben der Universität („mit Pomp und Klotz") auf die Wichtigkeit der Befragung und auf den genauen Termin der Zusendung der Fragebögen (eine Woche später) aufmerksam gemacht. Zudem wurde den Zielpersonen in Aussicht gestellt, daß ihnen die Ergebnisse der Untersuchung auf Wunsch hin kostenlos zur Verfügung gestellt bzw. bekanntgemacht würden. Eine Woche später wurde der Fragebogen mit einem – mit Sondermarken frankierten – Rückumschlag zugesandt. Unabhängig vom aktuellen und anonymen Rücklauf wurden alle Zielpersonen eine Woche später nochmals telefonisch kontaktet und auf die Bedeutung der Untersuchung für den PR-Beruf verwiesen. Auf diese Weise konnte für die schriftliche Befragung einer besonders schwierigen Zielgruppe ein Rücklauf von 41,3% erzielt werden.

Schließlich ist der Erfolg einer Befragung letztendlich von der Auffassungsgabe der zu befragenden Zielgruppe abhängig. Dies gilt gleichermaßen für die schriftliche wie auch für die mündliche Befragung, da der/die zu Befragende die Frage zunächst verstehen muß, um sie beantworten zu können.

Im Gegensatz zur schriftlichen Befragung ist beim **mündlichen Interview** ein unmittelbarer Kontakt zwischen Interviewer und Befragtem gegeben: Der Interviewer ist anwesend, stellt die Fragen und notiert die Anworten der befragten Person (face-to-face-Kommunikation). Je nachdem, ob eine oder mehrere Personen gleichzeitig befragt werden, unterscheidet man beim mündlichen Interview zwischen Einzelinterview bzw. Gruppeninterview. Beim Gruppeninterview werden im Gegensatz zum Einzelinterview mehrere anwesende Personen gleichzeitig befragt. Eine heute immer häufiger genutzte Sonderform der mündlichen Befragung stellt das Telefoninterview dar, das in der Regel für sogenannte Blitzumfragen zu einem eingeschränkten Themenkreis durchgeführt wird. Beim Telefoninterview ist zwar die Person unter Kontrolle (man weiß, mit wem man spricht), nicht aber die Situation (weil der face-to-face-Kontakt fehlt) (vgl. Frey et al. 1990).

Nach **Standardisierungsgrad** unterscheidet man zwischen drei verschiedenen Befragungsvarianten:

- Schriftliche Befragungen sind in der Regel voll standardisiert: Sämtliche Fragen sind bis ins Detail vorformuliert, die Abfolge der Fragen ist vorgegeben, die Fragen stehen fest.
- Beim strukturierten Interview sind die Anordnung der Fragen sowie die zu behandelnden Themen innerhalb des Fragebogens determiniert. Der Interviewer kann über die konkrete Frageformulierung selbst entscheiden.
- Vollständig auf einen Fragebogen wird im wenig standardisierten Interview (Tiefeninterview) verzichtet. Bei dieser Befragungsart sind dem Interviewer nur die Themen vorgegeben, die im Laufe des Interviews diskutiert werden sollen. Damit kann eine große Flexibilität erreicht werden, was besonders dann vorteilhaft ist, wenn das Thema als solches nicht abgrenzbar erscheint.

Die unterschiedlichen **Fragearten** können nach inhaltlichen, methodischen und funktionalen Aspekten differenziert werden. Erstere sind orientiert am Frageinhalt, wobei die Unterscheidung in Faktfrage, Wissensfrage, demographische Frage, Einschätzungsfrage, Bewertungsfrage, Einstellungsfrage und Handlungsfrage vorgenommen werden kann. Auf der methodischen Ebene erfolgt eine Differenzierung in Art der Antwortvorgabe und Art der Frageformulierung. Bei der Antwortvorgabe dominieren zwei antagonistische Formen, die allerdings auch miteinander kombiniert auftreten können. Die **offene Frage** überläßt die Formulierung der Antwort dem Befragten, während ihm bei der **ge-**

schlossenen Frage verschiedene Antwortvorgaben präsentiert werden, zwischen denen er wählen kann. Die Art der Frageformulierung kann nach direkter und indirekter (mittelbarer) Frage unterteilt werden. Der funktionale Aspekt bezieht sich auf das Intra-Design des Erhebungsinstruments, also die Funktion der Frage innerhalb des Fragebogens, wie z. B. Einleitungs- oder Eisbrecherfrage, Übergangsfrage, Filterfrage, Folgefrage, Sondierungsfrage und Kontrollfrage.

Gerade die Affinität des Interviews zur alltäglichen Situation des Gesprächs verweist auf die möglichen „Verständigungsschwierigkeiten", die bei jeder Kommunikation auftreten können. Grundsätzlich muß die Frage als Mittel zum Zweck betrachtet werden: Erst die Antwort der Untersuchungsperson ist die intendierte Variable. Fragebogenkonstruktion und Frageformulierung wird bestimmt von der Art der gesuchten Information, der formalen Beschaffenheit der Frage sowie ihrer inhaltlichen Zielrichtung.

Eine weitere, wichtige Unterscheidung von Befragungen ist die nach Einfach- oder Mehrfachbefragung (→ Panelbefragung). Eine Panelbefragung ist immer dann sinnvoll, wenn sehr sensibel Veränderungen (z. B. der Grad der Zustimmung zu einer Partei) erhoben werden sollen. Dem steht die Schwierigkeit gegenüber, daß bei Wiederholung der Befragung die Zahl der bereits Befragten beständig abnimmt, weil diese bei wiederholten Befragungen entweder nicht mehr erreichbar sind oder das Interview verweigern.

Fehlerquellen

Da bei Markt- und Meinungsforschung – dem Hauptanwendungsgebiet der Befragung – oft Einstellungen, Meinungen und Präferenzen für Produkte, Personen und Parteien erhoben werden, ist die Befragungssituation häufig reaktiv. Der **Interviewer-Effekt** (vgl. Beispiel 2) ist hier charakteristisch, sein Auftreten und Verhalten beeinflussen die Antworten der Befragungsperson und verzerren sie entsprechend.

Die bei einem Interview erhobenen Daten sind demnach nicht nur abhängig von der befragten Person, sondern auch von ihrer Umwelt (Erfahrungshintergrund der Person und konkrete Interviewsituation). Das bedeutet, daß durch die Reaktivität der Erhebungssituation die erhobenen Daten systematisch verzerrt sein können: Der Kommunikationsprozeß (und dies gilt eben auch für das Interview) wird in der Regel durch personenabhängige, individuelle Verhaltensmuster bestimmt. Diesen Sachverhalt bezeichnet auch die vielfach bestätigte Hypothese, daß die durch die Befragung erhobenen Daten dann verzerrt sind, wenn eine Korrelation zwischen dem Frageinhalt und den entsprechenden sozialen Merkmalen des Interviewers besteht.

Die Art der Frageformulierung kann demnach ebenfalls reaktiv auf die Antworten wirken: Der Wortlaut der Frage induziert die Antwort. Während jedoch die → Reaktivität des Erhebungsinstruments beim mündlichen Interview häufiger untersucht (→ Instrument, soziale Wirklichkeit) und spezifiziert wurde, gibt es zur Reaktivität bei der schriftlichen Befragung keine gesicherten Erkenntnisse.

Beispiel 2:

In einer Umfrage über die Kürzung der Bafög-Beiträge (vgl. DER SPIEGEL, 37, Nr. 1, 1983: 61) befragten zwei Meinungsforschungsinstitute zeitgleich einen repräsentativen Querschnitt der Bevölkerung. Ihre Fragen unterschieden sich darin, daß das eine Institut als Antwort-Vorgabe „Finden Sie das richtig oder nicht richtig?" fragt, während das andere statt des Ausdrucks „richtig" den Begriff „gut" verwendet. Ergebnis: „Nicht richtig" finden dies 38% der Befragten, „nicht gut" allerdings 59,7%.

Kritik: Zwar kann jedes Institut auf die Korrektheit der erhobenen Daten verweisen. Doch die zu erwartende semantische Diffusität der verwendeten Ausdrücke „richtig" bzw. „gut" hätte die Institute von vornherein dazu bewegen müssen, mit verschiedenen Frageformulierungen zu arbeiten und dabei gewonnene unterschiedliche Antworten auch kenntlich zu machen.

Spricht eine Frage (Variable) mehr als nur eine Antwortdimension an, kann bei der Auswertung nicht mehr festgestellt werden, auf welche Dimension die Antwort der Befragungsperson bezogen ist. Die Frage als empirisches Erhebungsinstrument muß aus diesem Grund eindimensional formuliert sein.

Beispiel 3:

Eine Frage wie: „Halten Sie sich für einen angenehmen Menschen?" spricht unterschiedliche Persönlichkeitsstrukturen und Werthaltungen im zwischenmenschlichen Bereich an. „Angenehm" kann beispielsweise bedeuten: anziehend, charmant, sympathisch, entgegenkommend, einnehmend, freundlich, gefällig, liebenswürdig, nett, gesellig, höflich, amüsant usw., so daß diese Frage nur sehr diffuse Informationen erbringen würde.

Beim Fragebogenaufbau sind unterschiedliche, sogenannte Ausstrahlungseffekte – inhaltliche oder emotionale Ausstrahlung einer Frage auf die folgende – als potentielle Fehlerquellen zu beachten. Der **Halo-Effect** (Nachhall-Effekt) kann durch das Intra-Design (Anordnung einzelner Fragen innerhalb eines Themenkomplexes) des Fragebogens auftreten. Die Themenstellung der einen Frage beeinflußt den Befragten noch, während bereits die nächste Frage gestellt wird. Der Halo-Effect entsteht insbesondere durch das Bemühen des Befragten, konsistent zu antworten. Der **Plazierungseffekt** zielt auf die Anordnung der Themenkomplexe innerhalb eines Fragebogens ab. Beeinflussungen und Verzerrungen des Antwortverhaltens der Interviewperson können durch die inhaltliche Verknüpfung von Themengebieten im Fragebogen auftreten.

Die Angabe eines **Reliabilitätsmaßes** (Maß für die Zuverlässigkeit der vom Interviewten gegebenen Antworten) ist für Befragungen nicht praktikabel, denn das würde bedeuten, daß die gleichen Personen zweimal, aber von zwei unterschiedlichen Interviewern befragt werden müßten. Gegen eine solche wiederholte Befragung spricht nicht nur der hohe Kosten- und Zeitaufwand, sondern vor allem die Tatsache, daß bei Mehrfachbefragung mit gleichem Fragebogen ein starker Frustrationseffekt einsetzen würde, der zu einer massiven Verweigerungshaltung der Befragten (→ Reaktivität) führen würde. [Atteslander/Kneubühler 1975: 20; Friedrichs 1990: 192 ff.; Kromrey 1998: 335 ff.; Noelle 1963; 54 ff.; Schnell/Hill/Esser 1988: 294 ff.]

Begabungsberuf

Für viele, meist kreative Berufe wird eine Veranlagung vorausgesetzt, die als Begabung bezeichnet wird: „Schreiben können" galt lange Zeit als eine Begabung, die, wie etwa handwerkliche Begabung, nicht oder nur wenig erlernbar sei. Die wachsende Komplexität kommunikativen Handelns fordert von Berufen wie dem des Journalisten oder des PR-Beraters mittlerweile eine akademische Ausbildung (→ Public Relations, Beruf), so daß heute an die Stelle des voraussetzungslosen Zugangs zum Journalismus per „Begabung" immer mehr eine solide Berufsausbildung tritt.

Auch zeigt sich, daß die wichtigste Anforderung für PR die Fähigkeit ist, „sich schnell in eine Sache hineinzudenken", des weiteren die Fähigkeit zur Kommunikation, Redaktion und Konzeption und zum Management (→ Ausbildung in PR). Dagegen rangiert „Begabung für PR" weit hinten. [Merten 1997]

Begriff → Theorie, wissenschaftliche

Bekanntheit

Kenntnis eines Sachverhalts (Wissen, Ereignis, Vorgang) oder einer Person bei sehr vielen Personen oder in den Medien. Die Bekanntheit kann latent sein, wenn der Sachverhalt als → Text fixiert und zugänglich ist. Sie wird manifest, wenn der Sachverhalt oder die Person öffentliches Interesse erfährt und Personen und/oder Medien diesen öffentlich machen (→ Öffentlichkeit). Der Bekanntheitsgrad eines Sachverhalts oder einer Person bezieht sich auf die Bekanntheit in der Bevölkerung oder bei bestimmten Zielgruppen und läßt sich durch Umfragen (→ Befragung) messen.

Benchmarking

Benchmarking ist der kontinuierliche Prozeß des Sammelns und Auswertens von Unternehmensprozessen und -resultaten (Produkte, Dienstleistungen, Managementpraktiken, Gemeinsamkeiten und Unterschiede in der Position und Verhalten am Markt), um sich auf dieser Informationsgrundlage detailliert mit den Besten im internen oder externen Bereich zu vergleichen. Aus der Analyse des vorherrschenden Wettbewerbers werden Standards entwickelt, an denen die eigene Position gemessen wird. Ziel des Benchmarking ist es u. a., Leistungslücken aufzudecken oder Ideen für Verbesserungen zu finden und so den Wandel in Unternehmen (→ Change Management) anzustoßen. [Watson 1993; Zentes 1996: 40; Pepels 1996: 74 ff.]

Beobachtung

richtet sich auf Verhalten und erfolgt in der Regel nonverbal und offen/versteckt und/oder teilnehmend/nichtteilnehmend. Die Protokollierung von Beobachtung setzt jedoch ex ante oder ex post Kategorien voraus, unter die einzelne Typen von Verhalten subsumiert werden.

Die historisch älteste Methode zur Erhebung sozialer Wirklichkeit stellt die wissenschaftliche Beobachtung dar. Sie kann definiert werden als „Selektion, Provokation, Protokollierung und Codierung derjenigen Menge von Verhalten und Gegebenheiten im Hinblick auf Organismen in Situationen, die mit den empirischen Zielen übereinstimmen" (Friedrichs 1990: 269). Beobachtung zielt vor allem auf die Erfassung von Verhaltensweisen und eignet sich besonders für die Fälle, in denen verbale Äußerungen gerade nicht erhoben werden sollen oder können. Der Begriff „Organismen" verweist darauf, daß auch das Verhalten von Tieren oder Pflanzen Gegenstand von Beobachtung sein kann.

Beispiel 4:

Die Wirkung von Gewaltdarstellungen im Fernsehen auf jüngere Kinder soll untersucht werden. Dazu eignet sich das Instrument der Beobachtung, denn besonders von Kindern ist nicht zu erwarten, daß sie sich verbal schon kompetent äußern können. Aber man kann ihre Reaktionen während und nach den Sendungen beobachten, auftretendes ängstliches oder aggressives Verhalten notieren etc.

Während die Beobachtung als Erhebungsinstrument in der Psychologie eine große Rolle spielt, kommt ihr in der Kommunikationswissenschaft nur eine geringere Relevanz für die Teildisziplinen der Kommunikator- und der Medienwirkungsforschung zu.

Varianten der Beobachtung

Verschiedene Beobachtungsvarianten (vgl. Friedrichs 1990: 272 ff.; Friedrichs/Lüdtke 1977; Kromrey 1998: 326 ff.) können nach den Kriterien **Erhebungssituation** und **Systematisierung** kategorisiert werden. Tab. 2 zeigt 16 unterschiedliche Kombinationsmöglichkeiten für die Beobachtung.

		systematisch		unsystematisch	
		natürlich	künstlich	natürlich	künstlich
teilnehmend	verdeckt				
	offen				
nicht-teilnehmend	verdeckt				
	offen				

Tabelle 2: Matrix der Beobachtungsverfahren

Die Einsatzmöglichkeit der verschiedenen Beobachtungsvarianten ist generell abhängig von der Zugänglichkeit des zu untersuchenden Verhaltens, der zugrundeliegenden theoretischen Modelle und Erkenntnisse und nicht zuletzt von der forschungsleitenden Fragestellung.

a) Künstliche und natürliche Beobachtungssituation

Wenn das Verhalten, das beobachtet werden soll, durch den Forscher provoziert wird, spricht man von einer künstlichen Beobachtung oder einer **Laborbeobachtung**. Tritt das zu untersuchende Verhalten natürlich auf, so spricht man von natürlicher oder **Feldbeobachtung**: Der Forscher studiert seine Untersuchungsobjekte *in situ*. Die Entscheidung über die Erhebungssituation ist davon abhängig, ob das zu beobachtende Verhalten kontrolliert (also: künstlich) erzeugt werden muß oder ob es in der sozialen Wirklichkeit untersucht werden kann. Die künstliche Erzeugung von Beobachtungssituationen setzt allerdings mehr theoretisches Vorwissen als die Feldbeobachtung voraus.
→ Experiment

b) Offene versus verdeckte Beobachtung

Die Unterscheidung hängt davon ab, ob sich die Beobachtungsperson der Anwesenheit des Beobachters bewußt ist oder nicht. Bei der offenen oder direkten Beobachtung ist der Beobachter für die zu untersuchenden Personen sichtbar, z. B. als Beisitzer während einer Gruppendiskussion. Bei einer verdeckten oder indirekten Beobachtung bleibt der Beobachter unsichtbar – dies geschieht beispielsweise durch eine verspiegelte Glasscheibe oder dadurch, daß sich der Beobachter dem Probanden gegenüber nicht zu erkennen gibt.

c) Teilnehmende bzw. nicht-teilnehmende Beobachtung

Als teilnehmender Beobachter ist der Forscher selbst Element der zu untersuchenden Situation und agiert, ebenso wie die Probanden innerhalb des sozialen Ereignisraums. Für den nicht-teilnehmenden Beobachter besteht die Möglichkeit, „von außerhalb“ die Verhaltensweisen zu erfassen.

d) Systematische und unsystematische Beobachtung

Je nach Grad der Standardisierung der Erfassung wird zwischen systematischer und unsystematischer Beobachtung differenziert, wobei jedoch die Grenzen fließend sind. Wird die Beobachtung ohne einen vorher definierten Beobachtungskatalog durchgeführt, erfolgt zumeist eine Messung von nicht näher spezifizierten Verhaltensabläufen einer Untersuchungssituation. Bei der systematischen Beobachtung ist der Forscher in der Regel während des Beobachtens mit der Aufzeichnung der Verhaltensweisen in ein vor der Erhebung erstelltes Kategoriensystem beschäftigt. Der Grad der Standardisierung hängt von 1.) der Problemstellung der Untersuchung, 2.) der Differenziertheit der zugrundeliegenden theoretischen Annahmen und 3). den Erkenntnissen über den Untersuchungsgegenstand ab.

e) Selbst- und Fremdbeobachtung

Selbstbeobachtung kann nur dann ein → Instrument zur Erhebung sozialer Wirklichkeit sein, wenn die Beobachtung im Prinzip auch durch jemand anderes möglich wäre. Eine unwissenschaftliche Form der Selbstbeobachtung stellt das Schreiben eines Tagebuches dar (weil der Beobachter über sich selbst schreibt und dabei diejenigen Themen oder Ereignisse bevorzugen wird, die „ihm am Herzen liegen"). Der prominenteste Fall von Selbstbeobachtung sind die Aufzeichnungen von *Sigmund Freud* (vgl. Freud 1925).

Fehlerquellen: Bei der Beobachtung als Erhebungsinstrument erfolgt das zu messende soziale Handeln und die Erfassung des Handelns simultan, die temporale Differenz zwischen zu erhebender und intervenierender sozialer Wirklichkeit ist aufgehoben. Die intervenierende soziale Wirklichkeit besteht in der tatsächlichen (teilnehmende Beobachtung) oder zumindest vorstellbaren (nicht-teilnehmende Beobachtung) Anwesenheit anderer (Beobachter), und gerade dies erzeugt Reaktivität. Die → Reaktivität des Instruments stellt einen systematischen Fehler dar, dieser Fehler kann nicht vermieden, sondern nur minimiert werden.

Eine weitere Fehlerquelle liegt beim Beobachter selbst, denn durch seinen selektiven Zugriff auf die zu erfassende Interaktion wird nur ein Teil des tatsächlich stattfindenden Verhaltens aufgezeichnet und codiert. Durch Schulung der Beobachter kann eine Verminderung des Beobachtungsfehlers erreicht werden, doch zur genauen Abschätzung des Fehlers ist eine Reliabilitätsprüfung unerläßlich. Entsprechende **Reliabilitätsmaße** geben an, wie hoch die Übereinstimmung bei mehreren Beobachtern mit dem gleichen Beobachtungsschema ausfällt.

Schließlich beinhaltet das Beobachtungsschema der standardisierten Beobachtung eine weitere systematische Fehlerquelle. Die Kategorien des Schemas können entweder zu speziell oder zu allgemein sein, um eine zuverlässige Codierung der sozialen Situation zuzulassen. [Friedrichs 1990: 287; Friedrichs/Lüdtke 1977; Kromrey 1998: 323 ff.]
→ Instrument, soziale Wirklichkeit

Beruf, Public Relations → Public Relations, Beruf

Berufsbild

Beschreibung der Elemente eines Berufs (vor allem: schulische Voraussetzungen, zu erwerbende Kenntnisse und Fähigkeiten, Prüfungen). Das Berufsbild von Public Relations wird von der Deutschen Public Relations Gesellschaft (→ DPRG) 1996 wie folgt beschrieben:

„Öffentlichkeitsarbeit/Public Relations ist das Management von Kommunikation

Öffentlichkeitsarbeit/Public Relations vermittelt Standpunkte und ermöglicht Orientierung, um den politischen, den wirtschaftlichen und den sozialen Handlungsraum von Personen oder Organisationen im Prozeß öffentlicher Meinungsbildung zu schaffen und zu sichern.

Öffentlichkeitsarbeit/Public Relations plant und steuert dazu Kommunikationsprozesse für Personen und Organisationen mit deren Bezugsgruppen in der Öffentlichkeit. Ethisch verantwortliche Öffentlichkeitsarbeit/Public Relations gestaltet Informationstransfer und Dialog entsprechend unserer freiheitlich-demokratischen Wertordnung und im Einklang mit geltenden PR-Codices.

Öffentlichkeitsarbeit/Public Relations ist Auftragskommunikation. In der pluralistischen Gesellschaft akzeptiert sie Informationsgegensätze. Sie vertritt die Interessen ihrer Auftraggeber im Dialog informativ und wahrheitsgemäß, offen und kompetent. Sie soll Öffentlichkeit herstellen, die Urteilsfähigkeit von Dialoggruppen schärfen, Vertrauen aufbauen und stärken und faire Konfliktkommunikation sichern. Sie vermittelt beiderseits Einsicht und bewirkt Verhaltenskorrekturen. Sie dient damit dem demokratischen Kräftespiel.

Voraussetzung für Öffentlichkeitsarbeit/Public Relations sind aktive und langfristig angelegte kommunikative Strategien. Öffentlichkeitsarbeit/Public Relations ist eine

Führungsfunktion; als solche ist sie wirksam, wenn sie eng in den Entscheidungsprozeß von Organisationen eingebunden ist.

Kernaufgaben und Methodik der Öffentlichkeitsarbeit/Public Relations

Öffentlichkeitsarbeit/Public Relations hat sechs Kernaufgaben, zusammengefaßt in der Formel «**AKTION**«:

Analyse, Strategie, Konzeption (Sachstands- und Meinungsanalysen, Ziel-/Strategie-Entwicklung, Programmplanung)

Kontakt, Beratung, Verhandlung

Text und kreative Gestaltung (Informationsaufbereitung und -gestaltung, Aufbereitung in Informationsträgern)

Implementierung (Entscheidung, Planung von Maßnahmen, Kosten und Zeitachse)

Operative Umsetzung und

Nacharbeit, Evaluation (Effektivitäts- und Effizienzanalysen, Korrekturen).

Öffentlichkeitsarbeit/Public Relations ist in allen gesellschaftlichen Bereichen erforderlich. Sie ist generell ein Beruf mit freiem Zugang. Da sich die Gesellschaft weiter ausdifferenziert, wächst das Berufsfeld; die Nachfrage nach Experten in der Öffentlichkeitsarbeit/Public Relations steigt. In Europa sind etwa 70 000, in Deutschland ca. 16 000 Personen (Stand: 1995) in der Öffentlichkeitsarbeit/Public Relations tätig, und zwar vorwiegend in Organisationen, in Agenturen oder als selbständige/r PR-Berater/in sowie in Ausbildung, Forschung und Lehre.

Voraussetzungen für professionelle Öffentlichkeitsarbeit ist auf der Basis einer breiten Allgemeinbildung und persönlichen Eignungen eine berufliche Qualifizierung. Selbständige beratende und leitende Tätigkeiten in der Öffentlichkeitsarbeit/Public Relations setzen in der Regel ein erfolgreich absolviertes Hochschulstudium als Basis weiterer beruflicher Spezialisierung voraus.

Öffentlichkeitsarbeit/Public Relations ist ein arbeitsteiliger Prozeß; Teamfähigkeit und Teamarbeit sind daher nötig; Generalisten und Spezialisten ergänzen einander.

Berufliche Basisqualifikation

Öffentlichkeitsarbeit ist ein modernes Berufsfeld, das sich mit zunehmender Bedeutung von Kommunikation im Organisationsalltag weiterentwickelt hat. Damit sind allerdings auch die Anforderungen gestiegen. Da es im gesamten deutschsprachigen Raum bis heute kein grundständiges Vollstudium der Öffentlichkeitsarbeit/Public Relations gibt, gilt in den meisten Fällen ein abgeschlossenes Hochschulstudium als erste Zugangsvoraussetzung. Ideal ist ein kommunikations- oder medienwissenschaftliches Studium, kombiniert mit Betriebswirtschaft. Dies ist in der Hochschulpraxis allerdings nur selten möglich. Öffentlichkeitsarbeit ist zwar kein Begabungsberuf, wie früher gerne dargestellt, dennoch können neben einer breiten Allgemeinbildung ausgeprägter Persönlichkeitsmerkmale wie analytische Fähigkeiten, psychologisches Gespür Kommunikativität,

Kreativität und soziale Kompetenz als sehr vorteilhaft gelten. Erfahrungen im Journalismus werden darüber hinaus gerne gesehen. Dies sind jedoch zunächst nur allgemeine Voraussetzungen, die alleine noch keine besondere berufliche Qualifikation verleihen.

Fachleute für Öffentlichkeitsarbeit müssen zur Ausübung ihrer Tätigkeit neben diesen allgemeinen Voraussetzungen als berufliche Basisqualifikation über:

- grundlegendes fachliches Wissen (Kenntnisse)
- ausgeprägte und systematisch anwendbare fachliche Fertigkeiten (Arbeitsmethoden und -techniken) und
- zielgerichtete fachliche Fähigkeiten (Verstehen und Umsetzen)
- verfügen, um die ihnen übertragenen Aufgaben eigenständig und fachgerecht lösen zu können. Eine berufliche Basisqualifikation befähigt ausgebildete Nachwuchskräfte zur Übernahme von Aufgaben- oder Projektverantwortung.

Von ihnen wird prinzipiell erwartet:

- Kommunikationszusammenhänge und -probleme zu erkennen und zu beurteilen sowie Bezugs- und Zielgruppen zu bestimmen
- Kommunikationsprojekte strategisch-methodisch und damit systematisch und mit Wirkungsabsicht zu entwickeln
- Projekte wie einzelne Maßnahmen taktisch zu realisieren bzw. deren Realisation durch Dritte zu koordinieren
- Kommunikation inhaltlich und formal zu gestatten und persönlich oder mit Hilfe von Medien zu vermitteln
- die Ergebnisse ihrer Arbeit zu analysieren und zu bewerten, dies ihrem Arbeit- oder Auftraggeber gegenüber zu präsentieren und fachlich zu vertreten."

Beziehungspflege

Dieser Begriff wurde 1951 als Ersatz für den Begriff PR kreiert, meint jedoch heute vor allem den kommunikativen Umgang (→ Kontaktpflege, Pflege des → Images) mit relevanten → Zielgruppen. Instrumente zur Beziehungspflege sind: a) Informelle Kommunikation (Gespräch, Telefonat etc.), b) formale Kommunikation (Rundbriefe, Hauszeitschriften, Grußbotschaften zu bestimmten Terminen), c) Einladungen zu bestimmten Veranstaltungen, d) Give-aways und e) diskrete Vergünstigungen.

Bezugsgruppe → Zielgruppe

Binärcode

Code, der nur zwei Ausprägungen hat (etwa: Ja/Nein).

Bit (Binary Digit)

Die Informationsmenge, die für eine Binärentscheidung (etwa: Ja/Nein) benötigt wird.

Botschaft → Konzeption

Botschafterfunktion → interne PR

Boulevardzeitung

Käuflich zu erwerbende Zeitung (→ Kaufzeitung), im Gegensatz zum → Abonnement einer Zeitung.

Brainstorming → Kreativitätstechnik

Branding → Marke

Briefing

Kerninformation, die eine Organisation (Kunde) einer Agentur über alle relevanten Aspekte eines mit PR-Mitteln zu lösenden Problems zur Verfügung stellt. Dazu gehören a) Informationen über die Organisation (Unternehmen, Verband, staatl. Einrichtung etc.) des Kunden, b) die wichtigsten Kennzahlen (Umsatz, Zahl der Mitarbeiter, Verkaufszahlen, Kosten, Erlöse etc.), c) Daten über Markt- und Wettbewerbssituation, d) Daten über Produkte und Vertrieb, e) Daten über die relevanten Zielgruppen und f) Daten über Image, Auftritt der Organisation sowie über bisherige Aktivitäten in Werbung und Public Relations. Die Agentur wird in der Regel alle erhaltenen oder beschafften Informationen über das Problem und die Daten über die Organisation schriftlich fixieren und der Organisation zur Kenntnis bringen (**Re-Briefung**), um eine gemeinsame Informationsbasis sicherzustellen. Die Informationen des Briefings bilden die Grundlage für die von der Agentur zu erstellende → Ist-Analyse.

Broschüre

Broschüren gehören zum Typ → Druckschrift und sind zugleich → Instrumente von PR. Sie dienen vor allem der Pflege des → Images. Eine Broschüre ist ein geheftetes oder geklebtes, nur wenige Seiten umfassendes Booklet aus gefalzten Seiten, das wesentliche Informationen über eine Organisation, eine Person oder ein Produkt enthält. Broschüren informieren kurz und knapp, aber in ausgesuchter Aufmachung. Das Format (A5 oder A6) wird so gewählt, daß eine Broschüre leicht eingesteckt und mitgenommen werden kann.

Buch

Ursprünglich auf dünnen Buchenholztafeln (daher der Name „Buch") aufgeschriebene Texte. 1452 wurde der Buchdruck mit beweglichen Lettern von *Johannes Gutenberg* in Mainz erfunden, das Buch tritt seinen Siegeszug als erstes → Massenmedium an. Derzeit werden in Deutschland jährlich 55 000 neue Buchtitel verlegt, der jährliche Umsatz liegt bei ca. 18 Mrd. DM. [Presse- und Informationsamt 1998: 76 ff.]

Budget

Nach Einzelpositionen aufgeschlüsselter finanzieller Gesamtbedarf für einzelne oder kontinuierliche PR-Maßnahmen für einen festgelegten Zeitraum. Er besteht aus a) Fremdkosten (die durch Ankauf von Fremdleistungen entstehen), b) Honoraren (die von der eigenen Agentur in Rechnung gestellt werden) und c) Sachkosten. Seine Aufteilung kann nach verschiedenen Gesichtspunkten erfolgen (z. B. für Aktion, Beratung, Forschung oder Verwaltung), seine Kalkulation hängt von vielen individuellen Größen ab und läßt sich nicht nach einem einheitlichen Prinzip vornehmen. [Neske 1977: 269 ff.]

C

CERP

Confédération Europeénne des Relations Publiques (European Public Relations Confederation – International Association with scientific aims, (Adresse: Rue du Champ de Mars 1A, BTE1 B 1050 Bruxelles, Belgique, Tel. (0032) 25 11 26 80; Fax (0032) 25 11 56 38. 1959 gegründeter Zusammenschluß nationaler PR-Berufsverbände auf europäischer Ebene mit dem Ziel, internationalen Erfahrungsaustausch herzustellen, Codes für Ethik zu standardisieren und den PR-Beruf und die PR-Ausbildung zu fördern. CERP ist beim Europarat (seit 1976) und der UNESCO (seit 1983) mit beratender Stimme vertreten.

Change Management

Management des organisatorischen Wandels. Es zielt auf die planmäßige, mittel- bis langfristig wirksame Veränderung der Verhaltensmuster und Einstellungen von Organisationsmitgliedern, Organisations- und Kommunikationsstrukturen sowie von strukturellen Regelungen ab. In der Konsequenz sollen so die unterschiedlichen Prozesse einer Organisation verbessert und effizienter gestaltet werden (→ Re-Engineering). [Pepels 1996: 493 f.; Meffert 1988: 922 ff.]

Checkliste

Dezidierte und logisch als Ablaufplan geordnete Auflistung von routinemäßig anfallenden oder ablaufenden Aktivitäten (Prozessen, Maßnahmen), die Vollständigkeit und sinnvollen Ablauf sicherstellen soll. An neuralgischen Punkten wird dabei durch Fragen eine Ja/Nein-Antwort provoziert, wobei die Jas sich auf die Erfüllung einer vorgegebenen Norm (Vorhandensein von bestimmten Gegenständen, Vorbereitung von Prozessen und Aktionen, Information bestimmter Personen etc.) bezieht. Das Verhältnis der Neins zu den Jas läßt sich als Indikator für Erfolg bzw. erfolgreiche Vorbereitung definieren. Checklisten werden in der PR vor allem dort eingesetzt, wo der Erfolg besonders wichtig und/oder die Zeit besonders knapp ist, also bei

Präsentationen, Medienauftritten, Krisen und im Rahmen des vorbereitenden oder nacharbeitenden → Controlling. Eine vollständige Checkliste für die Durchführung einer Maßnahme findet sich als Beispiel unter dem Stichwort → Tag der offenen Tür.

Clipping

Erheben von Beiträgen, die aufgrund einer PR-Maßnahme (etwa: Pressekonferenz, Event, Pressemeldung etc.) in den Printmedien erschienen sind. Diese werden unter Beifügung von Angaben zu Organ, Datum, Auflage etc. auf Bestellung und gegen Entgelt versandt. Clipping ist die einfachste Form der → Resonanzanalyse.

Clusteranalyse → Multivariate Analyse

Coaching

Betreuung von Teams oder Einzelpersonen, die erwartbar auf Erfolg (Sieg) trainiert werden, vor allem im Sport. Mittlerweile Begriff des Management: Technik, um auf Managementebene die kommunikative Kompetenz von Führungskräften zu schulen und sie mit situationsspezifisch angemessenen Techniken und Instrumenten im Umgang mit Kommunikation vertraut zu machen.

Code d'Athene → Ethik

Code de Bordeaux → Ethik

Code de Lisbonne → Ethik

Codierung

Modus der Verschriftlichung auf drei Ebenen: a) **intrinsisch**: Codierung und zugrundeliegender Sachverhalt fallen hier noch zusammen (das Knurren eines Hundes ist aggressives Verhalten und zeigt dieses zugleich an), b) **ikonisch**: Der Code ist nicht mehr identisch mit dem Sachverhalt, verweist aber symbolisch darauf (etwa: ein Piktogramm) und c) **arbiträr**: Code und zugrundeliegender Sachverhalt besitzen zueinander keinerlei Affinität (dies trifft in der Regel auf alle schriftliche Codierung durch Buchstaben oder Ziffern zu). [Ekman/Friesen 1969]

Content-Analysis → Inhaltsanalyse

Content Provider

Organisationen oder Privatpersonen, die Inhalte und Informationen im → Internet oder in kommerziellen Online-Diensten anbieten.

Controlling

Für die Durchführung von → Public Relations-Konzeptionen ist ein umfassendes Controlling vorgesehen, das unabhängig vom spezifischen → Effect Controlling (was hat der Einsatz von PR kommunikativ bewirkt?) erfolgt. Zu den Verfahren und Techniken des Controlling zählen z. B. Planungsmethoden (Analyse von Produktlebenszyklen) oder Budgetierungsmethoden zur Kostenanalyse. [Koschnick 1997: 223 f.]

Der Begriff des Controlling stammt aus der → Kybernetik und bezeichnet – neben der reinen Überwachungsfunktion – die Planung und Steuerung aller Organisationsbereiche und -ebenen. Genauer: Als Controlling wird die systematische Prüfung auf Einhaltung vorgegebener Sollgrößen bezeichnet, die in allen Bereichen organisationsbezogenen Handelns erfolgt. Controlling findet in prozessualer Form als **Ablaufkontrolle** Anwendung, die bereits vor oder während eines zu kontrollierenden Prozesses oder einer zu kontrollierenden Maßnahme erfolgt. Das Controlling versorgt die Entscheidungsträger der Organisation mit den notwendigen Informationen und fungiert als Entscheidungs- und Führungshilfe.

Auch Public Relations verwendet diesen Begriff des Controlling (vgl. Abb. 3). Dazu wird üblicherweise eine → Checkliste o. ä. entwickelt, die für alle neuralgischen Punkte Prüfgrößen aufführt, deren Einhaltung das Controlling überprüft.

Neben dem formalen Controlling gibt es ein inhaltliches Controlling, das als Effect Controlling oder → Resonanz bezeichnet wird und sich ausschließlich auf die Messung der kommunikativen (medialen und/oder nichtmedialen) Wirkung (Resonanz) oder des kommunikativen Erfolgs (Vergleich der Resonanz mit dem geplanten Soll einer PR-Konzeption) bezieht (Position 12 in Abb. 3).

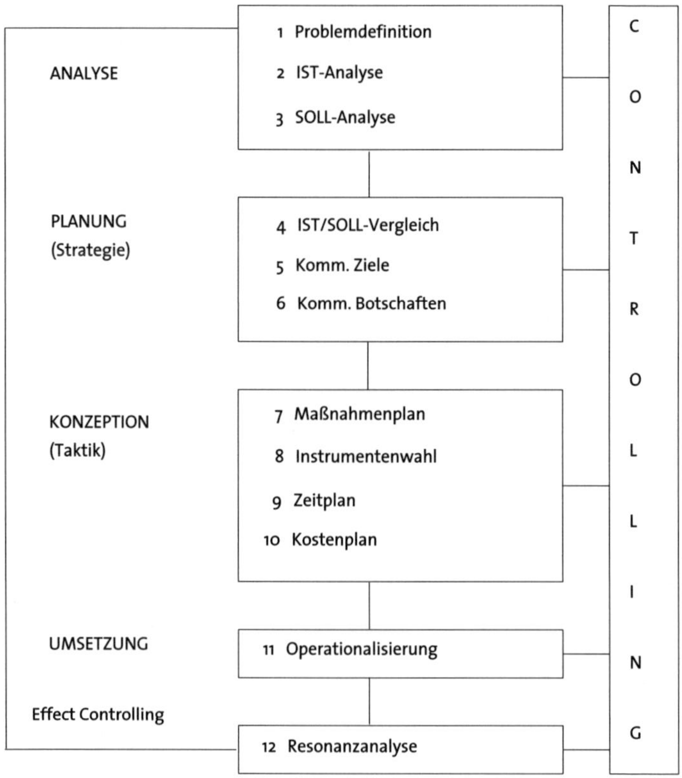

Abbildung 3: Ablaufplan einer PR-Konzeption

Beispiel 5:

Der Ablaufplan für die Entwicklung und Umsetzung einer Konzeption (Abb. 3) läßt sich in 12 Schritten darstellen. Für jeden Schritt lassen sich entsprechende Fragen formulieren, die insgesamt eine Checkliste abgeben, aus deren Beantwortung valide Hinweise für die Einhaltung der geplanten Schritte und damit für den formalen PR-Erfolg für die jeweilige Organisation (Unternehmen, Verband, Partei) zu gewinnen sind:

1. Schritt: Problemdefinition

Die Problemdefinition zeigt zunächst, ob das Problem mit kommunikativen Mitteln gelöst werden kann.

Fragen für das Controlling:

Läßt sich das Problem mit kommunikativen Mitteln lösen?

Ist das Problem richtig definiert? (Ist der Problemkern definiert?)

Ist das Problem vollständig definiert? (Sind alle Aspekte berücksichtigt?)

2. Schritt: IST-Analyse

Die Ist-Analyse besteht aus der Sammlung und Sichtung aller Informationen, die für das zu lösende Problem einschlägig sind.

Fragen für das Controlling:

Sind für die Analyse des Problems aussagekräftige Daten vorhanden?

Lassen sich entsprechende Daten unter gesetzter Frist- und Kostenplanung beschaffen?

Ist die auf der Basis der Daten zu erstellende Ist-Analyse valide und vollständig und stets in bezug auf die relevanten Zielgruppen formuliert?

Ist die auf der Basis der Daten vorgenommene Interpretation des Problems stichhaltig und widerspruchsfrei?

Sind die Stärken (Strength) der Organisation formuliert?

Sind die Schwächen (Weakness) der Organisation formuliert?

Gibt es besondere Chancen (Opportunities), die die Organisation nutzen kann?

Sind besondere Hindernisse oder Bedrohlichkeiten (Threats) der Organisation vorhanden und berücksichtigt?

Lassen sich Stärken und Schwächen als SWOT-Analyse saldieren? (vgl. Dörrbecker/ Fissenewert-Goßmann 31997: 226 ff.)

Gibt es spezifische Eigenheiten des Problems, die gesondert in Rechnung zu stellen sind?

3. Schritt: SOLL-Analyse

Das Soll ist ein Zustand, der nach Durchführung einer Konzeption (Kampagne) erreicht werden soll.

Fragen für das Controlling:

Ist das Soll präzise auf das Problem bezogen?

Sind die Dimensionen des Solls in bezug auf die relevanten Zielgruppen formuliert?

Ist das Soll als zu beschreibender Zustand im Indikativ formuliert?

4. Schritt: IST-SOLL-Vergleich

Der Ist-Soll-Vergleich weist die Differenzen zwischen Ist und Soll – jeweils in bezug auf die korrespondierende Zielgruppe – aus. Die Reihung aller formulierten Vergleiche nach Wichtigkeit bildet den Anfang der Strategie.

Fragen für das Controlling:

Ist die Ist-Soll-Differenz in bezug auf die einzelnen Probleme definiert?

Ist die Ist-Soll-Differenz logisch und präzise definiert?

Ist die Ist-Soll-Differenz unter Einschluß der korrespondierenden Zielgruppen formuliert?

Ist aus der Ist-Soll-Differenz eine Hierarchie (nach: Zielgruppen, Defiziten etc.) der zu entwickelnden Ziele ableitbar?

Sind Defizite für die Zielgruppe der Journalisten (Medien) präzise beschrieben?

5. Schritt: Kommunikative Ziele

Das kommunikative Ziel beschreibt die einzuleitende kommunikative Problemlösung (etwa: Steigerung des Bekanntheitsgrades, Verbesserung des Images, Erhöhung der Akzeptanz etc.), jeweils bezogen auf die korrespondierende Zielgruppe.

Fragen für das Controlling:

Welche kommunikativen Ziele – in bezug auf die korrespondierende Zielgruppe - lassen sich formulieren?

Lassen sich diese Defizite nach Relevanz sortieren? (Was ist das Wichtigste?)

Sind diese Ziele griffig formuliert?

6. Schritt: Kommunikative Botschaften

Die kommunikativen Botschaften sind Informationen (Wissen, Norm- und Wertvorstellungen etc.), die nach Durchführung der Konzeption (Kampagne) in den Köpfen bzw. im Bewußtsein aller Mitglieder der korrespondierenden Zielgruppe verankert sein sollen.

Fragen für das Controlling:

Läßt sich aus den kommunikativen Zielen eine Dachbotschaft entwickeln?

Ist diese Botschaft griffig, verständlich und „mit Pep" formuliert?

Läßt sich diese Botschaft auf die relevanten Zielgruppen hin spezifisch ausformulieren?

7. Schritt: Maßnahmenplan

Der Maßnahmenplan listet alle zu ergreifenden Maßnahmen in bezug auf die jeweils korrespondierenden Zielgruppen auf. Dabei umfaßt eine Maßnahme die Anwendung bzw. den Einsatz mindestens eines kommunikativen Instruments.

Fragen für das Controlling:

Sind die Maßnahmen präzise aus den Zielen abgeleitet?

Sind die Maßnahmen nach Timing, Kosten und Struktur ihrer Realisation präzise formuliert?

Sind Möglichkeiten der Evaluation (Effect Controlling, Resonanzanalyse etc.) mitbedacht?

8. Schritt: Instrumentenwahl

Ein Instrument ist ein kommunikatives Werkzeug (etwa: Interview, Pressemitteilung, Folder etc.).

Fragen für das Controlling:

Sind die für die Maßnahmen vorgesehenen Instrumente vollständig formuliert?

Gibt es genügend valide Hinweise für die Wirksamkeit der Instrumente wie vorgesehen?

Gibt es besondere Gründe (kultureller, situationaler oder anderer Art), die den Einsatz bestimmter Instrumente nahelegen oder diesen in Frage stellen können?

9. Schritt: Zeitplan

Der Zeitplan legt Beginn und Ende aller zu ergreifenden einmalig oder mehrmalig durchzuführenden Maßnahmen verbindlich fest.

Fragen für das Controlling:

Ist der Zeitplan angemessen und „machbar"? (Kann er eingehalten werden?)

Gibt es Hinweise, daß und wie er unter Umständen modifiziert werden muß?

10. Schritt: Kostenplan (Budgetierung)

Der Kostenplan erfaßt alle Kosten (Honorare, Agenturkosten, Fremdleistungen), die im Rahmen der Vorbereitung, Durchführung und Auswertung einer Konzeption (Kampagne) anfallen.

Fragen für das Controlling

Bleibt das Budget im Rahmen der Planung bzw. im Rahmen vertretbarer Mehrkosten?

Sind die Kosten aller zu ergreifenden Maßnahmen im Detail aufgeführt?

Sind die Grenzen der zuträglichen Überschreitung definiert?

Ist festgelegt, welche Mittel zu welchem Zeitpunkt zur Verfügung stehen müssen?

11. Schritt: Durchführung

Die Durchführung (Umsetzung) der Konzeption setzt die systematische Erfüllung aller vorhergehenden Punkte (1-10) notwendig voraus.

Fragen für das Controlling:

Ist die Durchführung durch konkurrierende Ereignislagen gefährdet?

Hat es Störungen oder Abweichungen gegeben, und wenn ja, aus welchen Gründen?

Welchen Einfluß haben diese Störungen für den weiteren Ablauf und den avisierten Erfolg der Kampagne?

Erfordern die Störungen einen Eingriff in den weiteren Ablauf der Kampagne?

12. Schritt: Erfolgskontrolle

Die Erfolgskontrolle bezieht sich auf die Messung des kommunikativen Erfolgs der durchgeführten Konzeption. Dazu gehört nicht nur die Erhebung aller Wirkungen, sondern auch die Prüfung, ob und in welchem Umfang die kommunikativen Ziele erreicht worden sind.

Fragen für das Controlling:

Wurden für die einzelnen Maßnahmen Ansatzpunkte für Erfolgskontrollen definiert, und wenn ja, wie ist das Ergebnis zu interpretieren?

Wurden die gesteckten Ziele erreicht?

Lassen sich Gründe erkennen, warum das Ziel nicht erreicht werden konnte?

In welchem Umfang ist die geplante Medienresonanz auch eingetreten?

Wo bleibt sie hinter den Erwartungen zurück, und welche Gründe sind dafür verantwortlich zu machen?

Was folgt aus den Ergebnissen des Effect Controlling und denen der Medienresonanzanalyse insgesamt?

Was folgt daraus für ggf. zu planende weitere Maßnahmen?

Die Schritte 1-11 stellen das allgemeine Ablauf Controlling, der Schritt 12 die Erfolgskontrolle (Effect Controlling) der durchgeführten PR-Maßnahme dar. Verfahren zur Bewertung des Erfolges werden als → Resonanzanalyse bezeichnet.

Instrumente der Evaluation sind je nach eingesetztem PR-Instrument und anzusprechender Zielgruppe zu definieren. Einfachstes Evaluationsinstrument für die Presseberichterstattung ist das → Clipping. Aufwendiger ist eine → Inhaltsanalyse von Pressemeldungen, weil hier z. B. Art der Darstellung, Bewertungen, Eigen- oder Fremdinduktion der Berichterstattung etc. erfaßt werden können (→ Resonanzanalyse). Ein vollständiges Controlling findet sich als Checkliste für einen → Tag der offenen Tür eines mittelständischen Unternehmens.

Copy Test

Der Copy Test ist ein ex post vorzunehmender Test, bei dem Rezipienten eines Mediums nach bestimmten rezipierten Inhalten (Artikel, Anzeige) in einer bestimmten Ausgabe eines Printmediums befragt werden. Dabei wird ihnen in der Regel ein Exemplar (Copy) der jeweiligen Ausgabe vorgelegt. Durch einfache, ungestützte Nachfrage nach Kenntnis des Textes an sich, Kenntnis des behandelten Themas wird die jeweilige Erinnerung (Unaided Recall) erhoben, die als Indikator für die jeweilige → Wirkung des rezipierten Inhalts angesehen wird. Erbringt die ungestützte Nachfrage keine ausreichenden Werte, kann die gestützte Nachfrage (Hilfestellung bei der Beantwortung durch Angabe bestimmter Informationen zum vorgelegten Exemplar) nachgesetzt werden. Der Copy Test wurde zuerst von *George Gallup* (University of Iowa 1927) verwendet. [Starch 1966: 146 ff.; Noelle-Neumann et al. 1999: 203 ff.]

Corporate Behavior → Corporate Identity

Corporate Communications

Corporate Communications sind als Typ integrierter → Unternehmenskommunikation zu begreifen. Corporate Communications gilt im Rahmen des → Corporate-Identity-Konzeptes als einheitlich gelebte Kommunikation der Mitglieder einer Organisation nach innen und macht Gebrauch von dem einheitlichen Auftritt (Erscheinungsbild) eines Unternehmens, der als → Corporate Design bezeichnet wird. Die Grundüberlegung ist: Ein einheitliches (und attraktives) Auftreten der Organisation in der Öffentlichkeit bzw. gegenüber ihren Zielgruppen präzisiert die Identität der Organisation (ihre Unternehmenspersönlichkeit), sie steigert ihren Bekanntheitsgrad, sie erhöht die Chance der Wahrnehmung.

„Corporate Communications bestehen nicht als isoliertes Kommunikationskonzept, sondern sind Teil einer Gesamtstrategie für Verhalten, Erscheinung und Kommunikation. Corporate Culture und Corporate Identity bilden in diesem Zusammenhang Bezugspunkte von Corporate Communications“ (Derieth 1995: 151).

Corporate Identity (CI) ist die strategisch geplante Einheit bzw. Geschlossenheit der Selbstdarstellung einer Unternehmenspersönlichkeit (Organisation) nach innen und nach außen als „Unternehmensidentität“.

Die Bildung einer Identität wird von vier Faktoren bestimmt (Abb. 4):

Von einem einheitlichen Auftritt, der durch das → Corporate Design (1) sichergestellt werden soll, von einer → Corporate Culture (Werte und Normen einer Organisation) (2), die Einfluß auf das gelebte Verhalten nehmen, das aus c) Corporate Behavior (3) und aus d) Corporate Communications (4) besteht. Diese vier Faktoren zusammen prägen die Corporate Identity (5) bzw. das von außen sichtbare → Corporate Image (6).

Die einzelnen Begriffe werden allerdings keineswegs einheitlich gebraucht – was die Verständlichkeit nicht fördert: So bezeichnet der Begriff der Corporate Identity unglücklicherweise sowohl die Zielsetzung eines Unternehmens als auch ein Instrument des Managements.

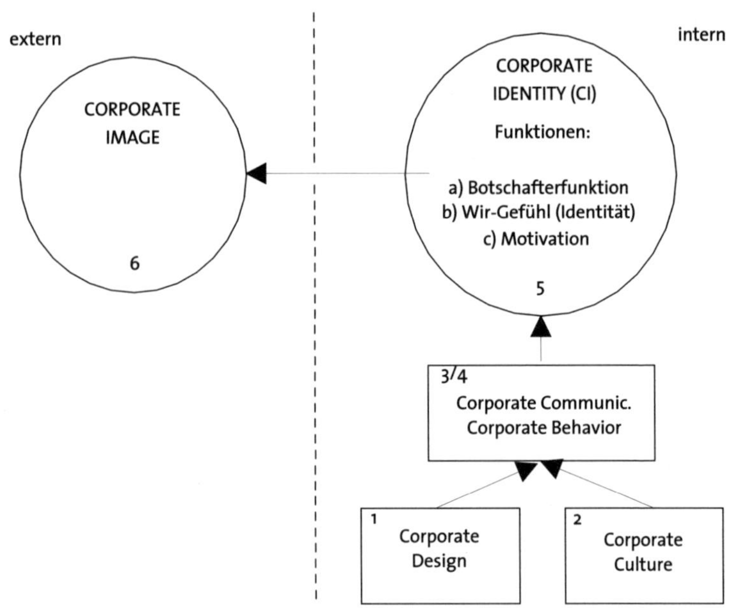

Abbildung 4: Strukturmodell für Corporate Identity

Generell hat Corporate Identity (verstanden als ein Prozeß der Selbstdarstellung) und die darauf aufbauende Corporate Communications eine **materielle Basis** und ein **immaterielle Basis**:

Die **materielle Basis** besteht aus dem → Corporate Design (1). Sie umfaßt alle Mittel der Darstellung, insbesondere:

- Die einheitliche Gestaltung von Kommunikationsmaterial (Briefbögen, Umschläge, Visitenkarten, Folder, Mappen) in Schrifttyp, Farbe und Design (Layout). Schrifttyp und Farbe bzw. Farbenkombination werden präzise vorgeschrieben, die Einhaltung dieser Vorschrift wird geprüft.
- Die einheitliche Gestaltung von ins Auge fallenden Objekten wie Lieferfahrzeugen, Verpackung, die Gestaltung der Kleidung (vorzugsweise als „Uniform" für Service-Personal, sofern es öffentlich auftritt). Die Nichteinhaltung des vorgeschriebenen Auftritts wird sanktioniert.
- Die Verwendung eines → Logos. Es ist herausragender Bestandteil der CI eines Unternehmens, weil es mit seiner Unverwechselbarkeit zugleich identitätsstiftend ist (etwa: Der Mercedesstern, Hammer und Sichel). Ein Logo kann als Wortmarke (z. B. der Schriftzug „Salamander"), als Wortbildmarke (z. B. das Volkswagen-Signet) oder als reine Bildmarke (z. B. das Kreuz als Logo der Kirche) ausgeprägt sein. Wie immer auch ein Logo gestaltet ist, es muß sowohl einfach und aufmerksamkeitsweckend als auch unverwechselbar sein. Beides zusammen garantiert seine leichte Wiedererkennbarkeit.

Die **immaterielle Basis** wird durch die Corporate Culture beschafft. Corporate Culture besteht a) aus der Geschichte eines Unternehmens (und ist insofern nicht mehr frei planbar oder veränderbar, sondern „gewachsen") und b) aus der Philosophie der Organisation. Die Philosophie einer Organisation formuliert a) zentrale → Normen und → Werte, aus denen b) eine Philosophie der Organisation abgeleitet wird, die c) so formuliert ist, daß sie allgemein verständlich ist und bei den Mitarbeitern akzeptiert wird), d) die die Verantwortung der Mitarbeiter für die Organisation (deren Leistungen) und ihr Bild in der Öffentlichkeit herausarbeitet und damit eine Bindewirkung erzielt und e) auch zur instruktiven Information der Zielgruppen geeignet ist.

Kommunikation soll nicht nur zielgruppenspezifisch, sondern integrativ zur Wirkung kommen. Wenn also die Einheitlichkeit als strategisches Element in der Corporate Identity gesehen wird, dann ist Corporate Communications die daraus abzuleitende nachgeordnete Taktik.

Abbildung 5 zeigt zunächst, daß alle kommunikativen Modi gebündelt und vernetzt werden. Der Prozeß der Identitätsbildung durch CI, dessen kommunikative Stränge (PR, Werbung etc.) durch Corporate Communications gebündelt werden, führt zu Synergieeffekten. Die Wirkung von Corporate Communications zeigt sich in der Ausprägung eines unverwechselbaren Images (Corporate Image), das nach außen hin → Bekanntheit, → Glaubwürdigkeit, → Vertrauen und → Akzeptanz erzeugt, nach innen dagegen Informiertheit, Motivation und „Wir-Gefühl" bewirkt.

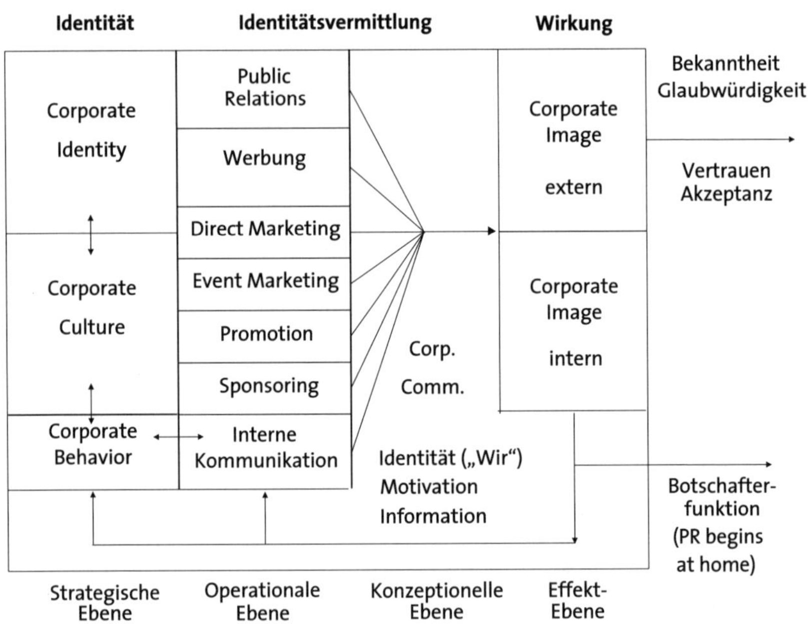

Abbildung 5: Modell von Corporate Communications (in Anlehnung an: Derieth 1995: 153)

Diese innere, positive Befindlichkeit läßt sich als Botschafterfunktion schließlich nochmals nutzen: Die externe Öffentlichkeit erfährt so, wie gut (leistungsfähig, verantwortungsbewußt) in der Organisation gearbeitet wird.

„Corporate Communications stellen eine erweiterte Form der Unternehmenskommunikation dar, da sie Koordination und Abstimmung aller Kommunikationsprozesse anstreben. Sie bilden einen strategischen Überbau für alle Kommunikationsmaßnahmen und -medien. Das setzt voraus, daß Corporate Communications eine gemeinsame invariante Basis für alle unternehmerischen Kommunikationsprozesse herstellen [...] Zentrale Bedeutung nimmt die Ausschöpfung synergetischer Potentiale ein. Kommunikative Reibungspunkte können so minimiert werden" (Derieth 1995: 165).

[Bruhn 1995a; Derieth 1995]

➔ Unternehmenskommunikation

Corporate Culture

Die sich aus der ➔ Corporate Identity entwickelnden Werte und Normen eines Unternehmens bildet die Corporate Culture. [Birkigt/Stadler/Funck 1994: 41]

Corporate Design

Äußeres einheitliches Erscheinungs- oder Gestaltungsbild, manifestiert u. a. durch ein ➔ Logo, durch Verwendung des gleichen Layouts (Farben, Anordnung) bei allen Publikationen bzw. Medien (Briefpapier, Folder etc.). [Birkigt/Stadler/Funck 1994: 21]

Corporate Identity (CI)

CI ist die strategisch geplante Einheit der Selbstdarstellung einer Unternehmenspersönlichkeit (Organisation) nach innen und nach außen als Unternehmensidentität. Der Begriff wird jedoch keineswegs einheitlich gebraucht und interpretiert: Er bezeichnet sowohl die Zielsetzung eines Unternehmens als auch das Instrument des Managements. Generell setzt sich Corporate Identity zusammen aus dem Erscheinungsbild des Unternehmens (➔ Corporate Design), dem Verhalten (Corporate Behavior) bzw. der Kommunikation (➔ Corporate Communications) der Mitglieder eines Unternehmens und der Unternehmenskultur (➔ Corporate Culture).

Der Begriff „Identität" zeigt, daß CI ein Bewußtsein bzw. ein „Wir-Gefühl" voraussetzt. Der Begriff ist keineswegs präzise definiert, was daran liegt, daß man nicht weiß, wie eine Identität am besten wahrgenommen wird bzw. welche Faktoren wie stark darauf einwirken. Corporate Identity erfüllt wichtige Funktionen für die Kommunikation:

- Sie besitzt Botschafterfunktion, die extern „hinauswirkt" und von außen ein → Corporate Image erscheinen läßt. Corporate Image ist das Gegenstück zur Corporate Identity: Es bezeichnet das Fremdbild eines Unternehmens (Wie wird das Unternehmen von außen gesehen?), während CI das Selbstbild des Unternehmens bezeichnet (daher die E. Bernays zugeschriebene wichtige Erkenntnis: „PR begins at home").
- Sie erzeugt das „Wir-Gefühl", erfüllt also eine integrierende Funktion intern.
- Sie erfüllt für die Mitglieder der Organisation/des Unternehmens eine motivierende Funktion.

„Corporate Identity sagt, wer der Absender der Information ist, was das Unternehmen darstellt, welche Interessen es vertritt, welche Ziele es verfolgt" (Birkigt/Stadler/Funck 1994: 81).

Das hier beschriebene Konzept von Corporate Identity gilt als das klassische CI-Konzept, wie es von *Birkigt/Stadler/Funck* (1994) vorgestellt worden ist. Es ist dadurch gekennzeichnet, daß es der CI alle anderen korporierten Aktivitäten unterordnet. Es gilt in bezug auf die Diskussion integrierter Unternehmenskommunikation aber als überholt:

„Der Begriff ‚Corporate Identity' ist anglo-amerikanischen Ursprungs und auf Design und Gestaltungsbemühungen in den 60er Jahren für amerikanische Dienstleistungsunternehmen zurückzuführen. Dies erklärt, warum der Designgedanke lange Zeit starken, fast überlagernden Einfluß auf die wissenschaftliche und praktische Diskussion genommen hat und das Konzept sich zunächst als Regelwerk einheitlicher Gestaltungsrichtlinien entwickelte. Corporate Identity wurde zu Beginn mit visueller Identität gleichgesetzt. Erst Ende der 70er Jahre erweiterte sich das formalästhetische Verständnis [...] Minimalkonsens über Corporate Identity herrscht dahingehend, daß hinter diesem Terminus ein geplanter Schaffensprozeß mit dem Ziel einer einheitlichen, prägnanten Unternehmensdarstellung als Ganzes steht [...] Als strategische Zielvorgabe ist Corporate Identity entscheidend am Prozeß der Imagebildung beteiligt" (Derieth 1995: 159 f.).

Demgemäß wird CI heute anders verstanden, wobei folgende Argumentation zugrunde gelegt wird:

- Corporate Identity bestimmt ein (sichtbares) Image nach innen und nach außen und erleichtert es damit, die Kommunikation auf „Typisches, Besonderes und Wesentliches“ (Derieth 1995: 161) zu richten und sich dadurch von anderen abzugrenzen.
- Kommunikation soll nicht nur zielgruppenspezifisch, sondern integrativ zur Wirkung kommen. Wenn also die Einheitlichkeit als strategisches Element in der Corporate Identity gesehen wird, dann ist Corporate Communications die daraus abzuleitende nachgeordnete Taktik, wie in Abb. 5 schematisch dargestellt. [Birkigt/Stadler 1994; Derieth 1995]

Corporate Image

Corporate Image ist das Gegenstück zur → Corporate Identity: Es bezeichnet das Fremdbild eines Unternehmens (wie wird das Unternehmen von außen gesehen?), während CI das Selbstbild des Unternehmens bezeichnet.

D

DAPR

Deutsche Akademie für Public Relations, 1992 gegründet als gemeinsames Unternehmen des Berufsverbandes → DPRG (Deutsche Public Relations Gesellschaft) und des Wirtschaftsverbandes → GPRA (Gesellschaft Public Relations Agenturen): Aufgabe der DAPR sollte es ursprünglich sein, Standards der PR-Ausbildung festzulegen und sicherzustellen, vor allem durch a) die Entwicklung von Curricula, b) die Zertifizierung von ausbildenden Einrichtungen für Public Relations und c) die Durchführung von Prüfungen an diesen Einrichtungen. 1995 zog sich jedoch die DPRG aus diesem Unternehmen zurück und betreibt seitdem die Entwicklung von Curricula und die Zertifizierung von ausbildenden Einrichtungen selbst. Die GPRA ist seit 1999 nicht mehr Mehrheitsgesellschafterin. → Ausbildung in PR

Data based Marketing

Marktauftritt auf der Basis von gezielt aufbereiteten Daten über Demographie und Konsumverhalten der Zielgruppe der Konsumenten, ggf. unter Kauf von Adressen.

Daten

Arbiträr (d. h. in keiner Weise mehr auf den zugrundeliegenden Vorgang verweisende) codierte Texte, meist in Form numerischer Codes (Ziffern), die keinerlei semantische Rückschlüsse auf den codierten Vorgang zulassen. Man unterscheidet hierbei qualitative und quantitative Daten. Qualitative Daten erreichen in der Regel nur Nominalskalenniveau (→ Skala), während quantitative Daten höhere Niveaus erreichen und daher für die → Statistische Datenanalyse sehr viel geeigneter sind.

Datenanalyse → Statistische Datenanalyse

Datenbanken

Große, öffentlich oder kommerziell betriebene und zugängliche Dateibestände, die nach einer Mehrzahl ggf. kombinierbarer Suchstichworte durchgesehen bzw. ausgewertet werden können.

Definition → Theorie, wissenschaftliche

Delphi-Methode → Prognosetechnik

Dementi

Richtigstellung einer Aussage. Kann im Kontext mangelnder → Glaubwürdigkeit, insbesondere bei → Gerüchten, den gegenteiligen Effekt haben.

Demographie

Beschreibung einer Population (Bevölkerung) nach demographischen Merkmalen, vor allem durch Alter, Geschlecht, Beruf, Bildung und Konfession oder auch nach wirtschaftlichen Merkmalen wie Einkommen, Konsum etc.

Demoskopie → Meinungsforschung

Desktop Publishing

Durch die Entwicklung von PCs geschaffene Möglichkeit der Text/Bild-Erstellung, die früher getrennten Arbeitsschritte Redaktion, Layouting und Satz, aber auch Erstellung von Repro, Belichtung und Druck in einem Arbeitsgang an einem Ort per PC zu erledigen.

Design, empirische Forschung

Der Ablauf einer Datenerhebung läßt sich als Komplex von drei ineinandergreifenden Zusammenhängen (Entdeckungs-, Begründungs- und Verwertungszusammenhang) darstellen (Abb. 6):

Der Entdeckungszusammenhang fragt nach dem Ziel einer Untersuchung (WAS?) und klärt das daran bestehende Interesse bzw. die darin liegende Relevanz.

Der Begründungszusammenhang (WIE?) fragt nach den theoretischen Beständen, den zu verwendenden (oder zu definierenden) Begriffen, der Umsetzung (Operationalisierung) von entsprechenden Variablen, den benötigten Erhebungsinstrumenten, dem Rahmen, in dem diese eingesetzt werden (Design), den statistischen Schritten zur Analyse der Ergebnisse und der Interpretation der Ergebnisse.

Der Verwertungszusammenhang (WOZU?) fragt nach der theoretischen und/oder praktischen Anwendung der Ergebnisse.

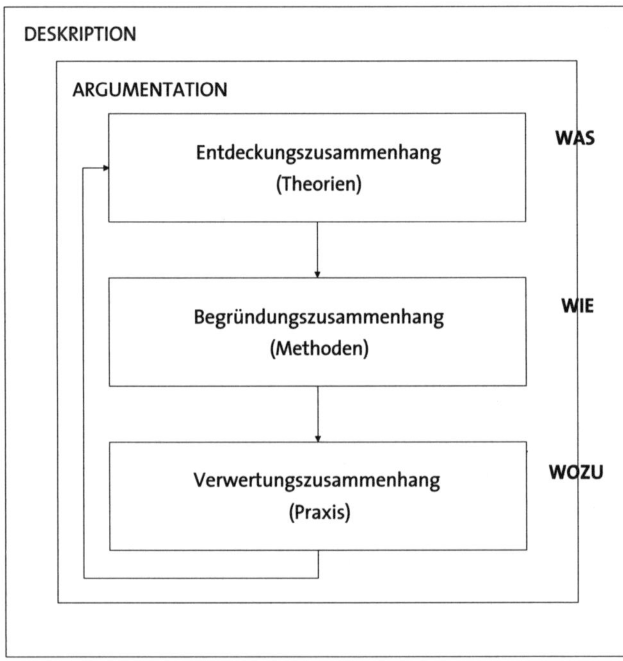

Abbildung 6: Entdeckungs-, Begründungs- und Verwertungszusammenhang

Diese drei Bereiche lassen sich im einzelnen in 13 Schritten darstellen:

1) Definition des Erkenntnisinteresses
2) Aufstellung von Hypothesen (bei deduktivem Vorgehen)
3) Operationalisierung von Variablen

4) Wahl des Instruments bzw. des Instrumentendesigns
5) Entwicklung des Instruments
6) Definition des Samples
7) Definition der geeigneten Assoziationsmaße
8) Festlegung der zu berechnenden statistischen Prüfgrößen
9) Pretest
10) Erhebung
11) Datenaufbereitung
12) Datenanalyse
13) Dateninterpretation

Exemplarisch wird dieser Plan für den Ablauf einer → Inhaltsanalyse vorgestellt. Der vermutlich wichtigste Schritt – nach Festlegung von Ziel und zu entwickelndem Erhebungsinstrument – ist der Pretest.

Ein Pretest ist eine Voruntersuchung, in der das erstellte Meßinstrument darauf geprüft wird, ob es die valide und reliable Datenerfassung ermöglicht. Der Pretest bedeutet die Durchführung der Messung im kleinen: Hier kann sowohl die Logik und Praktikabilität des Codierbuchs, des Fragebogens oder des Beobachtungsschemas als auch die rein praktische Datenerhebung, also die Codier-, Befragungs- oder Beobachtungstätigkeit getestet werden. Der Pretest wird an einer begrenzten Zahl von Untersuchungseinheiten in der realen, sozialen Situation, in der auch die Erhebung durchgeführt wird, absolviert. Als Faustregel gilt, daß der Pretest an mindestens 20 Analyseeinheiten vorgenommen werden sollte. Der Pretest richtet sich, bei allen Unterschieden der verwendeten Instrumente, auf folgende grundsätzliche Probleme:

- Richtige Auswahl der Erhebungssituation (vgl. Friedrichs 1974)
- Vollständigkeit, Widerspruchsfreiheit, Eindeutigkeit und Einsatzfähigkeit des Meßinstruments
- Erreichbarkeit der Stichprobeneinheiten und Anzahl möglicher Ausfälle

- Kontrollmöglichkeiten von Reliabilität und Validität der Messung
- Finanzieller und zeitlicher Rahmen der Untersuchung

Die Zuverlässigkeit des Meßinstruments läßt sich im Grunde erst nach der letzten erhobenen Einheit garantieren, so daß Anweisungen an die Codierer, Interviewer oder Beobachter unverzichtbar sind. Jedoch nimmt die Zahl der bei der Messung auftretenden Fehler in der Regel exponentional zur Zahl der pregetesteten Fälle ab, so daß der Pretest die Hauptfehlerquellen des Erhebungsinstruments in der Regel erfolgreich beseitigen hilft.

Aufgrund des Pretests wird man oft das Design ändern müssen, z. B. Variablen des Erhebungsinstruments modifizieren, hinzufügen oder weglassen, ein weiteres Instrument zur Datenerhebung heranziehen usw. Wenn viele Fehler vorhanden sind oder aus dem Pretest neue, bislang nicht erwartete Schwierigkeiten erwachsen, wird ggf. die Durchführung eines weiteren Pretests notwendig. [Von Alemann 1997: 97; Friedrichs 1990: 153; Kromrey 1998: 297 ff.; Merten 2000; Scholl 1993]

Design, experimentelles

→ Experiment

→ Wirkung, Messung von

Determinationshypothese → Public Relations, Theorie

Dialog

Im wissenschaftlichen Sinne synonym gebraucht zum Begriff → Informelle Kommunikation. Informelle Kommunikation (face-to-face-Kommunikation) besitzt eine symmetrische Prozeßstruktur, bei der Kommunikator und Rezipient als prinzipiell gleichberechtigt gelten.

Grunig/Hunt (1984: 22) übernehmen diesen Begriff im Rahmen der von ihnen skizzierten PR-Entwicklung von der einseitigen Form (→ Propaganda, Publicity) zur symmetrischen Form der Kommunikation (→ Grunig-Hunt-Modell) und sehen diese als zukünftige und zugleich reifste Form von PR an.

Dialogorientierte Kommunikation stellt auf Reziprozität der Kommunikanten ab; sie läßt sich, weil man die Reaktionen des Kommunikationspartners, die man vorher nicht kennen kann, einbeziehen muß, nicht (ver)planen. Gleichwohl kann es aber das Ziel strategischer Kommunikation sein, in bestimmten Bereichen und aus bestimmten Gründen heraus → Dialogorientierung zu betreiben und damit zumindest die positiven Konnotationen dieses Begriffs zu nutzen. [Szyszka 1996: 102 f.]

Die Entwicklung einer → Verständigungsorientierten PR, die von Burkart (1993) als Modell vorgestellt wurde, ist dagegen ein Irrweg, weil hier suggeriert wird, daß → Unternehmens-PR, die allein nach der Definition erfolgsorientiert, weil interessengeleitet sein muß, zugleich verständigungsorientiert sein könne.

Dialoggruppe

Zielgruppe mit hoher Ansprechintensität (→ Anspruchsgruppe). Auch hier ist die Verwendung des Dialogbegriffs insofern irreführend, als Dialoggruppen keine face-to-face-Kommunikation implizieren.

Dialogmedium

Im strengen Sinne nur die Kommunikation unter Anwesenden, weil nur dort Kommunikator und Rezipient strukturell gleichberechtigt sind und einen Dialog führen können. Im weiteren Sinne sind dies Medien, in denen der Rezipient ein Feedback artikulieren kann.

Dialogorientierung

Bestreben, die Ansprache von Zielgruppen mit → Dialogmedien oder Dialogstrukturen (Feedback-Möglichkeiten wie TED, Rückantwortmöglichkeit, Leserbrief etc.) zu gestalten. Auch hier ist die Verwendung des Dialogbegriffs insofern irreführend, als damit keine face-to-face-Kommunikation impliziert ist. → Verständigungsorientierte PR.

DIN ISO 9000/9001

Normensystem der Deutschen Industrienorm (DIN) für die Standardisierung und Garantie hoher Produktqualität.

Direct Mail

Sammelbegriff für Formen schriftlicher und direkter kommunikativer Ansprache, vor allem als Briefwerbung, bei der die relevante Zielgruppe postalisch erreicht wird (z. B. durch Kataloge, → Broschüren u. a.).

Direct Response Werbung → Werbung

Direktmarketing → Direktwerbung

Direktwerbung

Werbung, die sich ohne Nutzung eines → Werbeträgers (Medium) direkt an den Käufer wendet, z. B. durch Werbebriefe, Broschüren, Handzettel oder Kataloge. Im Marketing gilt sie als Teilbereich des Marketing-Mix, umfaßt die Gesamtheit der direkten, individuellen, aber nicht persönlichen Form werblicher Kommunikation zwischen Anbietern und (potentiellen) Nachfragern. Sie ist ein Typ von Einwegkommunikation, dessen Chance für ein Feedback (z. B. in Form einer Antwortkarte oder eines telefonischen Rückrufs) aber größer ist als bei anderen Formen der Werbung. Direktwerbung erfolgt z. B. durch Verteilung von Prospekten (direkt zugestellt oder als Beilage in einer Zeitung), Verteilungsaktionen, zugeschickte Warenproben, Warendemonstrationen oder Mailings (Briefwerbung). [Koschnick 1996: 240 ff.]

Domizlaff, Hans (1892–1971)

Studium der Kunst, Philosophie und Mathematik in Paris, Schauspielregisseur, seit 1920 in der Werbung tätig, entwickelt Werbung und Logos für Reemtsma, Siemens und v. a. Gilt als einer der drei Väter der deutschen PR. Aus der Werbung kommend, formulierte *Domizlaff* lange vor *Oeckl* und *Hundhausen* wichtige Überlegungen zu Glaubwürdigkeit und Vertrauen (Die Gewinnung öffentlichen Vertrauens, Hamburg 1939, 1982).

Downtrading

Unter Downtrading (auch **Trading-down**) faßt man die Gesamtheit der geschäftspolitischen Maßnahmen, die ein Handelsbetrieb trifft, um eine Senkung von Kosten und Spannen im Sinne des Niedrigpreiskonzeptes zu erreichen. [Zentes 1996: 401 f.]

DPRG (Deutsche Public Relations Gesellschaft e.V.)

Deutsche Public Relations Gesellschaft e.V. (Adresse: St. Augustiner Str. 21, 53225 Bonn, Tel. (0228) 973-9287, Fax (0228) 973-9289, E-Mail:dprg-ev@t-online.de, Internet: http://www.dprg.de).

Die DPRG versteht sich als unabhängiger und überparteilicher „Berufsverband der PR-Fachleute in der Bundesrepublik Deutschland.“ Sie hat insbesondere folgende Ziele und Aufgaben:

- Sie vertritt die beruflichen Interessen ihrer Mitglieder.
- Sie fördert das Ansehen des Berufsstandes und vertieft die Kenntnisse über ihn in der Öffentlichkeit.
- Sie fördert die Aus- und Weiterbildung von PR-Fachleuten.
- Sie informiert und unterstützt ihre Mitglieder in berufsständischen Fragen, verpflichtet sie auf fachgerechte Berufsausübung und fördert den Erfahrungsaustausch.
- Sie trägt zur wissenschaftlichen Durchdringung der PR bei.
- Sie pflegt und fördert die Beziehungen zu den betreffenden ausländischen und internationalen Organisationen und Verbänden“ (DPRG 1998: 4).

Die DPRG zertifiziert darüber hinaus solche Studiengänge und Kurse, deren Curriculum dem von der DPRG vorgegebenen Qualifikationsprofil genügt und deren Ausbildung anspruchsvolle Standards erfüllt. Diese Zertifizierung gilt für drei Jahre, sie muß – analog etwa zum TÜV – ständig neu erworben werden. Die DPRG wurde 1958 gegründet. Ihr erster Präsident war → *Hundhausen.*

Druckschrift

Größere Organisationen müssen für PR-Zwecke eine Vielzahl von Drucksachen vorrätig halten: a) Kurzbeschreibungen des Unternehmens (für Arbeitsplatzbewerber, Besucher) in Form eines Folders, b) umfangreichere Beschreibungen für die Medien, Kunden oder Auftraggeber mit aufwendiger Gestaltung. Des weiteren hält ein Unternehmen (für Medienvertreter, Kunden, Auftraggeber und Bewerber) c) Kurzprospekte vorrätig, in denen Möglichkeiten der Anreise mit verschiedenen

Verkehrsmitteln, Parkplätze (ggf. mit Wegskizzen) aufgezeigt sind und Namen/Adressen/Telefonnummern relevanter Abteilungen aufgeführt sind. Daneben gibt es Visitenkarten, Dankes-, Glückwunsch- und sonstige Kärtchen, die einer Sendung angeheftet werden können. Zudem gibt es spezielle Drucksachen/Broschüren (z. B. den Katalog der Produkte), die sich an sehr differenzierte Zielgruppen richten. Alle Drucksachen/Broschüren sind im Sinne der → Corporate Identity einheitlich zu gestalten.

Duales System (Rundfunk) → Rundfunk

E

Effect Controlling → Resonanzanalyse

Effekt → Wirkung

Effektivität

Erfolg, Durchschlagskraft, Wirkung. Im Gegensatz zu → Effizienz wird die erzielte Wirkung auf den dafür notwendigen Einsatz von Ressourcen bezogen (relationale Wirkung).

Effizienz

Wirksamkeit, Wirtschaftlichkeit, Leistungsfähigkeit. Ein Ausdruck für *absolute* Wirkung im Gegensatz zur → Effektivität.

Einschaltquote

Einschaltquoten werden laufend von der **GfK** (= Gesellschaft für Konsumforschung, Nürnberg) durch ein Panel von ca. 4 000 Haushalten gemessen; die Einschaltquote besagt, wie viele der (maximal 100%) Radio- oder Fernsehgeräte in diesen Haushalten während einer bestimmten Zeitspanne eingeschaltet waren oder wurden. Darüber hinaus wird von der GfK der Fernsehkonsum (nach: Sender, Dauer, Zahl der demographisch erfaßten Familienangehörigen) rund um die Uhr sekundengenau elektronisch erfaßt und zentral ausgewertet. Von dieser repräsentativen Stichprobe wird laufend auf die Grundgesamtheit aller Rezipienten geschlossen.

Einstellung

Im Lauf der Sozialisation aufgebaute stabile, subjektive Verhaltensdisposition (engl. *attitude*) gegenüber Einstellungsobjekten (Personen, Sachverhalten, Ideen, Ereignissen, Situationen). Einstellungen haben eine selektive Funktion, sie lassen sich durch Kommunikation nur langsam und nur in geringem Umfang verändern. Einstellungen sind wie → Meinungen subjektiv und fungieren als Filter für Wahrnehmung und Verhalten. *Allport* hat (1935) mehr als 100 Begriffe und Konzepte hierzu zusammengestellt. Der Begriff der Einstellung ist nach wie vor wenig präzise definiert. [Benninghaus 1976: 22 f.]

Einstellungsmessung

Einstellungen lassen sich durch ein- oder mehrdimensionale Ratingskalen (z. B. durch ein → Polaritätenprofil) messen.

Einstellungsänderungen → Wirkung

Entscheidung

Eine Entscheidung ist eine Handlung, die Art und Weise weiterer Handlungen vorprägt. Sie ist damit ein Typ von Metahandeln (Behandeln von Handlungen) und daher von besonderer Wirksamkeit. In modernen Gesellschaften, die ihre notwendige Komplexität u. a. durch Installation reflexiver Struktur steigern, sind Entscheidungen bereits selbst reflexiv geworden, nämlich als Planung (Entscheidung über Entscheidung). [Luhmann 1970: 92 ff.] → Reflexivität

Erfolgskontrolle → Effect Controlling

Erinnerungsverfahren → Recall

Erhebungsinstrument → Instrument, soziale Wirklichkeit

Erkenntnistheorie → Theorie, wissenschaftliche

Erklärung → Theorie, Funktion

Erwartung

Im weitesten Sinne die Annahme einer Person über die Wahrscheinlichkeit des Eintretens eines bestimmten Ereignisses. Im soziologischen Sinn (Verhaltenserwartung, Rollenerwartung) die An-nahme, daß sich – orientiert an spezifischen sozialen Normen (= generalisierte Verhaltenserwartungen) und Werten – andere Personen in einer bestimmten Situation „erwartbar" in einer bestimmten Weise verhalten werden. Das Konzept der Erwartung gewinnt in der aktuellen Kommunikationsforschung an Bedeutung: Einmal, weil man in Anlehnung an *George H. Mead* (1863-1931) zeigen kann, daß ohne Erwartung (vorgestellte Rollenübernahme) keine Kommunikation möglich ist, und zum anderen, weil sich zeigt, daß diffuse, flüchtige oder sogar fiktionale Strukturvorgaben wie Erwartungen oft bereits darüber entscheiden, wie sich Rezipienten später *real* verhalten werden (→ Fiktionalität). *Erving Goffman* (1922-1982) begreift das Konzept der Erwartung als Grundlage der Ausbildung sozialer Identität. [Goffman 1967: 9 ff.]

Ethik

Richtlinien für ethisches Verhalten der PR-Fachleute wurden auf internationaler Ebene durch verschiedene Codizes formuliert: Ein „Code d'Ethiques" der PR wurde von der „Conféderation Européenne des Relations Publiques" (CERP) erstmalig am 11.5.65 in Athen formuliert („Code d'Athene"). Er ist an den Menschenrechten, an der Würde und dem Wert der menschlichen Person orientiert.

Code d'Athene:

Internationale ethische Richtlinien für die Öffentlichkeitsarbeit

„Angesichts der Tatsache, daß alle Mitgliedstaaten der Vereinten Nationen deren Charta respektieren, die den „Glauben an die Menschenrechte und an die Würde und den Wert der menschlichen Person" proklamiert, und daß die PR-Fachleute deshalb, wie auch aus den natürlichen Bedingungen ihres Berufs heraus, diese Charta kennen und ihre Grundsätze beherzigen sollten;

angesichts der Tatsache, daß der Mensch neben seinen Rechten Bedürfnisse nicht nur physischer und materieller Art, sondern auch geistiger, moralischer oder sozialer Art hat, und daß der Mensch diese Rechte nur in dem Ausmaß auch ausüben kann, in dem diese Bedürfnisse erfüllt werden;

angesichts der Tatsache, daß die auf dem Gebiet der Öffentlichkeitsarbeit tätigen Personen weitgehend dazu beitragen können, die geistigen, moralischen und sozialen Grundbedürfnisse des Menschen zu befriedigen;

eingedenk schließlich des Umstandes, daß die Benutzung der Kommunikationsmittel, die den gleichzeitigen Kontakt mit Millionen Einzelmenschen möglich machen, den PR-Fachleuten ein Machtmittel an die Hand gibt, dessen Anwendung aus ethischen Gründen einer wirksamen Einschränkung unterliegen muß;

aus all diesen Gründen erklären die unterzeichneten PR-Organisationen, daß sie sich den nachstehenden Codex zur Richtschnur machen und daß jede Übertretung seitens eines ihrer Mitglieder im Rahmen der Berufsausübung, soweit dem Rat Beweise vorgelegt werden können, als grober Verstoß betrachtet wird, der eine entsprechende Ahndung nach sich zieht.

Deshalb sollte jedes Mitglied dieser Verbände:

- zur Verwirklichung dieser geistigen und moralischen Grundbedingungen beitragen, die es dem Menschen erlauben, seine unveräußerlichen Rechte auszuüben, die ihm durch die weltweite „Erklärung der Menschenrechte" zugesichert sind;
- die Schaffung von Kommunikationsformen und -mitteln fördern, die es durch Ermöglichung des freien Informationsflusses dem einzelnen erlauben, sich unterrichtet, angesprochen und mitverantwortlich zu fühlen;
- sich bei den jeweils gegebenen Umständen so verhalten, daß es das Vertrauen all derer erwirbt, mit denen es in Kontakt kommt;
- sich der Tatsache bewußt sein, daß die enge Verbindung zur Öffentlichkeit in diesem Beruf es mit sich bringt, daß nach seinem Verhalten auf den ganzen Berufsstand geschlossen wird;
- in der Ausübung seines Berufes die allgemeine „Erklärung der Menschenrechte" respektieren;
- die individuelle Würde der Person und das Recht der eigenständigen Meinungsbildung achten;
- die geistigen und psychologischen Voraussetzungen für einen echten Meinungsaustausch schaffen und den Partnern die Möglichkeit geben, ihren Standpunkt zu vertreten;
- in jedem Fall so handeln, daß den Interessen beider Seiten, des Auftraggebers und der angesprochene Öffentlichkeit, Rechnung getragen wird;
- seinen Versprechungen und Verpflichtungen nachkommen, die unzweideutig festgelegt werden müssen, und bei jeder Gelegenheit loyal und ehrenhaft zu handeln, um das Vertrauen der Auftraggeber, aber auch des jeweiligen Publikums zu bewahren.

Dagegen sollte jedes Mitglied dieser Verbände es unterlassen:

- die Wahrheit anderen Ansprüchen unterzuordnen;
- Informationen aus unkontrollierten oder unkontrollierbaren Quellen zu verbreiten;
- sich für Aktionen oder Vorhaben herzugeben, die gegen die Moral verstoßen, die Menschenwürde verletzen oder in den Bereich der Persönlichkeit eingreifen;
- irgendwelche Methoden oder Mittel anzuwenden, mit deren Hilfe unbewußte Antriebe manipuliert oder hervorgerufen werden können, wodurch der einzelne seiner Urteilsfähigkeit und der Verantwortlichkeit für sein Handeln beraubt werden könnte."

Eine Erweiterung dieses ersten Ethik-Codes wurde am 11.5.1991 in Lissabon („Code de Lisbonne") als Europäischer Kodex der Verhaltensgrundsätze in der Öffentlichkeit wie folgt beschlossen:

Code de Lisbonne:

Artikel 1

„Alle Mitglieder der Deutschen Public Relations Gesellschaft e.V. (DPRG), die gemäß den Statuten der Gesellschaft aufgenommen wurden, gelten als Public Relations-Fachleute im Sinne dieses Kodex. Sie haben die im Kodex enthaltenen Verhaltensgrundsätze zu befolgen.

Artikel 2

In der Ausübung ihres Berufes respektieren die Public Relations-Fachleute die Grundsätze der ‚Allgemeinen Erklärung der Menschenrechte', insbesondere die Grundsätze Freiheit der Meinungsäußerung und Unabhängigkeit der Medien, welche auch das Recht des Individuums verletzen würden.

Artikel 3

In der Ausübung ihres Berufes beweisen die Public Relations-Fachleute Aufrichtigkeit, moralische Integrität und Loyalität. Insbesondere dürfen sie keine Äußerungen und Informationen verwenden, die nach ihrem Wissen oder Erachten falsch oder irreführend sind. Im gleichen Sinn müssen sie vermeiden, daß sie – wenn auch unbeabsichtigt – Praktiken oder Mittel gebrauchen, die mit diesem Kodex unvereinbar sind.

Artikel 4

Public Relations-Aktivitäten müssen offen durchgeführt werden. Sie müssen leicht als solche erkennbar sein, eine klare Quellenbezeichnung tragen und dürfen Dritte nicht irreführen.

Artikel 5

In ihren Beziehungen zu anderen Berufsständen und zu anderen Bereichen der sozialen Kommunikation respektieren Public Relations-Fachleute die dort geltenden Regeln und Praktiken, sofern diese mit den ethischen Grundsätzen ihres eigenen Berufsstandes vereinbar sind.

Public Relations-Fachleute respektieren die nationalen Berufskodizes und die geltenden Gesetze in allen Ländern, in denen sie tätig sind. Public Relations-Fachleute sind zurückhaltend in ihrer Eigenwerbung.

Gegenüber Auftrag- und Arbeitgebern

Artikel 6

Public Relations-Fachleute dürfen ohne ausdrückliche Zustimmung der betroffenen Auftrag- oder Arbeitgeber keine sich widersprechenden oder miteinander konkurrierenden Interessen vertreten.

Artikel 7

Bei der Ausübung ihres Berufes bewahren Public Relations-Fachleute absolute Diskretion. Sie respektieren gewissenhaft das Berufsgeheimnis und geben insbesondere keine vertraulichen Informationen weiter, die sie von früheren, gegenwärtigen oder potentiellen Auftrag- oder Arbeitgebern erhalten haben. Die Weitergabe solcher Informationen ist nur mit ausdrücklicher Zustimmung der betreffenden Auftrag- oder Arbeitgeber zulässig.

Artikel 8

Vertreten Public Relations-Fachleute Interessen, die denjenigen ihres Auftrag- oder Arbeitgebers zuwiderlaufen könnten, so müssen sie ihn zum frühest möglichen Zeitpunkt darüber unterrichten.

Artikel 9

Public Relations-Fachleute dürfen ihrem Auftrag- oder Arbeitgeber die Dienste einer Gesellschaft oder Organisation, an der sie ein finanzielles, geschäftliches oder anderes Interesse haben, nur dann empfehlen, wenn sie diese Interessen vorher offengelegt haben.

Artikel 10

Public Relations-Fachleute dürfen keine vertraglichen Vereinbarungen eingehen, in denen sie ihrem Auftrag- oder Arbeitgeber meßbare Erfolgsgarantien abgeben.

Artikel 11

Public Relations-Fachleute dürfen die Vergütung für ihre Dienstleistungen nur in Form eines Honorars oder Gehaltes entgegennehmen. Sie dürfen auf keinen Fall eine Bezahlung oder eine sonstige Gegenleistung akzeptieren, deren Höhe sich nach dem meßbaren Erfolg der erbrachten Dienstleistungen richtet.

Artikel 12

In der Ausführung von Dienstleistungen dürfen Public Relations-Fachleute ohne die Zustimmung des jeweiligen Auftrag- oder Arbeitgebers kein Entgelt wie Rabatte, Provisionen oder Sachleistungen von Dritten entgegennehmen.

Artikel 13

Falls die Ausführung eines Public Relations-Mandates nach aller Voraussicht ein gravierendes Fehlverhalten und eine den Grundsätzen diese Kodex widersprechende Vorgehensweise bedingen würde, müssen Public Relations-Fachleute ihren Auftrag- oder Arbeitgeber unverzüglich unterrichten und ihn mit allen gebührenden Mitteln zu einer Respektierung der Grundsätze im Kodex veranlassen. Selbst wenn der Auftrag- oder Arbeitgeber weiter an seinem Vorsatz festhält, sind Public Relations-Fachleute ohne Rücksicht auf persönliche Konsequenzen verpflichtet, gemäß dem Kodex zu handeln.

Gegenüber der öffentlichen Meinung und den Informationsmedien

Artikel 14

Die in diesem Kodex – insbesondere in den Artikeln 2, 3, 4 und 5 – festgehaltene Geisteshaltung beinhaltet die ständige Respektierung des Rechts auf Information durch die Public Relations-Fachleute sowie die Pflicht zur Bereitstellung von Informationen, soweit es die Wahrung des Berufsgeheimnisses zuläßt. Sie umfaßt ferner die Respektierung der Rechte und der Unabhängigkeit der Informationsmedien.

Artikel 15

Jeder Versuch, die Öffentlichkeit oder ihre Repräsentanten zu täuschen, ist nicht zulässig. Informationen müssen unentgeltlich und ohne irgendeine verdeckte Belohnung zur Verwendung oder Veröffentlichung bereitgestellt werden.

Artikel 16

Falls es unter Beachtung der Grundsätze in diesem Kodex erforderlich sein sollte, zur Wahrung der Initiative oder Kontrolle über die Verbreitung von Informationen Anzeigenraum oder Sendezeit zu kaufen, können dies Public Relations-Fachleute in Übereinstimmung mit den jeweils geltenden Regeln, Praktiken und Gepflogenheiten tun.

Gegenüber Berufskollegen

Artikel 17

Public Relations-Fachleute haben jeden unlauteren Wettbewerb mit Berufskollegen zu unterlassen. Unter Vorbehalt der in Artikel 19 enthaltenen Verpflichtungen haben sie sich jeder Handlung oder Äußerung zu enthalten, die dem Ansehen oder der Arbeit eines Berufskollegen schaden könnte.

Gegenüber dem Berufsstand

Artikel 18

Public Relations-Fachleute haben sich jeder Verhaltensweise zu enthalten, die dem Ansehen ihres Berufsstandes schaden könnte. Insbesondere dürfen sie der Deutschen Public Relations Gesellschaft, ihrer Arbeit und ihrem Ansehen keinen Schaden zufügen, sei es durch böswillige Angriffe oder durch Verstöße gegen ihre Statuten und Reglemente.

Artikel 19

Die Wahrung des Ansehens des Berufsstandes ist ein Pflichtgebot für alle Public Relations-Fachleute. Sie sind nicht nur verpflichtet, den Kodex selbst einzuhalten, sondern auch:

- beizutragen, daß der Kodex möglichst weit verbreitet sowie besser bekannt und verstanden wird;
- alles in ihrer Macht stehende zu unternehmen, um sicherzustellen, daß die Entschei-

dungen dieser Disziplinarstelle über die Anwendung des Kodex befolgt und daß verhängte Sanktionen durchgesetzt werden.

Public Relations-Fachleute, die einen Verstoß gegen den Kodex zulassen, verstoßen dadurch selbst gegen den Kodex."

Zugleich ist für Public Relations auch der „Code de Bordeaux" von Bedeutung, der am 28.4.1954 in Bordeaux formuliert wurde und eine Berufsethik journalistischen Handelns formuliert:

Code de Bordeaux:

„Diese internationale Erklärung wird als Grundvoraussetzung für die Arbeitsweise von Journalisten verkündet, die Nachrichten und Informationen sammeln, übermitteln, verbreiten oder kommentieren und über Ereignisse berichten.

- Achtung von Wahrheit und der Anspruch der Öffentlichkeit auf Wahrheit ist die erste Pflicht eines Journalisten.
- In Verfolgung seiner Pflichten wird er das Doppelprinzip verteidigen: Freiheit für gewissenhafte Erlangung und Publizierung von Nachrichten und das Recht auf gerechte Kommentierung und Kritik.
- Der Journalist berichtet nur in Übereinstimmung mit Tatsachen, deren Ursprung er kennt. Er wird keine wichtigen Informationen verschweigen oder Unterlagen fälschen.
- Er wird nur faire Mittel anwenden, um Nachrichten, Fotografien oder Unterlagen zu erhalten.
- Er wird sein Möglichstes unternehmen, um eine veröffentlichte Information zu berichtigen, die sich als unrichtig erwiesen hat.
- Er wird berufsmäßig Verschwiegenheit über die Herkunft einer Information wahren, die er vertraulich erhalten hat.

Er betrachtet die folgenden Punkte als grobe Verstöße:

- geistiger Diebstahl
- Verleumdung, Beleidigung, Verunglimpfung und unberechtigte Anschuldigung
- die Annahme von Bestechung in jeder Form im Zusammenhang mit Publizierung oder Verfälschung.

Jeder Journalist, der diese Berufsbezeichnung verdient, hält es für seine Pflicht, die vorgenannten Prinzipien gewissenhaft zu verfolgen. Unter Berücksichtigung der Gesetzesvorschriften in den einzelnen Ländern anerkennt der Journalist in beruflichen Fragen nur das Urteil seiner Kollegen. Das schließt jede Einflußnahme durch Regierungen oder Dritte aus."

Der Pressecodex wurde vom Deutschen → Presserat in Zusammenarbeit mit den Presseverbänden 1973 beschlossen und übernimmt in wesentlichen Teilen den „Code de Bordeaux". Wichtige Artikel: Unabhängigkeit und Freiheit der Information, der Meinungsäußerung und der Kritik, insbesondere aber: Achtung vor der Wahrheit.

Diese Codes (→ Code d' Athene, → Code de Bordeaux, → Code de Lisbonne) haben am 1.8.1966 auch Eingang gefunden in die Präambel der Satzung der Deutschen Gesellschaft für Public Relations (→ DPRG).

Die Formulierung solcher Standesethiken bleibt allerdings relativ wirkungslos, weil einerseits die zu sanktionierenden Tatbestände nicht nach harten Kriterien erfaßt werden können (Wo liegt die Grenze für „wichtige Informationen" oder „faire Mittel", „Aufrichtigkeit" etc.?). Zum anderen ergeben sich aus den Codes Widersprüche: PR ist z. B. durch den Code d'Athene auf Wahrheit verpflichtet (Satz 10). Diese Forderung kann aber in Widerspruch zur Forderung nach Verschwiegenheit gemäß dem Code de Lisbonne (Artikel 7) stehen. Daher sind Verstöße gegen die Ethik-Codes nur in gravierenden und öffentlich gemachten Fällen sanktionierbar.

Europäisierung von PR → Globalisierung

Evaluation → Resonanzanalyse

Event-PR

Event-PR ist ein multiples → Instrument der PR zur Erhöhung des Bekanntheitsgrades eines Unternehmens, aber zugleich auch ein Anlaß für Medienberichterstattung. Ein Event wird meist mit dem Blick auf eine zu erreichende maximale (Teil-)Öffentlichkeit geplant und nutzt stark aufmerksamkeitserregende Elemente (Musik, Plakate, Spektakel, Action etc.).

Evolution von Kommunikation

Die Entstehung von Medien (Abb. 7) erfolgt unter dem Evolutionsdruck sich ausdifferenzierender Gesellschaften: Wenn noch im Imperium Romanum alle wichtigen Botschaften (Erlasse, Ankündigungen, Verbote, Gebote etc.) auf dem Forum Romanum auf Wachstafeln ausgestellt, von Copisten abgeschrieben und an andere Orte verbracht werden mußten, so war damit stets das Problem der Authentizität (Wahrheit des Mitgeteilten) verbunden.

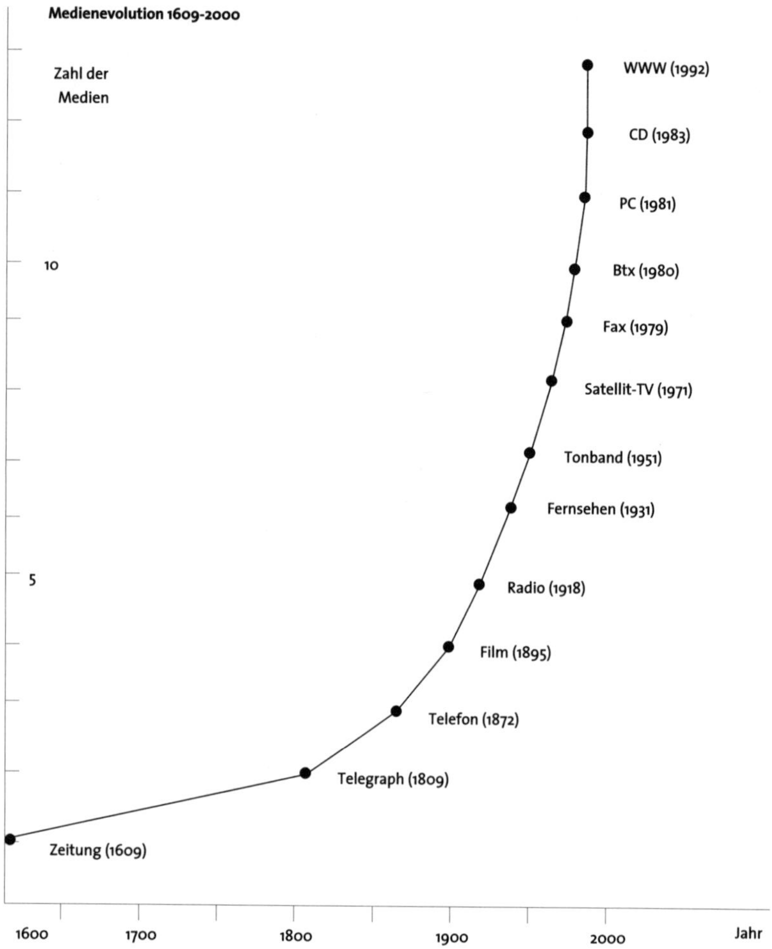

Abbildung 7: Medienevolution

Die mechanische identische Vervielfältigung vergrößerte sowohl die Chance auf Wahrhaftigkeit, die Geschwindigkeit der Übermittlung und die Nachverfolgbarkeit des Kommunikators (Impressum). Die erste Zeitung entstand 1609 gleich an zwei Orten („Aviso" in Wolfenbüttel und „Straßburger Meßrelationen"). Die erste Zeitschrift wurde 1665 ebenfalls an zwei Orten, in Paris („Journal des Savants") und in London („Philosophical Transactions") herausgegeben. Auch die erste Filmvorführung fand (1895) gleichzeitig, aber völlig unabhängig sowohl in Berlin als auch in Paris statt. Diese mehrfache Duplizität ist ein manifester Indikator für den massiven Evolutionsdruck der Kommunikation: Immer weitere Medien entstehen und dies in immer kürzeren Abständen. [Merten u. a. 1994: 141 ff.]

Experiment

Wissenschaftliche Anordnung zur Prüfung einer Kausalhypothese (Wenn X, dann Y). Experimente setzen grundsätzlich einen Vergleich voraus, der sich temporal als Vorher-/Nachhermessung an einer Gruppe (Versuchsgruppe) oder sozial als Vergleich über zwei verschiedene, statistisch aber möglichst identische Gruppen (Experimentier- und Kontrollgruppe) durchführen läßt (Abb. 8). Die Experimentiergruppe wird der Wirkung eines zu testenden Stimulus (Aussage, Medizin, Prozedur) ausgesetzt, die Kontrollgruppe nicht. Die Differenz der gemessenen Veränderung zwischen den ansonsten demographisch möglichst gleichen Gruppen („statistischer Zwilling") wird dann als Wirkung des verabreichten Stimulus erklärt.

Ein Experiment kann sowohl unter stark kontrollierten Bedingungen durchgeführt werden (**Laborexperiment**) als auch unter wenig kontrollierten, natürlichen Bedingungen (**Feldexperiment** → Feldstudie). Der Vorteil höherer Kontrolle beim Laborexperiment wird jedoch durch dessen Künstlichkeit und insbesondere durch die dabei auftretende → Reaktivität eingeschränkt.

Beispiel 6:

Durch eine repräsentative Umfrage bei einer Zielgruppe Z zum Zeitpunkt t1 wird anhand eines à Polaritätenprofils das Image des Unternehmens U erhoben (Nullmessung). Direkt im Anschluß beginnt eine Imagekampagne, bei der mit entsprechenden Maßnahmen und Instrumenten auf eine Verbesserung des Images hingearbeitet wird. Nach Abschluß der Kampagne wird zum Zeitpunkt t2 bei der gleichen Zielgruppe eine zweite Umfrage mit dem gleichen Erhebungsinstrument durchgeführt. Die nun gemessene Veränderung des Images kann – den Ausschluß von Störvariablen (etwa: unvorhergesehene Krise des Unternehmens U) vorausgesetzt – kausal durch die Imagekampagne erklärt werden.

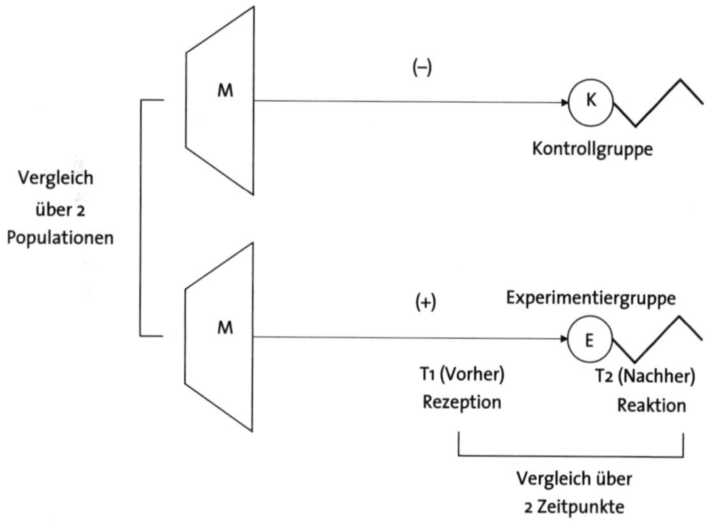

Abbildung 8: Zwei Varianten des experimentellen Designs

Externe Kommunikation

Externe Kommunikation ist die Kommunikation, die von einer Organisation (von einem System) an die Öffentlichkeit (Umwelt) gerichtet wird und dies eben gezielt an bestimmte → Zielgruppen. Sie differenziert sich in → Public Relations als strategische Unternehmenskommunikation und in → Werbung als taktische **Marktkommunikation**. PR ist deswegen strategisches Handeln, weil sie die Berücksichtigung aller möglichen Zielgruppen erfordert, während Werbung sich nur auf eine einzige Zielgruppe, den Verbraucher (Kunden) konzentriert. Die folgenden Ausführungen beziehen sich daher vor allem auf strategische Kommunikation. Die hier zum Einsatz kommenden kommunikativen Strategien und Instrumente sind ausgesprochen vielfältig und richten sich vor allem nach dem jeweiligen Ziel, der zur Verfügung stehenden Zeit und den zur Verfügung stehenden Mitteln.

Für die Funktionen externer Kommunikation kann es, wie für Funktionen generell, keine abgeschlossene Menge und damit keinen erschöpfenden Katalog geben. Funktionen sind Perspektiven, unter denen Vergleichsbereiche definiert werden können. Da es beliebig viele Perspektiven gibt, muß es demgemäß auch beliebig viele, d. h. also unendlich viele Funktionen geben. Das Ensemble von Funktionen ist damit keine abgeschlossene Menge.

Gleichwohl herrscht Einigkeit über die wichtigsten Funktionen externer Kommunikation. In einem übergreifenden Sinn liegt die Funktion externer Kommunikation (externer PR) in der Schaffung von → Überzeugung bei relevanten Zielgruppen. In einer differenzierteren Aufzählung werden Erzeugung bzw. Steigerung von 1) Bekanntheitsgrad, 2) Glaubwürdigkeit, 3) Vertrauen und 4) Akzeptanz genannt.

Der Bekanntheitsgrad eines Objekts (Person, Organisation, Produkt) ist die notwendige Voraussetzung dafür, daß sich zu diesem Objekt Meinungen, Einstellungen und damit Bewertungen bilden können. PR trägt dieser Funktion vor allem durch → Pressearbeit Rechnung.

→ Glaubwürdigkeit (engl. *credibility*) ist eine stark von Erfahrung geprägte Variable, die sich auf die Kongruenz von Aussagen eines Kommunikators zu der dazu referierenden Wirklichkeit (z. B. reales Verhalten) bzw. auf die Kongruenz von Aussagen zu früheren Aussagen bezieht. Glaubwürdigkeit wird durch Ehrlichkeit, einheitliches (widerspruchsfreies) Auftreten in der Öffentlichkeit, die Akzeptanz grundlegender Werte und Normen und durch Offenheit gefördert.

→ Vertrauen gegenüber einer Person oder Organisation setzt Bekanntheitsgrad und Glaubwürdigkeit bindend voraus und erfordert darüber hinaus eine zeitliche Erfahrungsstrecke. Vertrauen gilt als „Mechanismus der Reduktion von Komplexität" (Luhmann 1968: 6 ff.), als „riskante Vorleistung", die durch Reflexivisierung („Vertrauen in Vertrauen", vgl. Luhmann 1968: 63 ff.) stabilisierbar ist, indem sie Strukturen (Erfahrungen) aus der Vergangenheit als valide Basis für die Strukturierung der Zukunft definiert.

PR erzeugt Vertrauen durch Betonung von Kontinuität – sei es „gleichbleibende Qualität" von Produkten, sei es „beständiger Erfolg" eines Unternehmens, sei es „Nachhaltigkeit" von Maßnahmen, sei es die „Verläßlichkeit" von Personen (Ansprechpartnern).

→ Akzeptanz ist die aus dem gewonnenen Vertrauen herrührende positive Einstellung gegenüber dem Objekt (Organisation, Person, Idee etc.) der Akzeptanz. Sie läßt sich vielfältig nutzen – sei es als Basis für die Favorisierung von Produkten oder Dienstleistungen (gegenüber denen konkurrierender Organisationen), als weitere Vorleistung (Vertrauensvorschuß) in Krisenzeiten, sei es als widerspruchsfreie Übernahme von Verhaltensprämissen.

PR beschafft Akzeptanz nicht nur durch Betonung von Kontinuität, sondern vor allem dadurch, daß sachliche, soziale und temporale Generalisierungen herangezogen werden: Positives wird zeitlich („auf immer") und sozial („alle") generalisiert. Daneben werden eine Reihe von weiteren Funktionen genannt, von denen die der Eröffnung und Sicherung von Handlungsspielräumen für Organisationen besonders hervorzuheben ist.

Externe Public Relations → Externe Kommunikation

F

Face-to-face-Kommunikation → Kommunikation, informelle

Fachzeitschrift → Zeitschrift

Falsifikation

Verifikation und Falsifikation sind logisch asymmetrische Prozeduren zur Prüfung von Theorien: Während man einen Existenzsatz („Es gibt einen schwarzen Schwan") nur verifizieren kann, kann man einen Allsatz („Menschen mit höherem Einkommen trinken mehr Wein als Menschen mit niedrigerem Einkommen") nur falsifizieren. Da man in Kommunikations- und Sozialwissenschaften nur an Allsätzen interessiert ist, kann man also eine entsprechende Theorie nicht verifizieren, sondern man geht in Anlehnung an *Karl R. Popper* den umgekehrten Weg: Man versucht sie zu falsifizieren; gelingt dies nicht, so sagt man, die Theorie habe sich bewährt. [Merten 1999: 37 f.]

Feature

Journalistische Stilform, die sich zwischen Essay und Kommentar, Dokumentation und Reportage bewegt und durch dramaturgische Elemente (z. B. Interview, persönlichen Bezug u. a.) an Eindringlichkeit gewinnt.

Feedback

Typ von Selbstreferenz bzw. → Reflexivität. Konstituierende Bedingung für die face-to-face-Kommunikation (→ Informelle Kommunikation) sowie wichtiges Strukturelement der Massenkommunikation (z. B. in der Form von Leserbriefen, Anrufen, TED etc.). → Systemtheorie

Feldstudie

Wissenschaftliche, empirische Untersuchung (→ Befragung, → Beobachtung, → Experiment etc.), die unter möglichst realistischen (normalen, ungestörten) Bedingungen durchgeführt wird, damit die dabei zu erhebenden Daten möglichst unverzerrt gewonnen werden.

Fernsehen → Rundfunk

Fiktionalität

Die Vergrößerung von Gesellschaften und die rasche Zunahme des Medienangebots bewirkt, daß man nicht mehr, wie vielleicht früher im Mittelalter, jede Information an der Realität prüfen kann, sondern sie statt dessen einfach glauben muß. Aber auch fiktionale, nicht nachprüfbare Sachverhalte können in ihren Konsequenzen real sein. PR macht von dieser Möglichkeit, Wirklichkeit anhand von fiktionalen Strukturen zu konstruieren, vor allem bei der Konstruktion und Befestigung von → Images laufend Gebrauch. [Merten 1999: 248 ff.]

Film

Film als Medium ist definiert als Darstellung von Bewegtbildern (Stummfilm) bzw. mit einer Tonspur unterlegt als Tonfilm. Kennzeichen filmischer Darstellung (Selektivität) ist die Montage.

Die erste Filmvorführung erfolgte durch die Brüder *Skladanowsky* 1895 in Berlin. Die erste Fernsehsendung wurde 1935 in Berlin (an 15 öffentlichen Stellen) übertragen.

Filme lassen sich nach verschiedenen Typologien differenzieren. Üblich ist eine Einteilung in a) Spielfilm (differenziert in 1) Krimi/Actionfilm, 2) Liebesfilm, 3) Heimatfilm, 4) Western und 5) Historischer Film), b) Dokumentarfilm, c) Werbefilm, d) Trickfilm, e) Wochenschau und f) Industriefilm.

Financial Relations

Financial Relations sind Public Relations von und für Aktiengesellschaften. Dieser Teilbereich der PR ist stark spezialisiert, so daß PR-Manager hier neben PR-Kenntnissen auch über Wissen in den Bereichen Finanzen, Wirtschaft und Recht verfügen müssen. Zielgruppen sind: Aktuelle und potentielle Aktionäre, die Financial Community (Banken, Börsenmakler etc.) und fachspezifische Medien → Investor Relations. [Grunig/Hunt 1984: 350 ff.; Täubert 1998]

Firmenbroschüre → Broschüre

Flächenstichprobe → Stichprobe

Flugblatt

Einseitiges Druckprodukt, seit dem 11. Jahrhundert aus aktuellem politischem oder religiösem Anlaß meist als Warnung (Information), Polemik (Kritik, Kommentar) oder Aufruf (Agitation, → Propaganda) verfaßt und mit einer Illustration versehen, oft anonym und ohne Absender. Davon zu unterscheiden sind heutzutage die Handzettel, die aus kommerziellen Gründen (Eröffnungen, Sonderangebote etc.) in Einkaufszentren etc. verteilt werden. [Goertz 1992]

Fragebogen → Befragung

Führung → Unternehmensführung

Funktion, Begriff der

In den Sozialwissenschaften allgemein als Erbringung einer Leistung unter einer frei wählbaren Perspektive (Bezugspunkt) definiert. Daraus folgt, daß es für einen Sachverhalt so viele Funktionen wie Perspektiven, also beliebig viele, gibt.

Beispiel 7:

Schuhe haben normalerweise die Funktion, den Fuß zu wärmen und zu schützen. Am 13.10.1960 zeigte Nikita Chrustschow, mit seinem Schuh das Rednerpult der UNO zerhackend, der Welt jedoch, daß Schuhe auch weitere Funktionen haben können.

Funktion, Kommunikation → Kommunikation, Funktion

Funktion, von PR

Ronneberger/Rühl (1992) definieren den Begriff der Funktion unterschiedlich je nach Theorieebene: Auf der Makroebene der Gesellschaft als Funktion, auf der Mesoebene gesellschaftlicher Teilsysteme als Leistung und auf der Mikroebene der Organisation als Aufgabe.

Als wichtigste Funktionen externer PR gelten a) die Schaffung von → Vertrauen und → Akzeptanz und b) der Interessenausgleich zwischen Unternehmen und der Öffentlichkeit bzw. bestimmten Zielgruppen. Dies kann durch Steigerung des Bekanntheitsgrades, Erzeugung und

Pflege eines Images, die Behauptung von Relevanz, also letztlich durch das → Management von Kommunikation erfolgen. Daneben hat PR – situationsabhängig – weitere Funktionen (etwa: → Krisenmanagement). Interne PR hat vor allem folgende Funktionen: a) Information, b) Motivation, c) Integration der Mitglieder eines Unternehmens sowie d) eine externe Botschafterfunktion. Theoretisch ist die Zahl der Funktionen unbegrenzt, weil Funktionen immer nur von einem Bezugspunkt aus definiert sind. [Merten 1999: 89]

G

Gallup, George H.

George H. Gallup (1901–1984) führte ab 1927 an der Universität von Iowa als erster repräsentative Befragungen durch mündliche Interviews durch. Er gründete 1935 das American Institute of Public Opinion, das bereits wöchentliche Umfragen im großen Stil durchführte, und 1936 das Audience Research Institute zur Rundfunkanalyse.

Gatekeeper

Der Begriff des Gatekeepers wurde von → *Kurt Lewin* zum ersten Mal als Beschreibung für die selektive Funktion von Hausfrauen beim Einkauf geprägt: Die Familie bekommt nur das zu essen, was die Hausfrau beim Einkauf auswählt (kauft). Im übertragenen Sinn gilt heute jede Berufsrolle als Gatekeeper, die eine besondere Auswahlfunktion wahrnimmt, insbesondere ein Journalist, der auswählt, was der Rezipient (Leser, Hörer, Zuschauer) überhaupt rezipieren kann. Ein Gatekeeper kann bestimmte Informationen zurückhalten und andere „durchlassen". Er bezieht seinen Einfluß also durch seine → Selektivität. [White 1950; Merten 1999: 264 f.]

Gebietsauswahl → Stichprobe

Gegendarstellung → Recht

Geheimnis

Ein Geheimnis ist nicht das Nichtwissen von Wissen, sondern das intentionale Ausgeschlossensein von einem Wissen, das jemandem an sich zusteht. Aber auch durch organisatorische (systemische) Differenzierung entstehen Wissensdifferenzen und damit funktionale Geheimnisse, die für den Bestand von Organisationen notwendig sind und dann als geforderte Verschwiegenheit oder vereinbarte Vertraulichkeit bekannt sind. Geheimhalten von Wissen bedeutet auf der anderen Seite die Abwehr gegen öffentliche Ansprüche auf Mitwissen und ist daher nur dadurch zu gewährleisten, daß Geheimhaltung reflexiv wird:

Man behält auch die Information, daß man ein Geheimnis hat, geheim. [Merten/Westerbarkey 1994: 192 ff.]

Gerücht

Ein Gerücht ist eine ungesicherte Botschaft aus ungesicherter Quelle. Funktional definiert stellen Gerüchte einen Typ mündlich verbreiteter Ersatzinformation dar: Gesellschaften, Organisationen und Gruppen brauchen ein Mindestmaß an Information zur Aufrechterhaltung ihrer Struktur (Latent Pattern Maintenance). Wird dieses Mindestmaß an Information unterschritten (etwa wegen technischer Defekte, Zensur, Geheimhaltung), so mobilisiert das System sofort Ersatzkanäle für Information, nämlich Gerüchte. Klatsch ist eine Sonderform des Gerüchts, die immer auf eine bestimmte, real existierende Person bezogen und auch als „Diskrete Indiskretion" beschrieben wird. [Bergmann 1987; Merten 1999: 122 ff.]

Geschäftsbericht

Der Geschäftsbericht als jährlich vorzulegender Jahresabschluß von Unternehmen ist ein typischer Anwendungsfall für die „Huckepackfunktion" von Public Relations. Seine originäre Funktion besteht in der Unterrichtung der Gesellschafter bzw. der Kapitalgeber (→ Shareholder). Aus PR-Perspektive wird dieses Medium aber sekundär sehr erfolgreich genutzt, um durch anregende Information über das Unternehmen bei der Zielgruppe der Shareholder (aber auch: bei Kunden, Geschäftspartnern und eigenen Mitarbeitern) das Interesse für das Unternehmen zu steigern und das → Image zu verbessern. Demgemäß enthält ein Geschäftsbericht nicht nur das gesetzlich vorgeschriebene Zahlenwerk (gemäß Par. 264 und 336 HGB), sondern Informationen über die Aktivitäten des Unternehmens, insbesondere die erfolgreichen, über die allgemeine wirtschaftliche Lage, über Daten zur Lage und Situation der im Unternehmen Beschäftigten (Sozialbericht) sowie weitere Leseanreize.

Geschichte, der Kommunikation

Die Geschichte von Kommunikation läßt sich prinzipiell als → Evolution von Kommunikation beschreiben, also als gesetzmäßige Entwicklung in der Zeit, die vor allem auf der sozialen Differenzierung beruht. Geschichte der Kommunikation läßt sich jedoch auch nach Epochen,

Medien oder Regionen differenzieren (z. B. als „Geschichte der Frankfurter Zeitung bis zum zweiten Weltkrieg“). Die Geschichtsschreibung selbst kann keine Theorie (aus der alle Entwicklungen ableitbar wären) für sich in Anspruch nehmen.

Geschichte, PR

Zwar wurde der Begriff Public Relations zum ersten Mal erst Anfang des 19. Jahrhunderts von *Thomas Jefferson* (Dritter Präsident der USA, 1801–1809) verwendet, doch gibt es eine Fülle von historischen Erscheinungen, die heute als PR gelten würden. Beispielsweise kann man die 324 v. Chr. von *Alexander dem Großen* arrangierte Massenhochzeit von Susa (mit 20 000 Griechen und Perserinnen) als einen völkerumspannenden Akt von → Political Relations ansehen. Auch das von *Cäsar* gepflegte „panem et circenses“ ist als Typus von → Event-PR anzusehen, und das Mäzenatentum, das ebenfalls aus Rom stammt, läßt sich als Vorform des → Sponsoring deuten. Eine weitere Wurzel der PR liegt in der antiken Rhetorik. Erstmals formuliert wurde das für PR typische Prinzip, jedes Ereignis bzw. jede Handlung auf ihre Eignung für PR zu analysieren, von *Aristoteles* in seiner Rhetorik:

„Die Kunst der Rede besitzt, wer bei jedem Gegenstand die durch ihn möglichen Überzeugungsmittel zu überblicken weiß. Denn dafür ist keine andere Kunst zuständig, weil jede andere nur über den ihr eigenen Gegenstand lehrt und überzeugt, z. B. die Heilkunst über Gesundes und Ungesundes, die Geometrie über die Eigenschaften der Größen, die Arithmetik über die der Zahlen, und entsprechend auch die anderen Künste und Wissenschaften. Nur die Redekunst scheint imstande zu sein, sozusagen bei jedem vorgelegten Gegenstande zu überschauen, was an ihm überzeugend ist, weswegen wir auch behaupten, ihr Betätigungsfeld liege nicht auf einem eigenen, bestimmt abgegrenzten Gebiet“ (Rhetorik, 1. Buch, Kap. 2).

Den eigentlichen Anfang nahm Public Relations in den USA zu Beginn des 19. Jahrhunderts: Die Entwicklung der → Propaganda zunächst weltanschaulich begründet, führt zur ersten PR-Phase (1850–1900), in der PR noch mit Publicity gleichgesetzt werden konnte (→ Grunig-Hunt-Modelle). → Publicity ließ sich nicht auf Wahrheit verpflichten („The public be fooled“).

Die zweite Phase (1900–1920) wird durch *Ivy L. Lee* (1877–1934) begründet, der die wahrheitsgetreue Information („The public be informed“) forderte. Die dritte Phase (1920 ff.), als Phase des asymmetrischen Informationsmodells bezeichnet, wird durch *Edward L.*

Bernays eingeleitet, der vermutlich als erster den Begriff „PR-Berater" (*Counsel on Public Relations*) benutzt hat.

Diese Phase ist gekennzeichnet durch den Versuch, die Öffentlichkeit nicht nur zu informieren, sondern umgekehrt auch Informationen aus der Öffentlichkeit aufzunehmen – wenngleich nicht in gleichem Ausmaß. *Grunig/Hunt* (1984: 6 ff.) sprechen daher von einem asymmetrischen Kommunikationsmodell. Die vierte Phase (1960 ff.) wird als Phase der symmetrischen Kommunikation bezeichnet und unglücklicherweise mit dem Begriff → Dialog belegt. Diese historisierende Aufteilung in Phasen sich entwickelnder Public Relations wurde später von Grunig (1992) zurückgenommen und durch ein → Win-Win-Modell exzellenter PR ersetzt.

In Deutschland entwickelten sich PR – analog zu den USA – ebenfalls zuerst im Wirtschaftssystem. So gilt die Demonstration des bei Krupp hergestellten größten Stahlblocks auf der Weltausstellung in London (1851) als ein Meilenstein von PR, die sowohl als Product-PR als auch als Unternehmens-PR bezeichnet werden kann. 1871 wurde im Auswärtigen Amt ein „Preßdezernat" gegründet, 1893 wurde auch bei Krupp ein solches eingerichtet, 1894 schuf die Marine auf Anweisung *von Tirpitz* auf allen großen Schiffen die Position des Presseoffiziers. Aber erst im 20. Jh. gab es – in der Folge des ersten Weltkrieges – eine systematische Entwicklung. Drei Namen sind hier hervorzuheben: → *Domizlaff*, der bereits 1904 für Siemens PR machte und seine Überlegungen zur Theorie von PR unter dem Titel „Die Gewinnung öffentlichen Vertrauens" (1939) zusammenfaßte; → *Hundhausen*, der für Krupp arbeitete, 1937 zum ersten Mal den Begriff PR in Deutschland (allerdings ohne Erfolg) einführte (in: Die Deutsche Werbung, 19: 1054) und 1958 zum ersten Präsidenten der DPRG gewählt wurde. Schließlich auch → *Oeckl*, der bis 1945 die PR bei der IG Farben betreut hatte und 1951 den Begriff Public Relations mit „Öffentlichkeitsarbeit" übersetzt und hoffähig gemacht hatte. [Nöthe 1995: 67-119; Grunig/Grunig 1992: 285-325]

Gesellschaft für innerbetriebliche Kommunikation e.V. (inkom)

Bundesvereinigung für innerbetriebliche Kommunikation e.V. (Adresse: Geschäftsstelle inkom: Walter Münstermann, Postfach 1313, 31550 Rodenberg, Tel. (05723) 9135-08; Fax (05723) 9135-09; E-Mail inkomev@aol.com). Berufsständischer Verband seit 1990, entstanden aus dem Zusammenschluß der Arbeitsgemeinschaft Deutscher Werkredakteure, der Gesellschaft für innerbetriebliche Publizistik und der Arbeitsstelle für innerbetriebliche Kommunikation an der FH Rheinland-Pfalz. Seine Mitglieder sind vor allem Journalisten und PR-Fachleute, die → interne Kommunikation, vor allem durch → Mitarbeiterzeitschriften, betreiben.

Gesellschaft, soziologisch

Oberbegriff für das menschliche Zusammenleben, systemtheoretisch das größte denkbare soziale System. Der Begriff der Gesellschaft hat sich erst im 17. Jahrhundert, begünstigt durch die Trennung von Staat und Gesellschaft, zu einer eigenständigen Kategorie entwickelt und bezieht sich notwendig immer auf eine Theorie menschlichen Zusammenlebens.

Gesellschaft, unternehmensrechtlich

Zweckvereinigung, in der sich eine Mehrzahl von Personen verpflichtet, das Erreichen eines gemeinsamen (materiellen oder ideellen) Ziels in geeigneter Weise zu fördern (Gesellschaft bürgerlichen Rechts).

Give-away

Werbegeschenk von geringem materiellen Wert (Kugelschreiber, Plüschtiere, Streichholzschachtel etc.) mit Aufdruck/Einprägung der jeweiligen Organisation. Die Erinnerungs- bzw. Imagewirkung ist besonders groß, wenn das Give-away sowohl die Forderung nach Nützlichkeit als auch die nach Originalität und Spaß erfüllt.

Glaubwürdigkeit

Glaubwürdigkeit entsteht aus der (historischen) Erfahrung mit dem angemessenen Handeln von Personen/Organisationen, insbesondere im Hinblick auf Verbindlichkeit und Beständigkeit (z. B. bei Zusagen, Verhalten in signifikanten Situationen etc.). Glaubwürdigkeit ist zugleich eine Vorbedingung für → Vertrauen. [Bentele 1988]

Globalisierung

Sie ist eine direkte Folge von vier weltweiten Trends: a) die Globalisierung der Märkte erfordert transnationale Präsenz; b) die Schaffung von Synergien, von denen man annimmt, daß sie vor allem durch

Bildung größerer Einheiten möglich sind; c) der weltweite Trend zur Vernetzung und d) die Auswirkung weltweiter Politik durch Installation von Richtlinien und Gesetzen der UNO, der UNESCO und anderen weltweit operierenden Institutionen (z. B. WHO). Die Entwicklung in Europa (EU, Schaffung einheitlicher Währungen und Gesetzgebung etc.) zeigt z. B., daß die Bündelung der Ressourcen der europäischen Länder insgesamt das wirtschaftliche und damit auch das politische Potential Europas entscheidend vergrößern wird.

Im PR-Bereich läßt sich diese Entwicklung z. B. an der Bildung von PR-Verbänden auf europäischer Ebene (CERP, IPRA) erkennen, aber auch an der Vernetzung deutscher mit internationalen PR-Agenturen. So hat sich die größte deutsche Agentur, Kohtes & Klewes, im Mai 1999 umbenannt in European Communication Consultants (ECC) und arbeitet nun im Zusammenschluß (Netz) internationaler Agenturen auf internationaler Ebene.

GPRA

Gesellschaft Public Relations Agenturen e.V. (Adresse: Schillerstr. 4, 60313 Frankfurt, Tel. (069) 20628, Fax (069) 20700), Wirtschaftsverband der führenden deutschen PR-Agenturen, die eine bestimmte Qualifikation nachweisen können: a) rechtliche und wirtschaftliche Selbständigkeit, b) mindestens fünfjähriges Bestehen, c) mindestens vier festangestellte Mitarbeiter, d) mindestens zwei Dauerkunden. Die von der GPRA zunächst geforderte Zertifizierung nach ISO 9000 ist wieder aufgegeben worden. Die GPRA versteht sich als Forum für aktuellen Informationsaustausch, vertritt die Interessen von PR und PR-Agenturen in der Öffentlichkeit. Gemeinsam mit der → DPRG gründete sie 1991 die → DAPR (Deutsche Akademie für Public Relations), deren Mehrheitsgesellschafterin sie nach dem Rückzug der DPRG aus der DAPR bis 1999 blieb. [Nöthe 1995: 127 ff.]

Grundgesamtheit → Stichprobe

Grunig-Hunt-Modelle

Grunig/Hunt (1984: 21) beschreiben die Entwicklung von PR wie folgt:

- das Publicity-Modell (Propaganda-Modell): Verbreitete Informationen genügen nicht dem Kriterium der Wahrheit,

- das Informationsmodell: Informationen sollen wahr sein,
- das asymmetrische Kommunikationsmodell, das bereits ein Feedback der Rezipienten (der → Zielgruppen) einkalkuliert, und
- das (idealtypische) symmetrische Kommunikationsmodell, das mit dem Stichwort → Dialog zu beschreiben ist.

Später relativiert *Grunig* (1996) diese Modelle durch das → Win-Win-Modell, das den Einsatz bestimmter Typen von Kommunikation vom beiderseitigen Nutzen der Organisation *und* der beteiligten (Teil-)Öffentlichkeit abhängig macht. [Avenarius 1995: 84 ff.]

Modell/ Elemente	**Publicity**	**Information**	**Asymmetrische Kommunikation**	**Symmetrische Kommunikation (Dialog)**
Zweck	Propaganda	Information	Überzeugen	Verständnis
Kommunikations-modus	Einweg-kommunikation, nicht wahr	Einweg-kommunikation, wahr	Zweiweg-komm., unaus-gewogene Wirkungen	Zweiweg-komm. aus-gewogene Wirkungen
Kommunikations-modell	Sender → Empfänger	Sender → Empfänger	Unvollständige (asymmetr. Systemstruktur)	Gruppe→Gruppe (vollst. Systemstruktur)
Forschung dazu	kaum (Reichweiten-analysen)	kaum (Ver-ständlichkeits analysen)	Progr. Forsch., Evaluation von Einstellungen	Progr.Forsch., Evaluation v. Verständnis
Prominente Vertreter	P.T. Barnum	Ivy L. Lee	Edward L. Bernays	Bernays, Berufsverb.
Anwendungs-felder	Verkaufs-förderung	Behörden, Nonprofit-Organisationen	Unternehmen mit wirtsch. Zielsetzung, Agenturen	Unternehmen mit gesell. Orientierung, Agenturen
Einsatz	1850 ff.	1906 ff.	1923 ff.	1923 ff.
USA:	25%	35%	35%	5%
D:	15%	50%	20%	15%

Tabelle 3: Die Grunig-Hunt-Modelle und ihre Verwendung in den USA und in Deutschland (Quelle: Grunig/Hunt 1984: 22; Signitzer 1988: 100 sowie Avenarius 1995: 85)

Gruppe, soziale

Definiert durch die regelmäßige und andauernde Interaktion von Personen, die ein gemeinsames Ziel verfolgen. Dies kann eine formale Gruppe (etwa ein Team im Sport, die Mitglieder eines Kabinetts etc.), aber auch eine informelle Gruppe sein (z. B. Hobbygruppe, Freundeskreis etc.). Die Zahl der Mitglieder schwankt dabei zwischen drei und sehr vielen Personen, eine Kleingruppe umfaßt weniger als 10 Personen. Gruppen entwickeln eine soziale Identität („Wir-Gefühl" etc.) durch implizite oder explizite Formulierung gemeinsamer Ziele, Werte, Verhaltensweisen und grenzen sich dadurch gegen Nichtmitglieder ab. Von einer **Masse** unterscheidet sich eine Gruppe durch die persönliche Bekanntheit aller mit allen, von einem → Publikum zudem noch durch die face-to-face-Interaktion. Die in einer Gruppe ablaufenden gruppendynamischen Prozesse der Konsensbildung etc. lassen sich systemtheoretisch als System von Handlungen begreifen, das sich gegen das Handeln einer nicht dazugehörigen Umwelt abgrenzt. [Luhmann 1987: 270 ff.]

Gruppendiskussion

Heuristisches Verfahren, bei dem zu einem nur grob vorgegebenen Thema eine Leitfadendiskussion mit einer Gruppe von Personen durchgeführt wird. Aus der Heterogenität der Ansichten und Bewertungen lassen sich Rückschlüsse auf die Stärke der Respektierung sozialer Normen und Werte, die Stärke von Vorurteilen etc. ziehen.

Die Gruppendiskussion provoziert die „Enthüllung von Erfahrungen und Empfindungen" (Mangold 1972: 213), so daß daraus oft neue Erkenntnisse hervorgehen. Die Ergebnisse der Gruppendiskussion dienen ferner als wichtige Grundlage für die Erstellung von standardisierten Fragebögen zum gleichen Thema. [Mangold 1972]

Gruppendynamik

Von → *Lewin* eingeführte Bezeichnung für die Sozialpsychologie der Gruppe. Gruppendynamik bezeichnet die relative Eigenständigkeit (Eigendynamik) von Handlungen und Entscheidungen einer Gruppe gegenüber Einflüssen von außen. Zuerst in einem Industriebetrieb von *Elton Mayo* (1927) entdeckt: Nicht objektive Anreize (z. B. die Gestaltung des Arbeitsplatzes) bestimmten die Arbeitsleistung, sondern die von der

Gruppe selbst vorgenommene Definition der Situation, hier: Die interne Verständigung über die zu erbringende Arbeitsleistung. Spätestens damit war die Bedeutung der → Internen Kommunikation und ihrer Steuerung in Unternehmen offenkundig. Eine direkte Folge dieser und zahlreicher anderer Untersuchungen zur Gruppendynamik war die Gründung der Zeitschrift „Human Relations" im Jahr 1947.

Gültigkeit → Validität

H

Handeln, soziales

Ist grundsätzlich an sozialen Normen und Werten orientiert und besitzt demgemäß eine bestimmte → Struktur, die sich an sozialem Sinn orientiert (*Max Weber*). Soziales Handeln vollzieht sich im Schnittpunkt a) individueller Motivation, b) sozialer Erwartungen (Rollenmuster) und kultureller Wert-, Norm- und Symbolsysteme. Die Systemtheorie *(Parsons, Luhmann)* begreift den Zusammenhang von Handlungen als System, das eine eigene Dynamik entfaltet und den beteiligten Akteuren stets neue und weitere Handlungen abfordert. Das kleinste Handlungssystem ist die → informelle Kommunikation. [Luhmann 1972]

Hauszeitschrift → Zeitschrift

Hörfunk → Rundfunk

Hovland, Carl Iver (1912–1961)

Er gilt wegen seiner Verdienste um die Wirkungsforschung, insbesondere die Messung der Veränderung von → Einstellungen, neben → *Lewin* (1890–1947), → *Lasswell* (1902–1971) und → *Lazarsfeld* (1901–1976) als einer der „Väter der Kommunikationsforschung".

Human Relations

Human Relations ist eine Entwicklung, die in den späten 30er Jahren („Management and the worker") die große Bedeutung funktionierender Sozialbeziehungen in Unternehmen erkannte: Wenn Mitarbeiter gut informiert sind, ernst genommen werden und an Entscheidungen beteiligt sind, sind sie wesentlich stärker motiviert, sich für „ihr" Unternehmen einzusetzen. Heute gelten Human Relations als wesentlicher Bestandteil → interner PR. 1947 wurde die gleichnamige Zeitschrift gegründet.

Hundhausen, Carl (1893–1977)

1925 Promotion in Betriebswirtschaft, 1927–31 Amerikastudien, führte 1937 zum ersten Mal den Begriff PR in Deutschland ein (in: Die Deutsche Werbung, 19: 1054). Vertrat nach dem Krieg die PR bei Krupp, hielt als Honorarprofessor der TH Aachen erste Vorlesungen über PR und wurde 1958 zum ersten Präsident der → DPRG gewählt.

Hyperlink

Farblich hervorgehobene Wörter im → Internet eröffnen Pfade zu weiteren Dateien. Sie verknüpfen Textstellen mit zusätzlichen Informationen, die auf beliebigen Rechnern gespeichert sind. Auf diese Weise sind die weltweit verstreuten Daten miteinander verbunden. Wenn der Link per Mouse aktiviert wird, erreicht der Nutzer ohne Eingabe einer neuen Adresse automatisch die neue Datei.

Hypermedia

Bezeichnet die Verbindung von Schrift, Grafik, Ton und Video in einem interaktiven Dokument. → Internet

Hypertext

Softwaretechnologie, die es dem Nutzer ermöglicht, auf frei gewählten Assoziationswegen innerhalb einer mit Querverweisen verknüpften Datenbank zu arbeiten. HTML (Hyper Text Markup Language) ist eine Seitenbeschreibungssprache des → World Wide Web (WWW), die den Web-Seitenaufbau, d. h. die Gestaltung mit Formatierungsmerkmalen sowie integrierte Graphiken und Steuerelemente, unterstützt.

Hypothese → Theorie, wissenschaftliche

I

Image

Ein Image ist eine kollektive, fiktionale Vorstellung von einem Objekt (Person, Organisation, Idee, Ereignis etc.), das aus zahlreichen wertenden Einzelinformationen zusammengesetzt ist und in diffuser Form (durch Publikation in den Medien, durch Gespräche, in der Öffentlichkeit) bekannt ist oder bekannt zu sein scheint. Wie ein Vorurteil wird auch ein Image durch selektive Betonung bzw. Vernachlässigung vereinfacht und gerade dadurch besonders leicht handhabbar und einprägsam. Weil Images vergleichsweise schnell aufzubauen und zu verändern sind, können sie als hilfsweiser → Stellvertreter (Ersatz) für Faktenwissen zum gleichen Objekt eingesetzt werden.

Gegenüber einer → Meinung, die stets subjektiv dem Individuum selbst zugerechnet wird, ist ein Image eine fiktionale, kollektive Größe, die nicht von einem Subjekt über ein Objekt, sondern durch eine Vielzahl von in der Öffentlichkeit bekannten Informationen über ein Objekt definiert wird, daher allgemein bekannt ist oder angesehen wird und öffentlich konsentiert ist oder angesehen wird.

Images lassen sich differenzieren in → Selbstbild (Vorstellung, die eine Organisation resp. Person von sich selbst besitzt, Autostereotyp) und Fremdbild (Vorstellung, die die Öffentlichkeit von einer Organisation resp. Person besitzt, Heterostereotyp). Images werden weiter unterschieden in **Firmenimage**, **Produktimage**, **Markenimage** oder **Branchenimage**. Theoretisch ist ein Image eine Vorstellung davon, daß andere (man) ähnliche Vorstellungen wie andere besitzen, also eine konsensbasierte, aber fiktionale und mehrfach reflexive Struktur, die affin zu der der öffentlichen Meinung ist; daraus erklärt sich auch die Chance, Images in der Öffentlichkeit vergleichsweise leicht aufzubauen, zu pflegen oder zu verändern. Da Images zugleich als Stellvertreter fungieren, sind sie ideale Ansatzpunkte für das Bemühen von PR, Einfluß auf die → Öffentlichkeit zu nehmen.

Der Begriff des Images

Der Begriff des Images leitet sich von dem lateinischen Wort *imago* (Bild) ab. Ein Image ist definiert als „Gesamtheit der Vorstellungen, Einstellungen und Gefühle, die eine Person im Hinblick auf ein Objekt (Person, Organisation, Produkt, Idee) besitzt" (Fuchs 1978: 330), es besitzt kognitive und affektive Komponenten.

Der Begriff des Images hat sich wie kein anderer offenbar in direkter Korrespondenz der Entwicklung der Gesellschaft zur Mediengesellschaft entwickelt. Die Evolution von Gesellschaften zur → Mediengesellschaft bewirkt, daß sich der Radius für aktuelles Erleben im Zeitalter von Mediengesellschaft auf Welt einstellt. Das hat notwendig zur Folge, daß immer weniger Wissen durch die persönliche und autoptische Erfahrung abgesichert werden kann und statt dessen allein über die Medien zugänglich ist. Zahl und Art von Objekten (Personen, Organisationen, Ereignisse, Ideen), die in der Mediengesellschaft in den Gesichtskreis der Wahrnehmung und des Interesses geraten, nehmen beständig zu, ohne daß jemals die Chance besteht, diese persönlich in Augenschein zu nehmen. Es ist von daher geradezu erwartbar, daß die Mediengesellschaft für diese Fälle systematisch Vorkehrungen entwickelt, indem sie → Stellvertreter kreiert. Ein solcher Stellvertreter ist das Image.

In Meyers Konversationslexikon (1905) findet sich dieser Begriff noch nicht. Im Brockhaus wird Image als „gefühlsbetontes, über den Bereich des Visuellen hinausgehendes Vorstellungsbild" definiert, als „eine Ganzheit von Gefühlen [...], sachl. Informationen [...] und Handlungsabsichten [...] Es entwickelt und verfestigt sich im Zeitablauf durch eigene oder fremde Erfahrungen teils bewußt, teils unbewußt" (ebenda).

Die Parallele des Begriffes „Image" zum Begriff Ruf ist aufschlußreich. Ein Ruf, den in der Regel ein noch nicht persönlich bekannter Jemand hat, ist ein Bündel von Informationen über das Verhalten dieses Jemands aus der Vergangenheit, das man in Erfahrung bringen oder hören kann und das für den Hörer die allererste Information über Honorigkeit, Fachkompetenz oder spezifische Eigenheiten dieses Jemands, mit dem man ggf. in der Zukunft zu tun hat, liefert. Der Begriff des Rufes ist eng mit dem Begriff „Gerücht", „Klatsch" – eben mit den kommunikativen Modi, die ihn erzeugen – verbunden. Der Begriff „Ruf" verweist auch auf den Modus der Kommunikation, auf dem er beruht. Seine Ablösung durch den Begriff „Image" im 20. Jahrhundert läßt sich daher auch als Folge des Vordringens visueller Präferenzen durch die Massenmedien (Pressefoto, Film, Fernsehen) verstehen.

Da heutzutage unsere Erfahrung immer mehr durch Medien vermittelt wird, kommt Images als Stellvertretern für Erfahrung eine geradezu strategische Rolle in der Mediengesellschaft zu: Sie sind fungible Vehikel von „Erfahrung aus zweiter Hand" (*Arnold Gehlen*), auf die die aktuelle, schnelle und schnell veränderbare Konstruktion von Wirklichkeit laufend zugreifen kann.

Diese Eigenschaften von Images, insbesondere ihre starke → Fiktionalität, machen Images instrumentalisierbar. Sie erzeugen einen Bedarf für die laufende und paßgenaue Konstruktion von Images durch eine dafür mit Techniken der Kommunikation und Strategien ihrer Verbreitung und Durchsetzung gut ausgerüstete Profession: Public Relations.

Dazu verhilft eine weitere Eigenschaft von Images: Da Personalisierung in den Medien gefragt ist und da Organisationen personalisiert werden („Unternehmenspersönlichkeit"), können diese vergleichsweise leicht ein Image erwerben. Images begünstigen die Personalisierung und erleichtern dadurch nochmals die Identifikation *mit*, die Wiedererinnerung *an* und die Ausbildung positiver Assoziationen *zu* einer Organisation. Von daher ist verständlich, daß diese Funktionen von Images hochattraktiv für Public Relations sind. Die Kehrseite ist, daß Images – wie die Öffentlichkeit, in der sie erzeugt und diffundiert werden – instabil sind. Daraus folgt: Images müssen gepflegt werden: Wie eine Imagestudie des Bundesverbandes der Deutschen Industrie (1989) zeigt, besteht bereits zwischen der schlichten Häufigkeit der Erwähnung eines Unternehmens und dem Grad der positiven Tönung des Unternehmensimages eine Korrelation von r =.53 (Korrelationsmaß nach *Pearson*). Das heißt – ceteris paribus: Je häufiger ein Unternehmen in den Medien erwähnt wird, um so besser sein Image. Aus dieser Perspektive erschließt sich die Bedeutung von unverwechselbaren Symbolen (→ Logo) und von Slogans: Sie dienen als Anker für Aufmerksamkeit und haben durch ihre Unverwechselbarkeit einen entsprechend hohen Erinnerungswert.

Image und Meinung

Eine Meinung ist eine subjektive, individuelle Perspektive (Interpretation) bezüglich eines Problems oder Sachverhalts. So kann man eine Meinung zur Todesstrafe haben, die – genau wie ein Image – nicht an Wahrheiten gebunden ist. Die Meinung fungiert als informationsraffende Selektionshilfe, indem sie ein Problem nicht darstellt oder abbildet, sondern auf eine eindimensionale, meist wertende Dimension reduziert (etwa: „positiv-negativ") und den zugrundeliegenden Sachverhalt entscheidbar macht dadurch, daß ihre wahrnehmbare Verteilung in der Öffentlichkeit zeigt, ob und wo sich Mehrheiten dafür bilden.

Ein Image ist dagegen eine komplexe Vorstellung, die sich aus sehr vielen, kognitiv und affektiv getönten Einzelinformationen zusammensetzt. Diese können je für sich sehr verschieden ausfallen.

Beispiel 8: Das Image von Mercedes (Daimler-Benz)

Würde man eine Befragung machen und abfragen, was Menschen zum Thema „Daimler-Benz" einfällt, so würde man vermutlich eine Fülle unterschiedlicher Antworten erhalten, wobei dies wieder davon abhängen wird, ob der Befragte selbst Mercedesfahrer ist (oder nicht) oder ob er sich einen Mercedes leisten könnte (oder nicht). Die Antworten könnten u. a. folgende sein:

1) Mercedes baut hervorragende Autos der Nobelklasse
2) ein Mercedes ist sicher
3) ein Mercedes ist ein Auto nur für reiche Leute
4) ein Mercedes ist edel
5) Mercedesfahrer sind Ekel, weil sie auf der Autobahn immer links fahren
6) Mercedesfahrer sind Bonzen
7) Mercedes ist der führende Automobilkonzern in der Welt
8) Mercedes ist beim Elchtest umgefallen
9) Mercedes wird bei den fleißigen Schwaben gebaut
10) Mercedes ist arrogant
etc.

Dies sind 10 Items (Aussagen), von denen einige eine Meinung darstellen. Zugleich sind (hier rein zufällig) fünf eher negativ, fünf eher positiv wertend. Das Image von Mercedes entsteht nun dadurch, daß diese Vielzahl von Items mit durchaus gegensätzlichen Wertungen zu einem

Bündel von Aussagen integriert werden – eben zu einem Image –, wobei die Items durch den jeweiligen Rezipienten unterschiedlich gewichtet werden. Das beim Rezipienten abzufragende Image (P) hängt demgemäß ab von a) den persönlichen Erfahrungen des Rezipienten, b) den Informationen über die Erfahrungen anderer (durch informelle Kommunikation) und c) von dem von den Medien vermittelten Image (Abb. 9):

Der Rezipient integriert alle relevanten Informationen zu einem Schema, nämlich zu dem von ihm wahrgenommenen Image P. Dieses wird dem von den Medien verbreiteten Image I um so ähnlicher sein, je weniger und je weniger abweichende Erfahrungen zum gleichen Thema vorliegen.

Dabei ist anzunehmen, daß die Medien bereits ein Image I vermitteln, das sich zwar aus einzelnen Informationen bildet, das aber im Prinzip bereits auf frühere Information zum gleichen Objekt bei allen Rezipienten zurückgreifen kann. Das heißt aber erneut, daß a) Öffentlichkeit unterstellt wird (alle haben rezipiert, „man" weiß doch, daß...) und b), daß die Journalisten, die die neuen Informationen verfassen, bereits in der Formulierung der jeweiligen Information selbst unter dem Eindruck dieses Images I stehen.

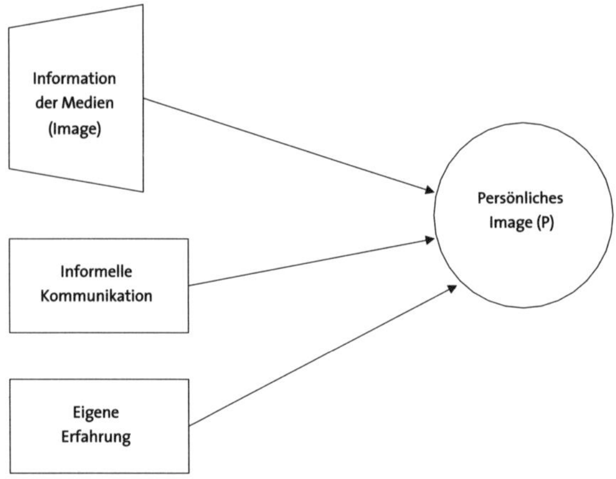

Abbildung 9: Abhängigkeit eines Images von eigener/fremder Information

Struktur von Images

Die Struktur eines Images I läßt sich demgemäß wie folgt skizzieren: Jeder Rezipient unterstellt (meint), daß eine Aussage A, die er zu einem Objekt O aus den Medien rezipiert, auch von anderen Rezipienten rezipiert wird und daß diese anderen Rezipienten ebenfalls unterstellen, daß andere Rezipienten diese Aussage rezipieren und – mehr oder minder identisch – diese Aussage dem bereits als vorhanden unterstellten Wissen hinzufügen. Analog unterstellt jeder Rezipient, daß nicht nur er ein „Image" wahrnimmt, sondern daß andere Rezipienten ebenfalls unterstellen, daß andere Rezipienten die Wahrnehmung eines mehr oder minder ähnlichen Images unterstellen. Das bedeutet, daß Images grundsätzlich an Öffentlichkeiten gebunden sind und demgemäß als kollektive Vorstellungen anzusprechen sind.

Abstrakt gesagt liegt dem Image also eine mehrfach reflexive Struktur zugrunde, die in der Struktur von → Öffentlichkeit zu finden ist. Dies ist ein ganz wesentlicher Fingerzeig auf die Affinität zwischen Image und Öffentlichkeit.

Im einzelnen: Ein Rezipient bildet sich eine persönliche Vorstellung (Image P) von einem Objekt O, die als kohärentes Bündel von Aussagen und wertenden Aussagen zum Objekt O definiert wird: $I_P = [A, A(A)]$

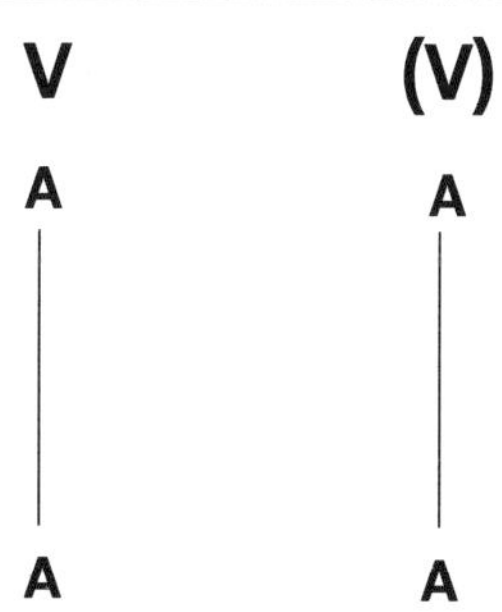

V(V) = Vorstellung von der Vorstellung anderer

A(A) = Aussage über eine Aussage = M

Abbildung 10: Struktur eines Images

Diese Vorstellung wird in der Öffentlichkeit ventiliert, d. h., jeder Rezipient unterstellt (meint), daß auch andere Rezipienten von anderen Rezipienten meinen, daß sie ein gleiches Image unterstellten. Eine solche stillschweigende Unterstellung von Unterstellungen liegt auch der öffentlichen Meinung zugrunde. Strukturell läßt sich dieses Image I wie folgt beschreiben (Abb. 10):

Es wird dann zum sozialen Image, wenn es als kollektiv zutreffend resp. identisch unterstellt wird, wenn also unterstellt (gemeint) wird, daß andere die bei anderen unterstellen.

Die strukturelle Identität zwischen Image und öffentlicher Meinung ist deutlich. Öffentlichkeit hat danach zwei Funktionen: a) Die Erzeugung und Behandlung kollektiver, relativ konsentierter Wissensbestände (Themen, Meinungen, Images), also eine Agenda-Setting-Funktion und b) eine komplexitätsreduzierende Funktion, die in der Generierung öffentlichen Meinens (Metawissens) besteht. [Merten/Westerbarkey 1994: 206 ff.; Merten 1999: 244 ff.]

Imageanzeige

Eine Imageanzeige ist ein von einer Organisation redaktionell gestalteter Beitrag, dessen Volumen (Anzeigenraum) von der Presse zum jeweiligen Anzeigenpreis in Rechnung gestellt wird und im Kopf bindend den Hinweis „Anzeige“ enthalten muß. Diese Art der Darstellung hat den Vorteil, daß der Text (die Information) exakt so, wie sie die Organisation in der Öffentlichkeit verbreiten will, auch verbreitet wird.

Imagemessung

Ein Image besteht aus vielen (wertenden) Eigenschaften. Zur Messung eines Images muß man die wichtigsten Eigenschaften definieren und den Grad, mit dem sie zutreffen oder nicht zutreffen, feststellen. Meist wird dies durch eine Befragung gemacht, bei der man die wichtigsten Eigenschaften des zu messenden Images in ihren Extremen vorgibt und den Befragten auffordert, Eigenschaft für Eigenschaft auf einer Skala (→ Polaritätenprofil, semantisches Differential), die zwischen den Extremen aufgespannt wird, einzuschätzen (Abb. 11).

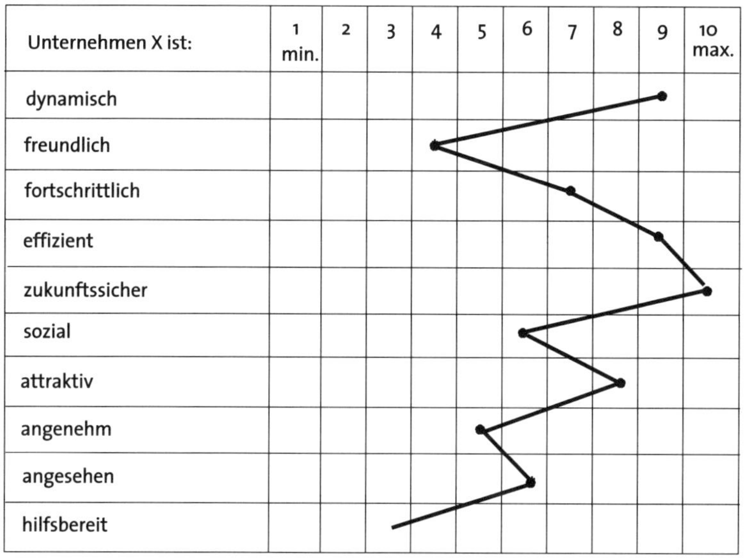

Abbildung 11: Schema eines Polaritätenprofils zur Imagebestimmung des Unternehmens X

Die entsprechende Passage im Fragebogen lautet: „Im folgenden nenne ich Ihnen einige Eigenschaften, die zu X passen. Je nachdem ob diese Ihrer Meinung nach maximal (10) oder minimal (1) oder irgendwo zwischen diesen beiden Extremen zutreffen, machen Sie bitte in das jeweilige Kästchen Ihr Kreuz".

Verbindet man die erhaltenen Mittelwerte auf der Skala, so erhält man als charakteristischen Linienzug das Polaritäten- oder Imageprofil. In Abb. 11 zeigt sich z. B., daß das Unternehmen X als dynamisch, zukunftsicher und effizient gilt, aber als deutlich unfreundlich, weniger sozial, kaum angenehm und wenig hilfsbereit eingeschätzt wird – Einschätzungen also, die das gesamte Image deutlich beschädigen.

Eine andere Möglichkeit, ein Image zu messen, bietet die → Inhaltsanalyse von Medien (Printmedien, Rundfunk): Man sucht alle Nennungen von X heraus und stellt fest, in welchen wertenden Zusammenhängen X wie oft (ggf. von welchen Adressanten) genannt wird. Damit mißt man allerdings nicht das Image, das die Bevölkerung (oder Zielgruppe) besitzt, sondern das Image, das in der Öffentlichkeit verbreitet wird. [Merten 1995: 247 ff.] → Resonanzanalyse

Imageprofil → Imagemessung

Imagetransfer

In der Wahrnehmung der Öffentlichkeit wird den Produkten eines Unternehmens bzw. dessen Marke das jeweilige Image des Unternehmens zugerechnet – positiv wie negativ. Da sich in Zeiten gesättigter Märkte Produkte anhand objektiver Qualitätsmerkmale immer weniger voneinander unterscheiden lassen, geraten Hersteller zunehmend unter Druck, ihre Produkte kommunikativ durch einen subjektiven Unterschied (emotionale Produktdifferenz) von der Konkurrenz abzugrenzen (→ UCP). Auch das positive Image (Glaubwürdigkeit, Bekanntheit, Außergewöhnlichkeit, Kompetenz) von Schauspielern, Sportlern, Künstlern etc. kann durch Imagetransfer auf Produkte, Dienstleistungen und Unternehmen übertragen werden. [Koschnick 1996: 451 ff.] → Sponsoring

Impact-Test

Messung der Wirkung einer Anzeige durch Messung der Erinnerung. Dabei wird der Rezipient, der die jeweilige Anzeige rezipiert hat, a) zunächst gefragt, ob er die jeweilige Ausgabe des Printmediums gelesen hat, b) ob er sich an bestimmte Beiträge oder Anzeigen erinnert. Im Gegensatz zum → Copy Test wird die jeweilig zu testende Anzeige dabei gar nicht (Unaided Recall) oder erst später vorgelegt (Aided Recall). [Schweiger/Schrattenecker 1995: 273 ff.]

Impressum

Das Impressum ist eine für → Zeitungen, → Zeitschriften und → Flugblätter gesetzlich vorgeschriebene Information, die in jeder Ausgabe enthalten sein muß und folgende Informationen enthält: Name des Herausgebers und der verantwortlichen Redakteure, die Adresse des Verlages sowie (optional) eine Angabe über die Auflage, ggf. mit Stempel des → IVW.

Incentive

Anreiz oder Belohnung für die Mitarbeiter eines Unternehmens für besondere Leistungen. Die Belohnung kann sowohl finanziell als auch nichtfinanziell ausgedrückt werden. Dazu zählen u. a. Geldprämien, Urkunden, Pokale, Teilnahme an Kongressen und Seminaren, Reisen oder Sachprämien. Incentives dienen der Motivation von Beschäftigten.

Industriegesellschaft

Bezeichnung für einen Gesellschaftstyp, der etwa von 1811 (Erfindung der Dampflokomotive) bis 1960 vorherrschte und gekennzeichnet war durch Mechanisierung von Produktionsprozessen (Automation) und die Installation adäquater Energie vor Ort. Die Industriegesellschaft folgte auf die Agrargesellschaft und wurde durch die Informationsgesellschaft bzw. → Mediengesellschaft abgelöst. Nach *Daniel Bell* lag das Hauptproblem der Agrargesellschaft in der Beförderung von Masse (Waren). Die Problemlösung hieß Vernetzung von Wegen. Analog lag das Hauptproblem der Industriegesellschaft im Transport von Energie, und folgerichtig lautete hier die Lösung Vernetzung von Energie (durch Hochspannungsleitungen, Pipelines oder Laserrichtstrahlstrecken). Konsequent liegt das Problem der Informationsgesellschaft in der Vernetzung von Information, die mit der Vernetzung des Telegraphen bzw. des Telefons begonnen wurde und ihren jüngsten Höhepunkt in Gestalt des → Internets erlebt. [Bell 1976]

Information, Begriff

Grundbegriff der Kommunikationswissenschaft. Alltagswissenschaftlich, aber auch journalistisch als Neuigkeit oder Überraschung bezeichnet. Man ist sich mittlerweile einig, daß Information weder mit Materie noch mit Energie etwas zu tun hat (Wiener 1968: 166), sondern eine davon völlig verschiedene Qualität besitzt. Gleichwohl wird Information oft noch als eine „Eigenschaft der materiellen Dinge“ (vgl. Wersig 1973: 36) bezeichnet, während längst auch Konsens ist, daß Information keine absolute, sondern nur eine relationale Eigenschaft darstellt (vgl. Cherry 1967: 287), die eine Veränderung impliziert, so daß *Shands* (1967) Information definiert als „anything that makes a difference“. Information läßt sich im Sinn der mathematischen → Informationstheorie statistisch definieren als die Unwahrscheinlichkeit des Eintritts eines Ereignisses und in der Einheit Bit messen (Abb. 12).

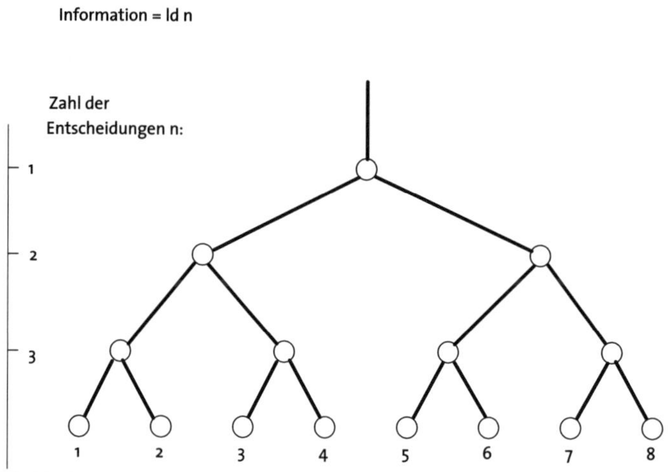

Abbildung 12: Statistische Information

Journalistisch bedeutet Information das Neue, das Unerhörte, das Überraschende, also ein Wissen, das bis dato unbekannt war. Ein Ereignis ist um so informativer, je weniger mit seinem Eintreten gerechnet wurde – und um so weniger informativ, je mehr es genau so eintritt, wie man es erwartet hat.

Beispiel 9:

Wenn in einer Urne nur eine einzige Kugel liegt, von der man weiß, daß sie schwarz ist, und man zieht diese schwarze Kugel heraus, so ist die Farbe „schwarz", d. h., es ist keine Entscheidung möglich/nötig, und die Information „Die Kugel ist schwarz" ist demgemäß gleich Null (sicheres Ereignis). Liegen in der Urne jedoch eine rote und sieben schwarze Kugeln, so muß eine Entscheidung gefällt werden. Diese Entscheidung repräsentiert die gegebene Unsicherheit (1/8) bzw. bei Ziehung der Kugel die mögliche Information. Bezeichnet man diese binäre Entscheidung als Bit (Binary Digit), so gewinnt man damit ein Maß für Information. Liegen in der Urne acht Kugeln mit den Zahlen 1 bis 8 (vgl. Abb. 12), und man sucht die Kugel Nr. 1, so gibt es 8 verschiedene Alternativen (Möglichkeiten), von denen jede durch drei Entscheidungen realisierbar ist, so daß die hierfür benötigte Information 3 Bit beträgt.

Dieses Maß ist auch ein Maß dafür, wie optimal ein Kanal ausgenutzt wird bzw. wie redundant (weitschweifig) ein Text verfaßt ist. So hat man errechnet, daß die Worte der deutschen Sprache zu mehr als 70% redundant (überflüssig) sind, so daß man im Durchschnitt von drei

Worten zwei weglassen könnte, ohne daß ein Text (eine Rede) dadurch prinzipiell unverständlich würde.

Unterstellt man, daß nur etwa jedes 10. Ereignis an eine Nachrichtenagentur gelangt, daß eine Nachrichtenagentur nur etwa jede 10. Meldung an die Medien weitergibt, daß eine Tageszeitung bzw. eine Rundfunkanstalt nur etwa 10% der Agenturmeldungen weiter verwenden, daß der Rezipient nur etwa 16% der Nachrichten erinnern kann (vgl. Merten 1985) und davon wiederum nur einen Bruchteil bewußt und dauerhaft zu verarbeiten in der Lage ist, dann ergibt sich für das wichtigste aller Genres ein Selektionsfaktor, der deutlich kleiner als 1/6000 ausfällt.

Information, Austausch

Alltagswissenschaftliche, aber wissenschaftlich unzulässige Umschreibung für die Funktion von Kommunikation.
→ Kommunikation, Modell

Informationstheorie, mathematische

Die mathematische Informationstheorie wurde 1949 von *Shannon* als Theorie der technischen Übertragung von Information aufgestellt. Diese Theorie stellt mathematisch exakt dar, wieviel Information (gemessen in Bit/sec) und mit welchen Störungen (Rauschen) in einem Kanal prozessiert werden kann. Dies erfordert eine technische Verschlüsselung von Sprache oder Musik (engl. *encoding*), den elektronischen Transport

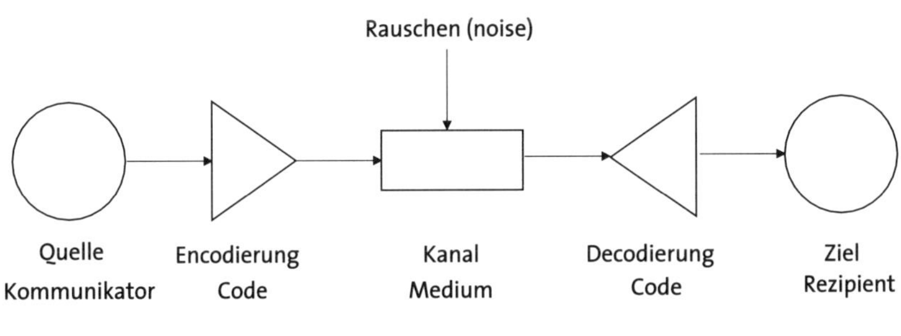

Abbildung 13: Das Sender-Empfänger-Modell der mathematischen Kommunikationstheorie nach Shannon/Weaver (1949: 5)

vom Sender zum Empfänger (engl. *transmission*) und eine technische Entschlüsselung beim Empfänger (engl. *decoding*) (vgl. Abb. 13).

Diese technische Übertragungstheorie besagt nichts über die Kommunikation zwischen Kommunikator und Rezipient („semantic aspects are irrelevant to the problem at hand"). Unglücklicherweise wurde sie gleichwohl als Kommunikationstheorie bezeichnet, und das zugrundeliegende Kommunikationsmodell wurde – ebenso unrichtig – als **Sender-Empfänger-Modell der Kommunikation** bezeichnet (→ Kommunikation, Modell). Sein Einfluß auf die Kommunikationsforschung war ebenso groß wie verheerend; für PR zeigt sich dies ein weiteres Mal im Entwurf einer → verständigungsorientierten Public Relations. [Merten 1999: 74 ff.]

Informationstheorie, soziale → Nachrichtentheorie

Informationsfreiheit

Aus den Grundrechten abgeleitetes „Recht auf freie Meinungsäußerung; dieses Recht umfaßt die Freiheit, Meinungen unangefochten anzuhängen und Informationen und Ideen mit allen Verständigungsmitteln ohne Rücksicht auf Grenzen zu suchen, zu empfangen und weiterzugeben" (UNESCO 1981: 181). Historisch erstmalig als Pressefreiheit (England 1695; USA 1791; Deutschland 1919) in Erscheinung getreten (→ Recht), von der UNESCO 1981 als „Free Flow of Information" gefordert.

Informationsgesellschaft → Mediengesellschaft

Informelle Kommunikation → Kommunikation, informelle

Inhaltsanalyse

Methode zur Erhebung sozialer Wirklichkeit, bei der von Merkmalen eines manifesten Textes auf Merkmale eines nichtmanifesten Kontextes geschlossen wird (Merten 1995: 15).

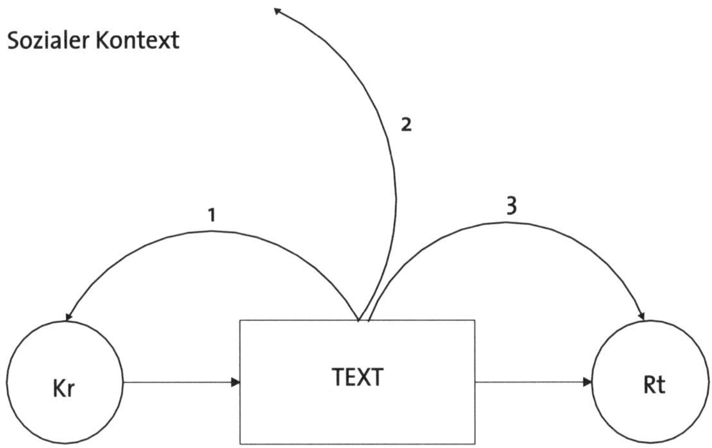

Sigle: Kr = Kommunikator, Rt = Rezipient

Abbildung 14: Inhaltsanalytische Inferenz

Die Inhaltsanalyse kennt daher prinzipiell drei Ziele (Abb. 14) Schluß vom Text auf:

- Eigenschaften des **Kommunikators** (etwa: Stil, Redundanz, Stellung zum Rezipienten, demonstriertes Normen- und Wertesystem, emotionale Befindlichkeit etc.),
- Eigenschaften der **Kommunikationssituation** (sozialer Kontext, etwa: Normen und Werte in der Gesellschaft, Moden, Themen, Preise in Anzeigen, Meinungen in der öffentlichen Diskussion etc.) und
- Eigenschaften des **Rezipienten** (etwa: Handlungsleitende Normen und Werte, Interessen, Wirkungen).

Da Texte Bestandteil eines zeitlich/örtlich historischen Kommunikationsprozesses mit unterscheidbaren Positionen (Kommunikator, Rezipient, Situation) sind und auf die Gestaltung des Textes Einfluß nehmen, läßt sich ein Text als Relikt begreifen, von dem unter angebbaren Bedingungen auf diese nicht (mehr) präsenten Positionen zurückgeschlossen werden kann. Da Texte sozial verfaßt sind, lassen sich alle semiotischen Ebenen für die Analyse nutzen. Kombiniert man daher Ziel der Analyse und semiotische Mittel (vgl. Tab. 4), so erhält man eine erschöpfende inhaltsanalytische Typologie:

Objekt der Analyse/Sem. Ebene	Kommunikator	Rezipient	Situation
Syntaktisch	Stilanalyse	–	–
Denotativ-semantisch	Themenanalyse	Themenanalyse	Themenanalyse
Konnotativ-semantisch	Wertanalyse, Sem. Differential, Motivanalyse	Wert/ Normanalyse	Einstellungs analyse
Pragmatisch	Intention, Verständlichkeit	Wirkung, Verständlichkeit	–

Tabelle 4: Ziele und Mittel der Inhaltsanalyse

Eine Inhaltsanalyse kann auf der syntaktischen, semantischen oder pragmatischen Ebene erfolgen (→ Semiotik), so daß sich folgende Typologie ergibt:

- Syntaktische Analyse: Analyse von Zeichen und Zeichenketten
- Semantische Analyse: Analyse nach Themen, Personen, Handlungen, aber auch Wertungen
- Pragmatische Analyse: Analyse aller Arten von Wirkungen

Ziele und Mittel der Inhaltsanalyse

Versteht man unter nichtmanifestem Kontext nicht mehr präsente Positionen wie Kommunikator, Rezipient, Situation (temporal, sozial, regional usw.), so ist damit eine einfache, gleichwohl erschöpfende Typologie der Objekte inhaltsanalytischer Forschung benannt: Ziel der Inhaltsanalyse ist die Inferenz von Merkmalen eines Textes auf den nicht mehr präsenten Kontext (Abb. 14). Solche Inferenzen können sich z. B. auf den Produzenten des Textes, seine Vorstellungen über die entsprechende Zielgruppe, die Reaktionen des Rezipienten oder auf die Struktur des soziokulturellen Systems (Normen, Werte etc.), in dem sowohl die Produktion als auch die Rezeption des Textes stattfindet, beziehen.

Auf der syntaktischen Ebene lassen sich z. B. durch Wort- und Satzanalyse stilistische Eigenschaften des Kommunikators erheben. Beispielsweise kann man auf der syntaktischen Ebene durch Vergleich von Textproben (nach häufigen oder seltenen Worten, nach Satzlänge und Satzstruktur) auf Identität des Autors prüfen (vgl. Fucks 1968).

Auf der denotativ-semantischen Ebene wird vor allem das Verfahren der Themenanalyse angewendet. Dabei werden in Medien behandelte Themen oder Genres nach vorgegebenen Kategorien (in Tageszeitungen z. B. Information, Kommentar, Unterhaltung, Werbung, Sonstiges) und nach Häufigkeit bzw. Umfang der Darstellung erhoben. So kann man z. B. durch eine vergleichende Langzeitanalyse von Kontaktanzeigen (1958–1968) zeigen, daß das Wertesystem der BRD in dieser Zeit wegbricht – und somit praktisch die Studentenrevolution von 1968 erklären (Merten 1995: 172 f.).

Auf der konnotativ-semantischen Ebene finden sich Verfahren der Wert-, Einstellungs- und Motivanalyse.

Auf der pragmatischen Ebene kann man – zumindest eingeschränkt – Indikatoren für Wirkungen erheben. Zugleich spielt die → Trendanalyse – gerade im Vergleich von periodisch produzierten Texten in der Presse – eine wichtige Rolle. Auf dieser Ebene kann man beispielsweise die direkte Interaktion zwischen Therapeut und Patient simultan aufzeichnen und noch während der Interaktion analysieren, so daß der Therapeut daraus laufend wichtige Hinweise für die weitere Gesprächsführung entnehmen kann (vgl. Brähler 1975).

Varianten der Inhaltsanalyse

Die Verfahren der Inhaltsanalyse kann man weiter in **quantitative** und **qualitative** Verfahren differenzieren:

Die **quantitative Inhaltsanalyse** dient zur Feststellung der Häufigkeiten bestimmter Textmerkmale. Daneben kann die Anzahl relevanter Merkmale der Texte gleichzeitig als Indikator für die Intensität einer Einstellung, Meinung oder Wertvorstellung interpretiert werden. Die einzelnen Texteinheiten werden anhand eines vorher entwickelten Kategoriensystems erhoben, und die Häufigkeitsverteilungen der Aussagen, der Texteinheiten und der Textformen werden ausgewiesen (z. B. die Auszählung von Nachrichtenthemen in einer Tageszeitung in bezug auf Ort/Region ihrer Herkunft und dies nach Häufigkeit und Anteil).

Die **qualitative Inhaltsanalyse** zielt auf die Analyse der den Texten zugrundeliegenden Meinungs- und Einstellungsdimensionen bzw. der sozialen Situation: Auf der Grundlage des Textes wird auf text-externe Merkmale (des Kommunikators, Rezipienten, Mediums etc.) geschlossen, indem relevante Ordnungsstrukturen und Merkmale innerhalb des Textes durch die Bildung von Kategorien, Klassifikationen bzw. Typologien aufgedeckt und zueinander in Relation gesetzt werden.

Zwischen den Vertretern der quantitativen und der qualitativen Inhaltsanalyse gab und gibt es heftige wissenschaftliche Diskurse. Die erste systematische Definition der Inhaltsanalyse als *„a research technique for the objective, systematic, and quantitative description of the manifest content of communication"*, 1952 erstmalig von *Berelson* (1971: 18) formuliert, ist häufig und in mehrfacher Hinsicht kritisiert worden. Und während den qualitativen Analysen grundsätzlich Subjektivität und Nichtgeneralisierbarkeit vorgeworfen werden, wird den quantitativen Vorgehensweisen die schiere Beschränkung auf die Textelemente unter Vernachlässigung des konnotativen Charakters der Sprache und die Veränderung der bedeutungstragenden Indikatoren je nach soziokulturellem Umfeld unterstellt. Eine starre Abgrenzung zwischen quantitativem und qualitativem Vorgehen läßt sich gleichwohl nicht rechtfertigen.

Die Inhaltsanalyse dient sowohl der eindimensionalen, rein quantitativen Auszählung von Häufigkeiten als auch der relationalen Analyse, bei der auch den Aussagen zugeordnete Bewertungen, Intensitäten bzw. Kontingenzen zwischen Aussagen erhoben werden.

Eindimensionale Inhaltsanalyse

Die Häufigkeiten von Aussagen (Textelementen) werden mit Hilfe eines inhaltsanalytischen Kategoriensystems festgestellt (Frequenzanalyse).

Relationale Inhaltsanalyse

- Bewertungsanalyse: Die Aussagen werden durch die Angabe von Bewertungen (z. B. positiv, neutral, negativ), die zusammen mit den untersuchten Aussagen im Text auftreten, erfaßt.

- Intensitätsanalyse: Die Aussagen werden nach Einstellungsskalen evaluiert und erfaßt.
- Kontingenzanalyse: Sie versucht, die Relation von Aussagen und anderen, kontextuellen Elementen darzustellen.

Die Durchführung einer Inhaltsanalyse erfordert ein **Codierbuch** (Kategorienschema, Codierbogen). Dieses spezifiziert alle Erhebungsschritte, die zur Analyse der Untersuchungseinheiten notwendig sind und enthält für jede zu codierende Variable vorgegebene Codes, nach denen verschlüsselt wird. Werden Kategorien verwendet, so sollen diese eindimensional, trennscharf, umfassend und erschöpfend sein.

Beispiel 10:

Die Kategorisierung der Inhalte von Tageszeitungen folgt üblicherweise der Ressorteinteilung, so daß die Kategorie „Inhalte" z. B. wie folgt lautet:

1 = Politik, 2 = Wirtschaft, 3 = Kultur, Feuilleton, 4 = Sport, 5 = Lokales, 6 = Anzeigen, 7 = Sonstiges.

In diesem Beispiel ist die Ausprägung „Anzeige" atypisch, denn sie bezeichnet zwar einen Inhalt, aber dafür gibt es kein Ressort. Die letzte Kategorie („Sonstiges") stellt sicher, daß alle Inhalte codiert werden können.

Das Kategoriensystem wird vor der Datenerhebung entweder deduktiv oder induktiv entwickelt. Bei der **deduktiven** Kategorienbildung wird gemäß der untersuchungsleitenden Fragestellung (Konstruktebene) ein theoretisches Gliederungsprinzip erarbeitet, das die Identifizierungs- resp. die Zuordungsregeln der Textteile (Objektebene) definiert. Aus den deduktiv entstandenen Kategorien lassen sich dann die relevanten Variablen ableiten.

Den entgegengesetzten Weg geht die **induktive** oder empirische Kategorienbildung: Aus dem vollständig vorhandenen Datenmaterial (Objektebene) wird eine Stichprobe gezogen, die repräsentativ für das Untersuchungsmaterial (nach Erscheinungsdatum und Medium bzw. Titel) gebildet wird. Aus dieser Stichprobe werden im folgenden alle Aussagen zum Untersuchungsthema (z. B. Berichterstattung über das Kernkraftunglück in Tschernobyl) exzerpiert. Das exzerpierte Material wird nach inhaltlichen Kriterien geordnet und schließlich zu Kategorien zusammengefaßt. Nach der vorläufigen Gruppierung der Einzelaussagen zu Kategorien wird das Kategoriensystem anhand einer zweiten Stichprobe auf Konsistenz und Vollständigkeit getestet. Dieser Vorgang wird so oft wiederholt, bis ein vollständiges Kategoriensystem entwickelt worden ist. Erst nach diesen Arbeitsschritten kann die Inhaltsanalyse über die gesamte Textmenge durchgeführt werden.

Ablaufplan einer Inhaltsanalyse

Die Durchführung einer Inhaltsanalyse wird im folgenden an einem konkreten Fall, der **Themenanalyse** vorgestellt.

Beispiel 11:

Die Resonanz der Pressekonferenz eines großen Unternehmens soll evaluiert werden. Üblicherweise werden dazu alle Clippings (= Artikel, die aufgrund der Pressekonferenz erschienen sind) gesammelt; als Indikator für Resonanz (Erfolg) gilt im einfachsten Fall die Zahl der Clippings. Das Unternehmen möchte kontinuierliche Resonanzanalysen durchführen lassen, um Bekanntheitsgrad und Image des Unternehmens laufend zu kennen. Zugleich soll die Bewertung von Personen, Produkten und Unternehmensentwicklung erhoben werden.

Die Durchführung einer Inhaltsanalyse umfaßt prinzipiell die folgenden 13 Arbeitsschritte.

1) Definition des Erkenntnisinteresses:

Hier ist zunächst festzulegen, ob die Analyse induktiv (hypothesengenerierend) oder deduktiv (hypothesentestend) durchgeführt werden soll. Des weiteren muß das Ziel der Untersuchung definiert werden, das damit den Rahmen für Typ und Umfang der zu definierenden relevanten Variablen festlegt.

Im Beispiel 11:

Das Erkenntnisinteresse ist rein praktisch, so daß keine Theorie vorliegt und demgemäß keine Hypothesen abzuleiten sind.

2) Aufstellung von Hypothesen:

Handelt es sich um eine deduktive Untersuchung, so müssen aus einer bereits vorliegenden Theorie Hypothesen abgeleitet werden.

3) Operationalisierung von Variablen:

Der zu analysierende Sachverhalt wird üblicherweise durch Variablen resp. Kombinationen von Variablen (z. B. Indices) erfaßt. Dabei ist zu berücksichtigen, daß die Operationalisierung gültig erfolgt, also genau das mißt, was sie zu messen vorgibt.

Im Beispiel 11:

Die Variable „Handlungsträger" ist wie folgt operationalisiert: „Handlungsträger können natürliche Personen sein, aber auch Organisationen, Institutionen, Verbände etc. Ein Handlungsträger muß aktiv handeln können. Insofern ist eine Gemeinde kein Handlungsträger, wenn sie von einer Lawine getroffen wird, und auch die Lawine (oder das Unwetter) ist kein Handlungsträger".

4) Wahl des inhaltsanalytischen Verfahrens:

Das gewählte Ziel (Punkt 1) gibt in bestimmten Grenzen das für die Untersuchung angemessene Verfahren bereits vor (Kommunikator-, Situations- oder Rezipientenanalyse). Die definierten Variablen (Punkt 3) engen den Bereich anwendbarer Verfahren weiter ein. Aus der vorgenommenen Wahl des inhaltsanalytischen Verfahrens läßt sich sodann auch die Bestimmung von Erhebungs- und Untersuchungseinheit ableiten: **Erhebungseinheit** (*recording unit*) ist die Einheit, die in einem ersten Schritt definiert wird und die mindestens eine, in der Regel aber mehrere **Untersuchungseinheiten** (*unit of analysis*) enthält. Will man etwa die Presse auf ihre Wirtschaftsberichterstattung hin analysieren, so kann als Erhebungseinheit die jeweilige Ausgabe, als Untersuchungseinheit hingegen jeder Artikel innerhalb dieser Ausgabe, der „Wirtschaft" zum Thema hat, definiert werden.

Im Beispiel 11:

Die geforderte Resonanzanalyse wird als Themenanalyse angelegt, wobei dann in einer Themenliste alle relevanten Themen, die das Unternehmen betreffen, aufgeführt werden (z. B. Unternehmen insgesamt, Vorstand, Modellpolitik, wirtschaftliche Lage des Unternehmens, einzelne Produkte, Skandale, Fusionen etc.). Diese Liste kann ganz nach Bedarf individuell angepaßt sein und im Prinzip unendlich viele Themen aufweisen. Zusätzlich ist eine Liste der Handlungsträger und ein Bewertungsschema vorzusehen.

5) Entwicklung des Erhebungsinstruments:

Das Erhebungsinstrument umfaßt sämtliche definierten Variablen, die – analog zu einem Fragebogen – nach einer sinnvollen Struktur geordnet werden müssen.

Im Beispiel 11:

Für die Analyse werden zunächst die formalen Variablen definiert, als erste grundsätzlich die Numerierung der Untersuchungseinheit (Variable V0 in Abb. 15), Datum, Organ, Seite, Seitenpositionierung, Fläche, Zahl der Abbildungen etc.

Var.	Code	INHALT	
V0	0137	Lfd. vierstellige Nummer des Artikels (0001-999)	
V1	2	**Organ:** WELT = 1 / FAZ = 2 / SZ = 3 / FR = 4 / taz = 5 / Bild = 6	
V2	4	**Seite,** auf der der Artikel beginnt (Seitenzahl)	
V3	6	Position **waagrecht:** 1 = links, 2 = Mitte, 4 = rechts, Summencode: 1+2 = 3 = links + Mitte etc.	
V4	3	Position **senkrecht:** 1 = oben, 2 = Mitte, 4 = unten, Summencode	
V5	26	**Tag** (1–31)	
V6	11	**Monat** (1–12)	
V7	98	**Jahr** (98/99/00 etc.)	
V8	1	**Journalistische Form des Artikels:** Nicht identifizierbar = 99 1 = Bericht/Reportage 2 = Kommentar 3 = Leserbrief 4 = Meldung über 8 Zeilen 5 = Kurzmeldung (bis 8 Zeilen) 6 = Bild 7 = Interview 8 = Pressestimmen 11-98 = Sonstiges.	
V9	4	**Autor:** K.A. = 0 / 3 = Pressemitteilung (explizit) / Sonstiges = 9 1 = Namenskürzel (Kürzel:..) 2 = Presseagentur (Name:..) 4 = Vollständiger Name: **Hermann D. Müller**	
V10	1	Zahl der **Abbildungen** (Photo, Tabelle, Graphik) im Artikel	
V11	600	**Fläche** des Artikels (in cm², auf ganze Zahlen aufgerundet!)	
V12	5	**THEMA:** Fusion mit anderem Unternehmen....................	→ Liste 1
V13	3	**Anlaß** des Artikels: Pressekonferenz..................................	→ **K!**
V14	2	Zahl der erfaßten relevanten Handlungsträger	
H1	87	Name:.. Wird der Handlungsträger bewertet? Wenn „NEIN"	→ Liste 2 → **V15!**
H2	26	1. Bewerter des Handlungsträgers......................................	→ Liste 2
H3	2	**Bewertung** d. 1. Handlungsträger: 0 = Nein / 5 = sehr positiv / 4 = eher positiv / 3 = ausgewogen / 2 = eher negativ / 1 = stark negativ	
H4	21	2. Bewerter des Handlungsträgers......................................	→ Liste 2
H5	3	**Bewertung** d. 2. Handlungsträgers: 0 = Nein / 5 = sehr positiv / 4 = eher positiv / 3 = ausgewogen / 2 = eher negativ / 1 = stark negativ	

Abbildung 15: Inhaltsanalytisches Codierbuch (Auszug)

Legende zum Codierbuch (Auszug) in Abbildung 15:

Im vorliegenden Beispiel wird als 137. Untersuchungseinheit der Artikel erfaßt, der in der F.A.Z. vom 26.11.98, Seite 4, Mitte-Rechts (waagrecht) und Mitte-Oben (senkrecht) erschienen ist, einen Bericht von 600 cm² Fläche mit einer Abbildung enthält, den Hermann D. Müller verfaßt hat und der eine Pressekonferenz eines Unternehmens aus Anlaß einer Fusion zum Gegenstand hat.

Für die Themenanalyse muß sodann ein **Kategoriensystem** gebildet werden, also ein Raster, das die gültige Erfassung und Zuordnung jedes im Text auftretenden Sachverhalts erlaubt. Dafür wird eine empirische Themenliste induktiv, anhand der vorfindlichen Nennungen im Text erstellt. Des weiteren wird eine ebenfalls induktive Liste der Handlungsträger erstellt, die alle relevanten Handlungsträger aufführt und mit Hinsicht auf die anzuschließende Bewertung auch das Organ (bzw. den Autor des Artikels) als Handlungsträger aufführt.

Alle Variablen werden in ein Codierbuch aufgenommen, das, soweit möglich, identisch als **Codierbogen** (*codesheet*) erstellt wird (Listen werden separat erstellt). Einen möglichen Entwurf (Ausschnitt) zeigt Abbildung 15:

Da die Codierung von Anlässen ggf. nicht einfach ist, erfolgt bei Variable V13 ein Verweis auf den **„Kommentar zum Codierbuch“** (⇨ K), in dem weitere Informationen zur präzisen Codierung von Anlässen enthalten sind.

Bewertungen sind Metainformationen (Informationen über Information) und daher besonders wirkungsmächtig. Im vorliegenden Beispiel wird eine differenzierte, dreistellige Bewertungsrelation codiert (Abb. 16):

In Abb. 16 werden zwei relevante Handlungsträger erfaßt (V14). Der erste ist Nr. 87 auf der Liste 2 (Liste der Handlungsträger, in der alle Handlungsträger erfaßt sind). Dieser Handlungsträger wird bewertet, und zwar einmal von Handlungsträger Nr. 26 (= 1. Bewerter) und dies „eher negativ“ und dann nochmals von Handlungsträger Nr. 132 (= 2. Bewerter) und hier „ausgewogen“.

Bewertungen von Handlungsträgern sollten grundsätzlich mindestens zweifach codiert werden können, weil damit dem journalistischen Prinzip Rechnung getragen wird, bei Bewertungen „beide Seiten“ zu hören und damit eine ausgewogene Darstellung zu versuchen. Analog zur Bewertung von Handlungsträgern lassen sich natürlich auch Bewertungen von Themen, Ereignissen und Ideen codieren.

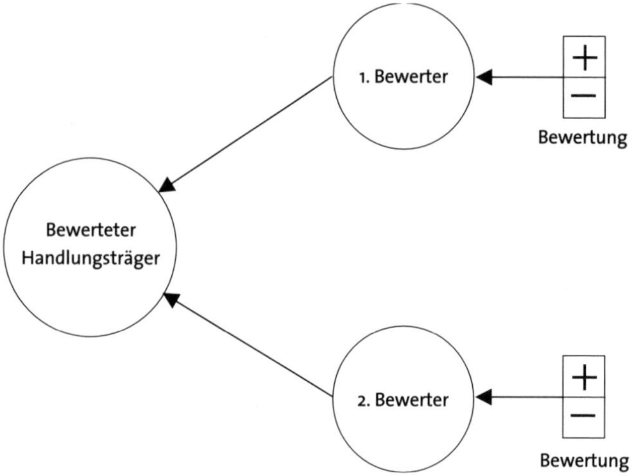

Abbildung 16: Dreistellige Bewertungsrelation (WEN bewertet WER WIE?)

Von besonderer Aussagekraft sind Resonanzanalysen natürlich dann, wenn sie kontinuierlich durchgeführt werden. Durch ein solches **Medienmonitoring** lassen sich dann zum einen Veränderungen relevanter inhaltlicher Parameter (z. B. Nennhäufigkeit von Personen, Bewertungen etc.) mit inhaltsfremden Variablen (etwa: Auftritte der Konkurrenz, Durchschlagskraft überragender Ereignisse, jahreszeitliche Themenflaute, Variablen aus parallelen Umfragen etc.) korrelieren, und zum zweiten lassen sich neue **Trends** und Themen orten (vgl. Merten 1995: 349 f.). Auch die Saldierung von Bewertungen macht Sinn: Sie zeigt, ob ein Bewertungsobjekt im Saldo eher positiv oder negativ bewertet wird und dies in Abhängigkeit von relevanten Bewertern (Handlungsträgern).

Dabei ist der Einbezug von **Bewertungen** zur Beobachtung von **Trends** von besonderer Bedeutung, weil daraus Rückschlüsse auf die Änderung des → Images von Unternehmen, Personen, Produkten in angebbarer Richtung gezogen werden können. → Resonanzanalysen erlauben es darüber hinaus, die Veränderung von Images eines Unternehmens zu korrelieren mit Börsentrends oder dem Kaufwert eines Unternehmens. Damit ist das Thema „Imagebilanzierung“ angesprochen: Images sind valide Indikatoren für den materiellen Wert (bzw. dessen Veränderung) von Unternehmen (vgl. Täubert 1998).

Im Beispiel 11:

Bei manchen Variablen gibt es häufig Unsicherheiten, wie bestimmte Items zu codieren sind (etwa: ist ein „Streik“ der Kategorie „Wirtschaft“ oder der Kategorie „Politik“ zuzuordnen?).

Für solche Fälle wird ein Kommentar zum Codierbuch angelegt, in dem die angemessene (richtige) Zuordnung bestimmter häufiger auftretender Sachverhalte zu bestimmten Kategorien festgelegt und dokumentiert wird. Dieser Kommentar erweitert sich erfahrungsgemäß am Anfang der Erhebung ganz enorm.

6) Definition des Samples:

Zunächst ist die Grundgesamtheit, d. h. die Gesamtmenge aller Texte, auf die sich das Ergebnis beziehen soll, festzulegen. Will man etwa Aussagen über die Struktur der Berichterstattung der Presse machen, dann ist die Grundgesamtheit **temporal** (für welchen Zeitraum?), **regional** (für welche Regionen bzw. Länder?) und nach den in dieser Zeit bzw. in dieser Region erscheinenden Zeitungen zu definieren. Die Definition der Grundgesamtheit ist immer dann unabdingbar, wenn man eine **repräsentative Stichprobe** erstellen will.

Im Beispiel 11:

Für die einmalige Resonanzanalyse (s. o.) ist die Stichprobe gleich der Grundgesamtheit: Man beauftragt einen Clippingdienst, der alle Artikel, die als Folge der Pressekonferenz in der Presse erscheinen, erhebt. Will man jedoch diese Analyse als ständige Resonanzanalyse durchführen, so sollte das zu definierende Sample von Presseorganen a) die wichtigsten Leitmedien (hier: überregionale Presse, Handelsblatt, *Spiegel*, *Focus*, Wirtschaftswoche, Managermagazin), b) ein regional sortiertes Sample von Tageszeitungen (etwa: aus jedem Bundesland zwei Zeitungen), c) ein Zeitschriftensample der wichtigsten Zeitschriften der Fachpresse und ggf. noch d) Exemplare von Boulevardzeitungen und/oder Publikumszeitschriften umfassen. Wenn man Resonanz schließlich an der Häufigkeit, mit der ein Organ gelesen wird, festmachen will, müßte man noch mit der jeweiligen Zahl der Leser pro Organ (nicht: mit der verkauften Auflage!) gewichten. An diesem Beispiel wird sehr deutlich, daß Repräsentativität von Kommunikaten (hier: Pressemeldungen) nicht einfach zu bestimmen ist und im übrigen eine gute Kenntnis der (deutschen) Presselandschaft voraussetzt.

7) Festlegung der Assoziationsmaße:

Für die Prüfung der Hypothesen sind die angemessenen Assoziationsmaße vor Beginn der Erhebung festzulegen. Deren Verwendung ist zudem abhängig von dem Skalenniveau der in der Hypothese formulierten Variablen.

Im Beispiel 11:

Die (einmalige) Analyse von Presseorganen (s. o.) soll die Resonanz (nach Gesamtfläche der redaktionell hier einschlägigen Berichterstattung, nach dem Saldo der Wertungen etc.) messen. Da keine Hypothesen geprüft werden, sondern nur eine eindimensionale Analyse (deskriptive Darstellung) gefordert ist, entfällt die Berechnung von Korrelationen.

8) Festlegung der Prüfgrößen:

Vor der Erhebung ist auch festzulegen, mit welcher statistischen Präzision das Ergebnis in bezug auf Zuverlässigkeit (*reliability*) und Gültigkeit (*validity*) ausgestattet sein soll.

Die Messung der Zuverlässigkeit wird üblicherweise als **Intercoderreliabilität** bezeichnet und als Übereinstimmung der Codierung von zwei oder mehreren Codierern bezüglich gleicher Codierentscheidungen an gleichen Texten gemessen, wobei eine hohe Übereinstimmung am ehesten auf der syntaktischen, am wenigsten auf der pragmatischen Ebene zu erzielen ist. Diese soll bei syntaktischen und denotativ-semantischen Variablen maximal 10% vom Idealwert (100%) abweichen. Bei konnotativ-semantischen und/oder pragmatischen Variablen ist die zu erzielende Reliabilität wegen der auftretenden Reaktivität naturgemäß geringer, sollte aber gleichwohl den Wert 67% („two out of three") nicht unterschreiten. [Merten 1995: 302 ff.]

Die Messung von → Validität erfolgt an mehreren Stellen: Zum einen wird die Stichprobenvalidität festgelegt und damit der Sicherheitsgrad, mit dem von Ergebnissen der Stichprobe auf die Ergebnisse in der Grundgesamtheit geschlossen werden darf. Zum anderen wird die Messung von Validität in Form des statistischen Signifikanztests vorgenommen.

Im Beispiel 11:

Die Intercoderreliabilität wird über alle relevanten Variablen hinweg geprüft.

9) Pretest des Codierbuchs:

Sobald alle Variablen formuliert sind (also: a) semantisch möglichst eindeutig und b) in bezug auf die Zahl der möglichen vorkommenden Ausprägungen erschöpfend und umfassend), wird das Codierbuch (das diese Variablen chronologisch mit allen Ausprägungen und zugewiesenen Codes auflistet) an einer kleinen Textmenge getestet, um zu prüfen, ob a) die notwendigen Codierentscheidungen genügend trennscharf vorgenommen werden können und b), ob alle real vorkommenden Ausprägungen durch das Codierbuch adäquat erfaßt sind. Arbeitet man mit mehreren Codierern, so ist das Maß gleichartiger Codierung gleicher Texte sowohl ein guter Indikator für die Güte des Codierbuchs als auch für die Schulung der beteiligten Codierer. Gerade hier entfaltet der **Kommentar zum Codierbuch** seinen Sinn.

Der sorgfältige Pretest determiniert in erheblichem Umfang die Güte der späteren Codierung, denn alle Unzulänglichkeiten, die beim Pretest nicht entdeckt bzw. ausgemerzt werden, belasten dann die weitere Erhebung bzw. die Gesamtgültigkeit der Analyse.

Im Beispiel 11:

Der Pretest wurde mit je einem Artikel aus 22 Organen, die als Clippings zu einer früher vom Unternehmen veranstalteten Pressekonferenz zu einem ähnlichen Thema vorlagen, durchgeführt.

10) Erhebung:

Die Erhebung setzt ein pregetestetes Codierbuch sowie einen Kommentar zum Codierbuch voraus und verlangt eine präzise Organisation: Unerläßlich ist, daß die zu erhebenden Untersuchungseinheiten eine laufende formale Numerierung besitzen, so daß bei der Datenaufbereitung eine Nachverfolgung von Codierfehlern (durch Kreuztabellierung) möglich ist. Wichtig ist auch, daß bei ggf. noch während der Erhebung auftauchenden Codierproblemen das Codierbuch ggf. noch geändert (erweitert) werden kann und daß diese Änderungen verläßlich protokolliert werden.

Im Beispiel 11:

Die Erhebung wurde am 2. Tag nach der Pressekonferenz durchgeführt und umfaßte die Analyse von 210 Artikeln.

11) Datenaufbereitung:

Die Datenaufbereitung wird nach der Dateneingabe auf einen Datenträger (Diskette) vorgenommen, auf dem die Daten als feste Datei abgespeichert werden. Dabei wird mittels eindimensionaler Auszählungen (Grundauszählung) zunächst geprüft, ob nur solche Codes auftreten, die für die jeweilige Variable auch definiert sind; anderenfalls ist der Code durch Neucodierung der entsprechenden Untersuchungseinheit zu korrigieren. Dabei sind für verschiedene Statistikprogramme (etwa: SPSS) unterschiedliche Formalien zu beachten.

Im Beispiel 11:

Da einige der Artikel nicht als Faksimile (Kopie), sondern über Internet verfügbar gemacht wurden, mußte die Fläche (über die durchschnittliche Zahl der Zeichen pro Flächeneinheit, die für jedes Organ festliegt) anhand der Zahl der Zeichen hilfsweise berechnet werden.

12) Datenanalyse:

Nachdem der gesamte File (Datei) bereinigt ist, kann die Datenanalyse – üblicherweise mit Hilfe eines elektronisch aufrufbaren Statistikprogramms – durchgeführt werden. Dabei werden zunächst alle Variablen einzeln ausgezählt (eindimensionale Grundauszählung); danach folgt die bivariate Analyse zum deduktiven Test bzw. zum induktiven Gewinn von Hypothesen, sodann ggf. auch die **multivariate Analyse**. Sie dient zur Analyse größerer Variablenzusammenhänge, die insbesondere Analyse von Kausalstrukturen (Dependenzanalyse, Regressionsanalyse), von Gruppen oder Clustern (Diskriminanzanalyse, Clusteranalyse) oder von komplexen Begriffen (Faktorenanalyse) ermöglicht.

Im Beispiel 11:

Die Analyse der einmaligen Resonanzmessung beschränkt sich auf eindimensionale Auszählungen. Wird diese Analyse jedoch auf Dauer gestellt, so lohnt es sich, alle Ergebnisse kontinuierlich in eine Datenbank einzufüttern. Der ständig wachsende Korpus gestattet dann aufgrund der erreichbaren Fallzahl auch die Berechnung von Korrelationen. So läßt sich beispielsweise eine Korrelation von (durch die Bewertungen operationalisierter Begriffe) Image und Börsenkurs berechnen.

13) Interpretation der Ergebnisse:

Die Interpretation der Ergebnisse ist die semantische Beschreibung und Deutung der numerischen Befunde; sie setzt eine sehr gute Kenntnis der Daten an sich und ihrer Besonderheiten sowie dessen, was die statistischen Kennwerte besagen, voraus.

Im Beispiel 11:

Aus der Analyse läßt sich eine ganze Fülle von Rückschlüssen auf das Image des Unternehmens, den Erfolg seiner Medienarbeit u. a. m. – und dies intern differenziert nach verschiedenen Handlungsträgern oder Themen – gewinnen. Dies gilt insbesondere dann, wenn die Resonanzanalyse auf Dauer gestellt wird. Daß diese Analysen heutzutage für ein Unternehmen strategische Informationen darstellen, zeigt sich z. B. darin, daß alle großen Unternehmen aus allen Branchen, aber auch Parteien, Verbände und Behörden, mittlerweile solche Resonanzanalysen durchführen lassen, wobei in die Auswertung mittlerweile auch die Rundfunkberichterstattung einbezogen wird.

Fehlerquellen

Ohne Zweifel stellt das Instrument der Inhaltsanalyse für die Public Relations das wichtigste Erhebungsinstrument dar. Zugleich bietet die Inhaltsanalyse die günstigsten Voraussetzungen für die Kontrolle auf methodische Sauberkeit, und dies gleich aus zwei Gründen: Zum einen ist das Erhebungsmaterial Text fossiliert, so daß es sich bei Bedarf jederzeit (und von unterschiedlichen Forschern) analysieren bzw. im Rahmen einer Replikation (Wiederholung der Untersuchung) reanalysieren läßt. Zum anderen sind gerade hier Möglichkeiten der Gültigkeitsprüfung besonders weit entwickelt, abzulesen vor allem an der Entwicklung von Koeffizienten zur Intercoderreliabilität (vgl. Merten 1995: 302 ff.).

Eine zweite, weitaus größere Fehlerquelle beschert das → Stimulus-Response-Modell, dessen Annahmen über das Funktionieren von Kommunikation nicht nur die Alltagswirklichkeit, sondern offenbar auch das wissenschaftliche Denken überschatten, nämlich die überkommene Vorstellung, daß die Kenntnis der Inhalte Aussagen über die → Wirkung der Inhalte erlaube. Oder anders: Es ist nicht legitim, von den Ergebnissen einer Inhaltsanalyse, ohne weitere Annahmen direkt auf die Wirkung dieser Inhalte zu schließen. Im banalsten Fall äußert sich das wie folgt:

Beispiel 12:

Am 27.9.71 berichtet die Süddeutsche Zeitung über eine Resolution der UNO, wonach das arabische Jerusalem „nicht verändert werden (darf)" (Aufmacher). Der Artikel gibt dann auf genau zwanzig Zeilen das Rededuell zwischen dem israelischen UNO-Botschafter Tekoah und dem russischen UNO-Botschafter Malik wieder, die sich vor der Abstimmung im Weltsicherheitsrat ein erbittertes Redegefecht lieferten: Der russische Botschafter kritisiert zunächst das israelische Vorgehen als „rassistisch und hitleristisch", verstieg sich sodann zu der Feststellung, daß der Zionismus eine rassistische Ideologie sei, die auf einer Stufe mit dem Faschismus stehe, und gibt seinem Widersacher den Rat, „seine lange Nase nicht in den sowjetischen Garten zu stecken", da dies, wie die Geschichte gezeigt habe, nicht bekömmlich sei. Der israelische UNO-Botschafter hatte als Gegenargument auf die Leiden der russischen Juden verwiesen. Für die Leserschaft der Süddeutschen Zeitung, die im übrigen von allen vier großen überregionalen Zeitungen Deutschlands (F.A.Z., FR, SZ und WELT) politisch am neutralsten berichtet (K.M.), dürfte dieser Artikel keine antisemitischen Auswirkungen gehabt haben, wie Denk interpretiert, insbesondere nicht in der damaligen Zeit des kalten Krieges (K. M.).

Denk zählt so aus (1979: 30 f.), daß der israelische Botschafter nur in 4,5 Zeilen, der russische Botschafter dagegen in 11 Zeilen zu Wort gekommen ist und dann resümiert: „Von Ausgewogenheit kann also schon hier gar keine Rede sein [...] So wird dem Leser suggeriert, daß Malik im Recht, Tekoah jedoch im Unrecht sei. Heute – sechs Jahre danach – hat sich die geradezu perverse Auffassung der Sowjets auch in der Bundesrepublik Deutschland breitgemacht, daß die Juden im heutigen Israel ähnlich schlimm seien wie die Nazis vor vierzig Jahren."

Das Beispiel macht doch das Prinzip sehr deutlich: Der Umfang der Berichterstattung wird als Indikator für Präferenzen bzw. Wirkungen angesehen.

Das gleiche Prinzip findet sich – allerdings sehr viel seriöser – in der Diskussion um die Darstellung von Gewalt im Fernsehen, die Anfang der 90er Jahre in der Bundesrepublik einsetzte.

Beispiel 13:

Angesichts des wachsenden Anteils an Gewaltdarstellung bei den privaten Fernsehanbietern wurde 1991 im Auftrag der Landesmedienanstalten eine große Inhaltsanalyse von gewalthaltigen Inhalten in Fernsehsendungen durchgeführt (Groebel/Gleich 1993). Die methodische Durchführung erfolgte sicherlich sorgfältig und bedacht. Was aber nicht bedacht wurde (oder vielleicht doch?), war die Wirkung einer solchen Untersuchung in der Öffentlichkeit: Wenn schon die wissenschaftlich geschulten Experten in den Landesmedienanstalten sich offenbar nicht klar darüber waren, daß Inhalte nicht mit Wirkungen dieser Inhalte zu verwechseln sind, so durfte man erst recht nicht von der Öffentlichkeit erwarten, daß sie diesen Unterschied wahrnehmen konnte. Und wenn dann die Medien die Ergebnisse dieser Untersuchung mit Aufmachern wie „70 Tote pro Tag sind zuviel" kommentieren, dann ist klar, welchen Effekt diese Untersuchung hatte: Zwar wurden in der Untersuchung keinerlei Messungen von Wirkungen durchgeführt, doch in der Öffentlichkeit galt diese Untersuchung dann als Beweis für die gefährliche Wirkung des Fernsehens (vgl. Merten 1999b: 85 ff.).

Eine weitere mögliche Fehlerquelle gibt mittlerweile die bequeme Verfügbarkeit der elektronischen Datenanalyse an die Hand, auch und gerade für die Inhaltsanalyse, denn Texte lassen sich mittlerweile elektronisch lesen und abspeichern. Elektronische Analysen sozialwissenschaftlicher Daten sind allerdings, wie alle durch Rechner ausgeführten Analyseprozesse, im besten Sinne des Wortes beschränkt, weil sie intern nur auf der syntaktischen Ebene ablaufen und zudem nicht lernfähig sind. Sie sind nur so klug, wie sie klug konstruiert oder programmiert worden sind.

Inner Relations → Interne PR

Instrument

→ Instrument, Marketing

→ Instrument, Public Relations

→ Instrument, soziale Wirklichkeit

Instrument, Erhebung → Instrument, soziale Wirklichkeit

Instrument, interne Kommunikation → Instrument, Public Relations

Instrument, Marketing

Begriff, der im Marketing (→ Marketing-Mix) völlig anders als in der PR (→ Instrument, Public Relations) und nochmals anders als in der empirischen Sozialforschung (→ Instrument, soziale Wirklichkeit) gebraucht wird.

Instrument, Public Relations

Der Begriff des Instruments wird in der PR sehr unterschiedlich verwendet, wird zudem oft mit dem Begriff „Maßnahme“ oder „Mittel“ belegt und folgt keiner erkennbaren Logik. Bezeichnend ist, daß im „Lexikon der Public Relations“ (Pflaum/Pieper 1993) weder der Begriff „Instrument“ noch der Begriff „Maßnahme“ auftauchen. Gleiches gilt für das Handbuch „Öffentlichkeitsarbeit“ von *Haedrich Bartenheier/*

Kleinert (1982) und für das von *Koschnick* (1996) herausgegebene „Standard-Lexikon Werbung/ Verkaufsförderung/Öffentlichkeitsarbeit". Dieses kategoriale Verständnis von Instrumenten entstammt offenbar der Kommunikationspolitik des Marketing: Dort sind Instrumente kategorisch, d. h. ohne logische Ableitung nach irgendeiner Systematik, definiert als Werbung, Verkaufsförderung, Öffentlichkeitsarbeit und Persönlicher Verkauf (vgl. so etwa Meffert 1978: 85; Nieschlag/Dichtl/ Hörschgen 1997: 531 ff.; Wöhe 1993: 728 f.). Für Public Relations ist jedoch alles, was Kommunikation darstellt, ein Ansatzpunkt für Überzeugung und damit ein Werkzeug. Von daher ist z. B. Sponsoring, aber auch die informelle Ansprache bei Direktverkauf oder die massenmediale Ansprache bei Werbung immer auch Kommunikation, die als solche allemal ein Vehikel für PR ist.

Wenn Public Relations sich aber nicht, wie vom Marketing definiert, in toto als Instrument des Marketing verstehen will, dann kann sie den Begriff „Instrument" nur dann benutzen, wenn sie eine Begründung und Ordnung entwickelt, die a) einem erkennbaren Kriterium folgt und b) vollständig (erschöpfend) sein muß. Dieser Gesichtspunkt wird von Public Relations bislang wenig gesehen. Das äußert sich praktisch in einer fast beliebig zu nennenden begrifflichen Vorgehensweise. Meist wird eine medienspezifische Klassifikation unterlegt, unter der sich Instrumente und Maßnahmen differenzieren lassen. So ist nach Reineke/Eisele (1994: 92) Presse- und Medienarbeit ein Instrument, während Pressekonferenz, Pressegespräch, Pressemitteilung, Pressemappe, Pressestammtisch, Journalistenreise etc. zugehörige Maßnahmen sind.

Diese medienorientierte Differenzierung versagt jedoch, wenn man etwa Sponsoring oder Lobbying ebenfalls als PR-Instrumente betrachtet, denn hier handelt es sich nicht um direkte, kommunikative Aktivitäten. Ein weiteres Argument gegen diese medienspezifische Bindung ergibt sich aus der Bedeutung der Begriffe „Instrument" und „Maßnahme":

Im Versuch der Klärung ist zunächst darauf hinzuweisen, daß ein Instrument vom Begriff her ein dingliches Werkzeug ist, das im Rahmen einer prozeßhaften Maßnahme eingesetzt wird. Ein Instrument läßt sich für mehrere Prozesse (Maßnahmen) verwenden, aber ein Instru-

Autor/Element	Marketing (z. B. Bruhn 1992: 29 f.)	PR Reineke/ Eisele (1994: 92)	PR Dörrbecker/ PR Neudefinition	Fissenewert-Goßmann (1997: 270 f.)
Instrument (Definition)	Kategoriale Instrumente Summe von Kommunikat.-mitteln	nach Medien differenziert	Instrument = Mittel? Medium? Maßnahme?	Jeder Komm.-Prozeß, der auf Überzeugung gerichtet ist
Typolog. Kriterium	–	Medien	Medien	Kommunikation
Beispiel	Mediawerbung Verkaufsförd. Öff.- Arbeit Pers.Kommun. Interne Komm.	Pressearbeit Printmedien AV-Komm. Aktionskom., Schaumedien	Briefwerbung, Anzeigen, Info-Stand, Diskussion	Interview, Pressefoto, Folder, Anzeige, Sponsoring
Mittel (Definition)	Einzelmaß nahme der Kom.politik	identisch mit Maßnahme	Benennung eines Mittels = Maßnahme	identisch mit Instrument
Beispiel	Anzeige, Fernsehspot, Verkaufsgespr., Werkszeitg. u. a.	für Instrument Pressearbeit: - Pressekonf. - Pressegespr.	–	z. B. Interview, Pressefoto, Folder, Anzeige
Maßnahme (Definition)	Einzelmaßnahme = Kommunikationsmittel	identisch mit „Maßnahmen benennen die einzelnen PR-Aktivitäten und Mittel"	Operationalisierung des Ziels u. Anw. von Instrument	
Beispiel	siehe Mittel	siehe Mittel	–	Erhöhung von Bekanntheitsgrad

Tabelle 5: Synopse der Begriffe Instrument, Maßnahme und Mittel

ment läßt sich nicht betreiben, wie man eine Maßnahme betreibt. Funktional gesehen ist die Maßnahme daher dem Instrument vorgeordnet und legt fest, welches Instrument bzw. welche Instrumente dafür tauglich sind. Unter dieser Perspektive liegt es nahe, Instrumente und Maßnahmen von PR genau umgekehrt zu definieren:

Eine **Maßnahme** ist die Operationalisierung einer strategischen Forderung (eines Ziels), die einen Vergleichsbereich funktional äquivalenter Instrumente spezifiziert. Ein **PR-Instrument** ist immer ein kommunikatives Werkzeug. Die Anbindung der Maßnahme an das Ziel macht zugleich ihre strategische Rolle aus (→ Public Relations, Konzeption).

Beispiel 14:

Aus einer Ist-Analyse ergibt sich, daß das Image einer Organisation schlecht ist. Das zu formulierende Ziel lautet daher z. B. „Gutes Image", die abzuleitende Maßnahme „Verbesserung des Images". Die dafür einzusetzenden Instrumente sind durch die Maßnahme an sich nicht determiniert, sondern erst unter Berücksichtigung des Maßnahmenkontextes, zu dem Zielgruppen, Ressourcen, situationale Besonderheiten etc. gehören.

Instrumente für PR lassen sich ganz grob in externe und interne Instrumente unterscheiden. Die wichtigsten *externen* Instrumente sind:

1) Pressekonferenz, 2) Pressegespräch, 3) Pressebesuch, 4) Pressemitteilung, 5) Pressemappe, 6) Pressefoto, 7) Imageanzeige, 8) Fernseh-/Hörfunkspot, 9) Video, 10) Product Placement, 11) Programmsponsoring, 12) Präsentation, 13) Rede, 14) Beziehungspflege (Kontakt, Service etc.), 15) Messe, 16) Event, 17) Kongreß/Veranstaltung, 18) Moderation, 19) Interview (z. B. in Talkshow), 20) Telefonaktion („Hotline"), 21) Preisausschreiben, 22) Sponsoring, 23) Lobbying, 24) Imagebroschüre, 25) Folder/Flyer/Leporello, 26) Handzettel/Flugblatt, 27) Preisausschreiben, 28) Internet.

Die wichtigsten **internen** Instrumente sind:

1) Mitarbeiterzeitschrift, 2) Kummerkasten, 3) Betriebsausflug, 4) Betriebsbesichtigung, 5) Firmenbroschüre, 6) Werksfernsehen, 7) Mitarbeitergespräch, 8) Gruppengespräch, 9) Wahl von Sprechern, 10) Corporate Identity, 11) Intranet.

Die Differenzierung zwischen externen und internen Instrumenten folgt keinem logischen Kriterium, sondern nur einem Kriterium der Zweckmäßigkeit. Das zeigt sich auch darin, daß eine Reihe von PR-Instrumenten, wie z. B. Broschüre, Event oder Preisausschreiben sich sowohl als internes als auch als externes PR-Instrument einsetzen lassen.

Instrument, soziale Wirklichkeit

Die Instrumententheorie der empirischen Sozialforschung fragt nach den allgemeinen Bedingungen, die dem Prozeß der Erhebung sozialer Wirklichkeit zugrunde liegen. Als soziale Wirklichkeit gilt alle intersubjektiv erfahrbare Wirklichkeit. Dazu zählt vor allem soziales Verhalten von Personen, aber auch das Handeln von Gruppen, sozialen Organisationen, Institutionen (sichtbar z. B. in Regeln der Bestattung,

Entscheidungen von Parlamenten, Gerichten, in der Bemalung antiker Vasen etc.), aber nicht die traumhafte Wahrnehmung von Ungeheuern, Zauberfeen oder der Disput mit dem Jenseits.

Instrumente zur Erhebung sozialer Wirklichkeit sind im engen Sinne Befragung, Beobachtung und Inhaltsanalyse. Sie sind Instrumente zur Erhebung von Vorstellungen (Wissen, Meinen, erhoben durch Befragung), von realem Verhalten (erhoben durch Beobachtung) und Erhebung von Texten („fossilierte Wirklichkeit", erhoben durch Inhaltsanalyse).

→ Beobachtung richtet sich auf Verhalten und erfolgt in der Regel nonverbal und offen/versteckt und/oder teilnehmend/nichtteilnehmend. Die Protokollierung von Beobachtung setzt jedoch ex ante oder ex post Kategorien voraus, unter die einzelne Typen von Verhalten subsumiert werden.

→ Befragung erfolgt verbal und richtet sich auf die Erhebung von Wissen, Einstellungen oder Meinungen; diese werden ebenfalls entweder durch vorgegebene Kategorien („geschlossene Fragen") oder durch ex post formulierte Kategorien für offene Antworten geordnet. Beobachtung und Befragung haben es jeweils mit aktuellem sozialen Verhalten zu tun, das durch Protokollierung, Ausfüllen von Fragebögen etc. verschriftet wird.

Die → Inhaltsanalyse dagegen richtet sich auf zeichenhaft fossiliertes Verhalten: Man schließt von einem manifesten Text auf einen nichtmanifesten Kontext (Kommunikator, Situation, Rezipient). Dabei werden in der Regel ebenfalls Kategorien vorgegeben. Damit ruhen aber Befragung und Beobachtung auf dem Verfahren der Inhaltsanalyse auf, so daß Befragung und Beobachtung als primäre und die Inhaltsanalyse als sekundäres Instrument zur Erhebung sozialer Wirklichkeit bezeichnet werden können. Instrumente zur Erhebung sozialer Wirklichkeit (Befragung, Beobachtung) sind allerdings selbst soziale Mikroprozesse, die auf die Erhebung einer sozialen Größe gerichtet sind. Die dadurch zwanghaft gegebene Interferenz erzeugt → Reaktivität und kann zu starken Verzerrungen führen. Dies gilt nicht nur für Befragung und Beobachtung, sondern auch für Inhaltsanalysen, bei denen Wertungen erhoben werden.

Im → Interview wird die zu erhebende soziale Wirklichkeit, die im Bewußtsein des Befragten als Bestand von Wissen, Einstellungen oder Meinungen abgesintert ist, durch einen Kommunikationsprozeß in Form eines Frage/Antwort-Spiels freigelegt (Abb. 17). Wie bei der teilnehmenden Beobachtung wird ein verbaler und/oder nonverbaler Kommunikationsprozeß katalysiert.

Das Instrument der Beobachtung erlaubt dagegen die Erhebung realen sozialen Verhaltens, weil der Beobachter unmittelbar Teil an diesem Verhalten hat dadurch, daß zwischen ihm und den beobachteten Personen Kommunikationsprozesse anlaufen (vgl. Abb. 18).

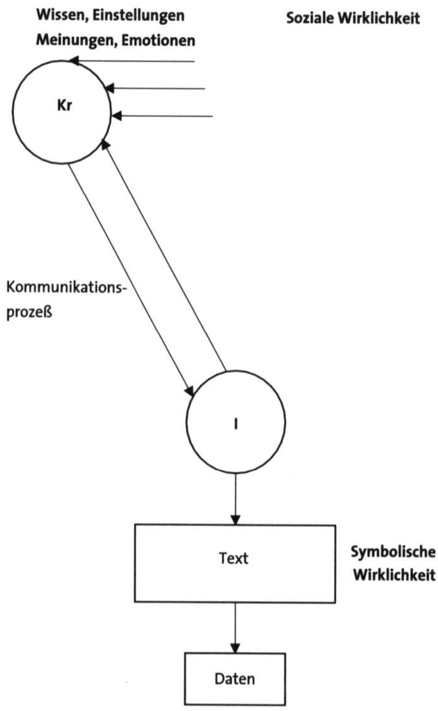

Sigle: I = Interviewer; Kr = interviewter Kommunikator

Abbildung 17: Befragung als Kommunikationsprozeß

Damit liegt für Befragung und Beobachtung eine identische, aber paradoxe Struktur vor: Die zu erhebende soziale Wirklichkeit läßt sich nicht pur, sondern immer nur durch die soziale Wirklichkeit der Erhebung (des Kommunikationsprozesses) gebrochen, erheben. „Die Forscher in den Sozialwissenschaften werden mit einem einmaligen Problem konfrontiert: eben die Bedingungen ihrer Forschung konstituieren eine wichtige komplexe Variable für das, was als Ergebnis ihrer Forschung gilt“ (Cicourel 1974: 63). Diese Bedingung heißt → Reaktivität.

Reaktivität wurde zuerst in den Naturwissenschaften entdeckt, nämlich in der *Heisenberg*'schen „Unschärferelation“ (1927).

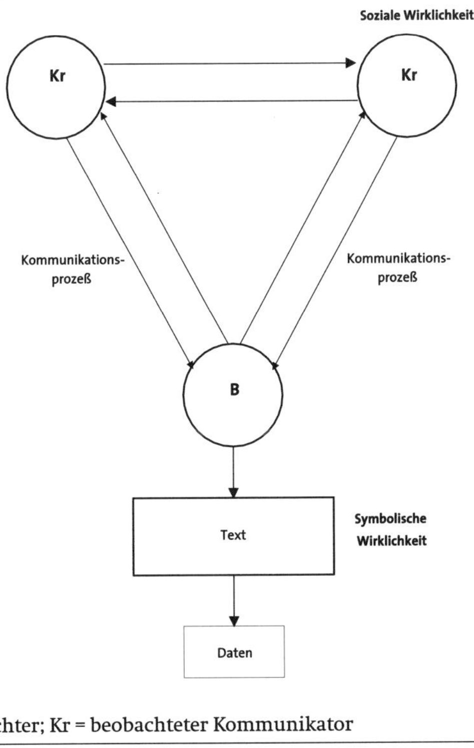

Sigle: B = Beobachter; Kr = beobachteter Kommunikator

Abbildung 18: Beobachtung als Kommunikationsprozeß

Beispiel 15:

Bei einer Kurzbefragung von zufällig ausgewählten Passanten in einer Einkaufsstraße wurden zwei Fragen gestellt: eine Frage nach der Kenntnis über die Errichtung eines regionalen Senders (WDR) und eine Frage nach der Wahlabsicht („Wenn schon am nächsten Sonntag Bundestagswahl wäre, welche Partei würden Sie dann vermutlich wählen?"). Die Interviewer, sämtlich Studenten eines Methodenkurses, wurden sorgfältig geschult und vor allem über Möglichkeiten reaktiver Verzerrung instruiert. Allerdings wurden die Interviewer unterschiedlich gekleidet: „CDU-Interviewer" trugen Anzug und Krawatte, „FDP-Interviewer" trugen eher flotte Kleidung, „SPD-Interviewer" traten in Kordhose bzw. Jeans an, und „Grüne-Interviewer" sollten bunt gekleidet auftreten (z. B. mit Lederarmband, in Wollsocken und Sandalen, das Haar ggf. „offen" getragen etc.).

Das Ergebnis der ersten Frage („Haben Sie davon gehört, daß der WDR ein neues Regionalprogramm ausstrahlt?") zeigt Tabelle 6:

	WDR bekannt	WDR nicht bekannt	Σ
Eher sorgfältige Kleidung	38	32	70
Eher legere Kleidung	27	31	58
Σ	65	63	128
			Phi = .08 nicht signifikant

Tabelle 6: Zusammenhang zwischen Kleidung und Antwort bei neutraler Frage (Merten/Teipen 1991: 85)

Es zeigt sich, daß zwischen Frage und Kleidung kein statistisch relevanter Zusammenhang besteht. Anders jedoch bei der Frage nach der Wahlabsicht, die mit der „Sonntagsfrage" („Wenn schon am nächsten Sonntag Bundestagswahl wäre, welche Partei würden Sie dann wohl wählen?") erhoben wurde. Das Ergebnis weist Tabelle 7 aus:

Hier zeigt sich eine sehr starke Verzerrung der Antworten (Phi = .50). Offensichtlich haben die Befragten ihre Antwort über die Wahlabsicht (politische Frage) abhängig gemacht von der Kleidung der Interviewer, von der sie auf deren politische Einstellung geschlossen haben. Die Reaktivität besteht darin, daß die Befragten sich gegenüber den Interviewern offensichtlich möglichst konform zu verhalten suchen und die Antworten auf Parteipräferenz nicht allein an ihrer Parteipräferenz ausgerichtet haben, sondern „den Interviewer mit der Antwort nicht verletzen" wollen.

	Würde CDU wählen	Würde SPD wählen	Σ
Eher sorgfältige Kleidung	19	9	28
Eher legere Kleidung	5	23	28
Σ	24	32	56
			Phi = .51, a < .001

Tabelle 7: Zusammenhang zwischen Kleidung und Sonntagsfrage

Hätte man allerdings nur Journalisten befragt, so hätte vermutlich auch die erste Frage reaktiv gewirkt: Da Journalisten als gut informiert gelten, insbesondere was die Medien angeht, hätte keiner der befragten Journalisten die erste Frage („Haben Sie davon gehört, daß der WDR ein neues Regionalprogramm ausstrahlt?") verneinen dürfen.

Derartige Verzerrungen, die ex post aus den Anworten gar nicht ersichtlich sind, können die Validität von Meinungsumfragen erheblich beeinträchtigen.

Bei der schriftlichen Befragung hingegen ist der Interviewer nicht anwesend, so daß Einflüsse seiner Person in der Erhebungssituation auszuschließen sind; gerade dies aber bewirkt, daß der Befragte sich tendenziell bei der Beantwortung von Fragen nicht, wie im Interview, bei Bedarf rückversichern kann, ob er Fragen richtig „verstanden" hat, ob die zu gebenden Antworten auch das treffen, was er „meint". Er wird daher hilfsweise eine Erwartung entwickeln von dem, was er meint, was der Interviewer als angemessen erwartet etc. Die entfallende mögliche situative Verzerrung durch die Interviewerrolle muß daher bei der schriftlichen Befragung tendenziell mit dem Preis einer alternativen Verzerrung des „gemeinten Sinns" bezahlt werden. Auch dies führt – über die Verschränkung von Erwartenserwartungen – auf einen Kommunikationsprozeß. Das gleiche gilt sinngemäß auch für die nichtteilnehmende Beobachtung: Hier entsteht ein Kommunikationsprozeß nicht durch die Verschränkung von direkten Wahrnehmungen des Wahrgenommenwerdens, sondern durch die Forderung an den Beobachter, den gemeinten Sinn eines beobachteten sozialen Verhaltens zu erschließen.

Man könnte auch sagen: Schriftliche Befragung und nichtteilnehmende Beobachtung sind – verglichen mit Interview und teilnehmender Beobachtung – strukturell unterdefinierte Situationen, die der Befragte bzw. der Beobachter dadurch zu bewältigen sucht, daß er hilfsweise virtuelle reflexive Strukturen bemüht, die als solche jedoch unausweichlich einen Typus von Kommunikation generieren.

So reagiert auch der Codierer von Inhaltsanalysen immer dann reaktiv, wenn er einen Text „verstehen" und beurteilen muß. Zwar ist ein Text keine Person, die Stimuli empfängt oder irgendwie darauf reagiert. Aber der Codierer muß – oberhalb des denotativ-semantischen Levels – (→ Semiotik) den Text interpretieren, um ihn zu verstehen. Das heißt: Die symbolische Wirklichkeit, die ein Text darstellt, verfügt über Grade sozialer Mächtigkeit: Sowohl von der oben beschriebenen instrumententheoretischen Logik her als auch von der Tatsache, daß Texte sprachlich verfaßt sind und von daher soziale Eigenschaften besitzen, die im Kontakt mit Codierern (Rezipienten) reaktive Konsequenzen haben können (vgl. Abb. 19).

Auf der syntaktischen und denotativ-semantischen Ebene ist die Inhaltsanalyse tatsächlich nicht reaktiv. Reaktivität setzt erst auf der konnotativ-semantischen Ebene ein, da die „Bedeutung" einer Zeichen-

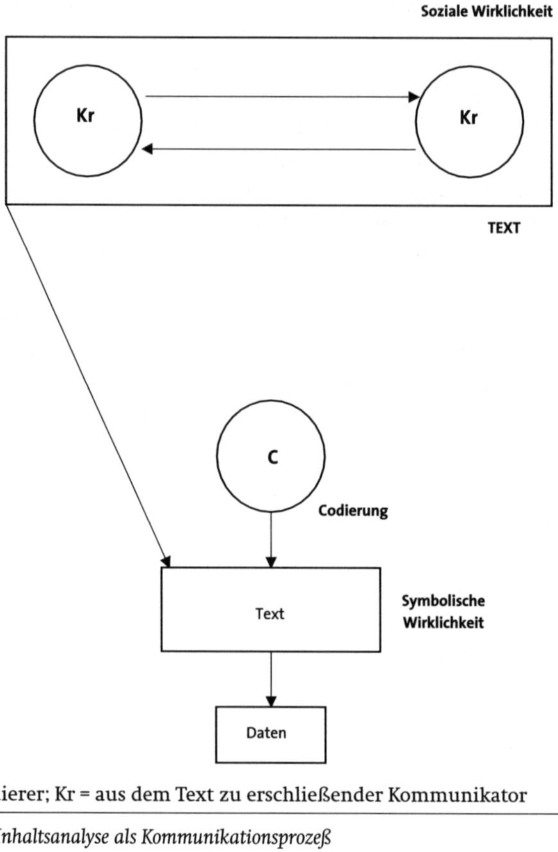

Sigle: C = Codierer; Kr = aus dem Text zu erschließender Kommunikator

Abbildung 19: Inhaltsanalyse als Kommunikationsprozeß

folge aus ihrem Kontext erschlossen werden muß: Der Codierer muß zur Codierung den Text interpretieren. Wertungen (wie etwa: „Berlin ist die schönste Stadt Europas") sind kontextabhängig, d. h., hier interveniert das Wertesystem des Codierers reaktiv, indem es die Codierung (hier: Der Codierer ist ein Berlin-Fan) beeinflußt.

Die symbolische soziale Wirklichkeit ist der Text. Aber auch dieser ist – sofern er die denotativ-semantische Ebene überschreitet – ein Typ sozialer Wirklichkeit. Der interpretative Zugriff des Codierers auf den Text wirkt reaktiv, was zu entsprechend verzerrten Codierungen führen kann. Ein solcher Text (z. B. über die Schönheit Berlins) als Manifestation einer zu erhebenden sozialen Wirklichkeit läßt sich demnach niemals folgenlos durch die Wirklichkeit der Erhebung (Vorstellung des Codierers von Berlin) erfassen, sondern kann nur über die Erhebungssituation gebrochen analysiert werden.

Wie bei allen reaktiven Instrumenten kann also auch bei der Inhaltsanalyse die Reaktivität nur minimiert, aber nicht verhindert werden. Die Leistung des inhaltsanalytischen Codierers liegt also darin, daß er Texte als Typen sozialer Wirklichkeit im Akt der Codierung in syntaktische (sinnfreie) Strukturen überführt, indem er z. B. relevante Textelemente oder Textstrukturen in numerische Daten transformiert.

In kommunikationstheoretischer Perspektive läßt sich Reaktivität nun allgemein fassen als Interferenz der zu erhebenden sozialen Wirklichkeit mit der sozialen Wirklichkeit der Erhebungssituation – in der Regel: als reflexive soziale Struktur. [Merten/Teipen 1991: 88 ff.; Merten 2000]

Bei der Inhaltsanalyse liegt auf der syntaktischen Ebene (Auszählung eines Textes nach Zeichen und Zeichenketten) und auf der denotativ-semantischen Ebene (Zuordnung der Bedeutung von Begriffen zu festen, vorgegebenen Kategorien [Lexikon]) keine Reaktivität vor; diese kann erst auf der konnotativ-semantischen Ebene beginnen (Veränderung der „Bedeutung" eines Begriffs durch den vorhandenen konnotierten Kontext).

Aus diesen Überlegungen folgt, daß Reaktivität im Prozeß der Datenerhebung a) die Inhaltsanalyse stets voraussetzt und b), daß Reaktivität daher zu differenzieren ist in primäre und sekundäre Reaktivität (vgl. Abb. 20):

Ausgangspunkt dieser Überlegung ist die Tatsache, daß die Erhebung sozialer Wirklichkeit niemals pur, sondern immer nur durch einen Kommunikationsprozeß, also durch einen weiteren, speziellen Typus sozialer Wirklichkeit gebrochen, zu leisten ist. Dies kann ein realer Akt verbaler oder nonverbaler Interaktion sein, etwa im Interview oder bei der teilnehmenden Beobachtung, aber auch ein Akt virtueller sozialer Interaktion, etwa in kognitiven Prozessen der Erwartungsbildung, der

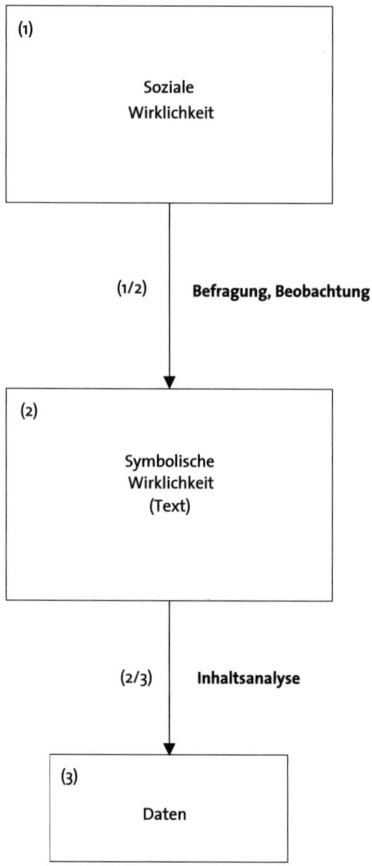

Abbildung 20: Primäre und sekundäre Reaktivität

Interpretation etc. Ergebnis von Befragung und Beobachtung sind in der Regel Texte, also schriftliche Aufzeichnungen.

Da Texte jedoch selbst ein Typus sozialer Wirklichkeit sind, kann man Befragung und Beobachtung sozusagen als primäre Instrumente verstehen, die die „reale" soziale Wirklichkeit (1) in eine symbolische Wirklichkeit (2) transformieren. Die dabei mögliche **primäre Reaktivität** ist am Text (2) in der Regel nicht mehr ablesbar. Um aus Texten jedoch Daten (verstanden als semantikfreie Codes) zu gewinnen, ist eine Interpretation notwendig, also ein weiterer, sekundärer Erhebungsprozeß (2/3), für den ausschließlich das Instrument der Inhaltsanalyse verwendet werden kann und der im Zweifelsfall auch eine **sekundäre Reaktivität** generiert. Daten liegen erst dann vor, wenn der semantische oder pragmatische Gehalt von Texten auf eine rein syntaktische Ebene (Ziffern, Zahlen) reduziert und damit seiner sozialen Dimension vollständig verlustig gegangen ist. Damit ist zugleich nochmals belegt, daß und weshalb die Inhaltsanalyse zu Recht als basales Erhebungsverfahren zur Erhebung sozialer Wirklichkeit gelten kann. Zugleich wird auch der besondere Status der Inhaltsanalyse deutlich: Wenn Befragung und Beobachtung als reaktive Verfahren gelten, bei der die zu erhebende soziale Wirklichkeit mit der sozialen (kommunikativen) Wirklichkeit der Erhebung interferiert, dann kann auch die Inhaltsanalyse als basales Instrument oberhalb der syntak-tischen bzw. denotativ-semantischen Ebene nicht **nicht** reaktiv sein.

Die forschungspraktischen Konsequenzen dieser instrumententheoretischen Fundierung sind erheblich. Im strengen Sinne konstruktivistischer Theorie (vgl. Schmidt 1987: 34 ff.) muß man unterstellen, daß Analysen unter Reaktivität allemal als subjektiv gelten müßten. Diese Restriktion wird aber dadurch auflösbar, daß zum einen die Viabilität von Konstruktionen deren Varianz reduziert und zum anderen dadurch, daß – so die stillschweigende Unterstellung aller Sozialforschung – der heilende Zugriff der Normalverteilung sich auch auf die Konstruktion sozialer Wirklichkeiten erstreckt.

Aus diesem Grunde muß jedoch für Inhaltsanalysen nicht nur grundsätzlich die Messung von **Intercoderreliabilität** gefordert werden, sondern es ist notwendig, die gemessenen Größen zu differenzieren für reaktive und nichtreaktive Variablen: Werden reaktive Variablen wie

z. B. Polaritätenprofile benutzt, so muß zudem eine soziale Eichung statt-finden – wie unbefriedigend dies im einzelnen auch sein mag.

Bei **nonreaktiven Instrumenten** wird die Messung nicht an einem Individuum, sondern jeweils an einer Vielzahl von (im einzelnen unbekannten) Individuen durchgeführt: Das Zählen voller Aschenbecher in Kneipen erlaubt den Rückschluß auf den durchschnittlichen Zigarettenkonsum, aber nicht auf den eines einzelnen, identifizierbaren Menschen; die besonders starke Abnutzung des Teppichs in einem Museum vor einem bestimmten Bild besagt, daß es besonders häufig/ besonders intensiv von besonders vielen Menschen betrachtet worden ist (es sagt aber nicht, wer diese Menschen waren und warum ihnen dieses Bild besonders gut oder besonders schlecht gefallen hat) etc. [Merten/Teipen 1991; Merten 1995: 85 ff.]

Integrierte Unternehmenskommunikation

Das Konzept der integrierten Unternehmenskommunikation geht davon aus, daß die Abstimmung kategorialer Kommunikationsinstrumente (Werbung, Public Relations, Verkaufsförderung, Persönlicher Verkauf) einen zusätzlichen Synergieeffekt erbringt. Sie hat das Ziel, interne und externe Kommunikation formal und stilistisch, inhaltlich und zeitlich aufeinander abzustimmen, um so den Zielgruppen ein einheitliches Erscheinungsbild vom Unternehmen (→ Corporate Identity) zu geben und die Wirksamkeit von Kommunikation zu erhöhen. [Derieth 1995: 67 ff.]

Die beständig wachsende Bedeutung von Kommunikation für das Funktionieren von Organisationen hat in Deutschland seit Beginn der 90er Jahre zu einer Fülle von Ideen und Vorschlägen geführt, die Modi der Kommunikation einer Organisation aufeinander abzustimmen, um die beträchtlichen materiellen und immateriellen Synergieeffekte, die ein einheitlicher kommunikativer Auftritt erbringt, zu nutzen: Materielle Synergien, weil durch Abstimmung kostentreibende Doppelaktivitäten vermieden werden können, immaterielle Synergien, indem die Inhalte der jeweiligen Kommunikation konsonant bzw. kompatibel verfaßt und formuliert werden, so daß Widersprüche und Unstimmigkeiten, die in der Lage sind, die gesamten Kommunikationsanstrengungen (den einheitlichen kommunikativen Auftritt in und außerhalb der Organisation) zu konterkarieren, vermieden werden können.

Begriffliche Klärung

Bruhn (1992: 3 f.) unterscheidet drei Typen von Unternehmenskommunikation: 1) **Mitarbeiterkommunikation**, 2) **Marktkommunikation** und 3) **Kundenkommunikation**. Unter der ersteren versteht er die interne Kommunikation auf allen Hierarchieebenen (also auch Anweisungskommunikation), unter der zweiten die externe (marktgerichtete) Kommunikation, die hier sowohl Werbung als auch PR umfasst, und unter der letzteren das persönliche Gespräch zwischen Mitarbeitern und Kunden.

Die Integration dieser Modi führt dann auf den Begriff der **integrierten Unternehmenskommunikation**:

„Unter der integrierten Unternehmenskommunikation wird ein Prozeß der Planung und Organisation verstanden, der darauf ausgerichtet ist, aus den differenzierten Quellen der internen und externen Kommunikation von Unternehmen eine Einheit herzustellen, um ein für die Zielgruppen der Unternehmenskommunikation konsistentes Erscheinungsbild über das Unternehmen zu vermitteln" (Bruhn 1992: 9).

Die ersten Schritte zur Integration, die in den USA begannen und dann auch in Europa gemacht wurden, lagen in der Verschmelzung von interner Kommunikation (Organisationskommunikation) und externer Kommunikation (PR). Diese wurde durchgängig Sache der Public Relations, die daher in großen Unternehmen folgerichtig nicht mehr Public Relations oder Öffentlichkeitsarbeit heißt, sondern übergreifend als „Kommunikation" oder als → Corporate Communications firmiert.

Damit ist ein weiterer Vorteil verbunden, nämlich die Aufgabe des schillernden Begriffs „Public Relations" zugunsten des unbelasteten, umfassenderen und in seiner Tonalität viel positiver gelagerten Begriffs „Kommunikation." Allerdings stellt das Konzept der Corporate Communications eher eine abstrakte Strategie für die Schaffung integrierter Unternehmenskommunikation denn eine konkrete Handlungsanleitung dar.

Die weitere Abstimmung zwischen Marktkommunikation und Unternehmenskommunikation (intern, extern) ist der nächste, zu vollziehende Schritt, der allerdings erheblich mehr Probleme aufwirft. Für die Lösung dieses Problems gibt es mittlerweile mehrere Ansätze, aber noch kein voll überzeugendes Konzept.

Ansatz des Marketing

Bruhn (1992: 30) definiert 8 kategoriale Kommunikationsinstrumente (des Marketing) wie folgt: 1) Mediawerbung, 2) Verkaufsförderung, 3) Öffentlichkeitsarbeit, 4) Persönliche Kommunikation, 5) Direct Marketing, 6) Sponsoring, 7) Event-Marketing und 8) Interne Kommunikation. Er unterscheidet weiterhin drei Typen von Integration, nämlich **inhaltliche, funktionale** und **instrumentelle Integration** (vgl. Bruhn 1992: 32 ff.):

Unter **inhaltlicher Integration** versteht Bruhn – verkürzt gesagt – die Verwendung gleicher kommunikativer Inhalte, z. B. Slogans, Kernbotschaften und selbstverständlich des Logos. So gesehen ist Corporate Communications ein Typ von inhaltlicher Integration.

Unter **funktionaler Integration** versteht Bruhn die Frage, welchen gemeinsamen Beitrag durch gemeinsame Anwendung die kategorialen Instrumente leisten können.

Bruhn sieht Möglichkeiten zur integrierten Unternehmenskommunikation des weiteren sowohl in einer **horizontalen** als auch in einer **vertikalen Integration**:

Bei der **horizontalen Integration** wird die Integration zielgruppenspezifisch vorgenommen: Für bestimmte Zielgruppen wird in einem Maßnahmenplan festgelegt, welche kategorialen Kommunikationsinstrumente (in welchem Zeitraum) parallel zum Einsatz kommen sollen. Beispielsweise wird die Zielgruppe der Zulieferer aus gutem Grund sehr persönlich angesprochen (durch persönliche Kommunikation, Verkaufsförderung, Messen und Direct Mailing), weil sie vergleichsweise klein ist, aber selbst laufend direkte Kontakte zum Unternehmen unterhält. Andererseits zeigt sich, daß die Ansprache von Öffentlichkeit ganz andere, kategoriale Instrumente nutzen muß. Dagegen läßt sich die Zielgruppe der Konsumenten mit fast allen Instrumenten (ausgenommen: solche der internen Kommunikation) ansprechen.

Die Implementierung integrierter Kommunikation erfolgt nach einem Plan, der sechs Schritte umfaßt: 1) Analyse der Kommunikationssituation, 2) Festlegung der Ziele, 3) Definition der Zielgruppen, 4)

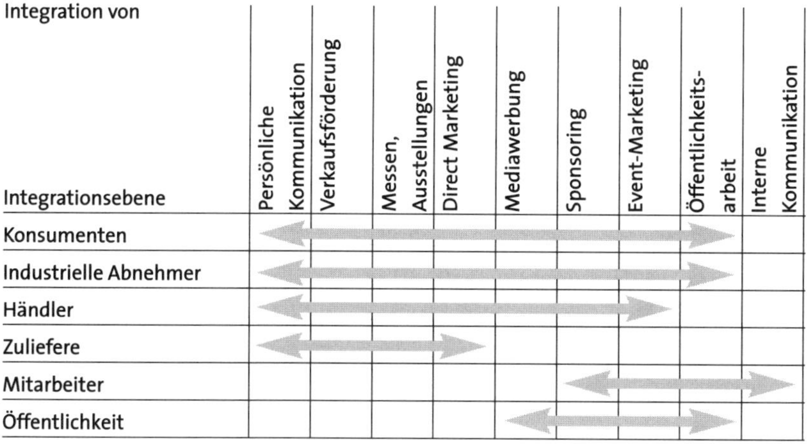

Abbildung 21: Horizontale Integration von Kommunikationsinstrumenten (Bruhn 1995: 36)

Auswahl und Kategorisierung der Instrumente, 5) Integration in das strategische Konzept und 6) Strukturierung des Kommunikationsbudgets (vgl. Bruhn 1992: 104 ff.):

1) Analyse der Kommunikationssituation

Sie wird analog zur Entwicklung einer → Konzeption durchgeführt, d. h., es wird nach allen relevanten Faktoren gefragt, die bei der Planung zu berücksichtigen sind. Dies sind:

- Marktbezogene Einflußfaktoren
- Kundenbezogene Einflußfaktoren
- Handelsbezogene Einflußfaktoren
- Konkurrenzbezogene Einflußfaktoren
- Umfeldbezogene Einflußfaktoren und
- Unternehmensbezogene Einflußfaktoren

die, weil sie miteinander in Beziehung stehen (interdependent sind), sehr sorgfältig und unter Vorgabe individueller Präferenzen analysiert werden müssen – vorzugsweise durch Netzwerkanalyse.

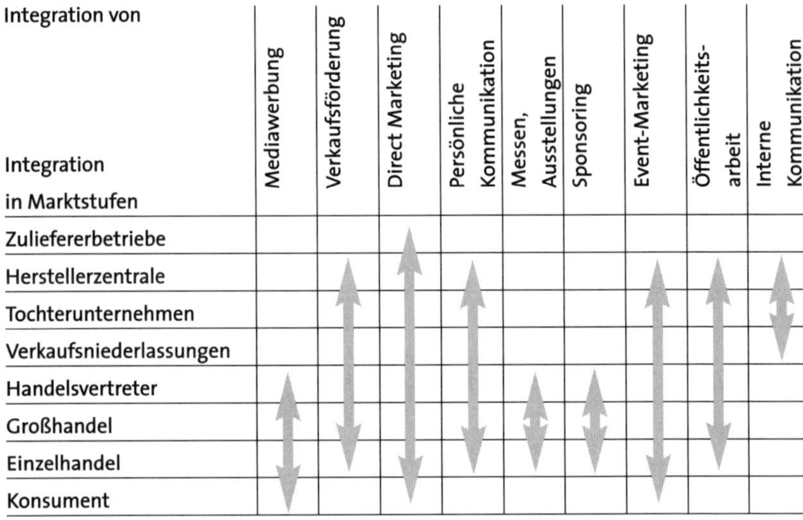

Abbildung 22: Vertikale Integration von Kommunikationsinstrumenten (Bruhn 1995: 37)

2) Festlegung der Ziele

Gegenüber rein betriebswirtschaftlicher Planung, die a) rational vorgehen kann und b) Teilziele formuliert, die dann meßbar sind, ist die Festlegung des Kommunikationsziels wegen fehlender Rationalitätskriterien und fehlender Teilziele weit aufwendiger. Bruhn (1992: 109) fordert aber, zumindest folgende Zielvorgaben zu machen:

- Integration von Kommunikation als wichtigstes Ziel zu definieren
- Hierarchische (ordinale) Ordnung der Ziele
- Ausrichtung der Ziele nach Zielgruppen (Anpassung)
- Operationale Formulierung nach Inhalt, Umfang und Zeitbezug
- Verbindlichkeit der Zielvorgabe

3) Definition der Zielgruppen

Entsprechend der Differenzierung von Zielgruppen sind die Anforderungen an die Definition von Zielgruppen zu berücksichtigen, insbesondere:

- Segmentbildungspotential
- Wiedererkennbarkeit
- Auffindbarkeit
- Realisierbarkeit
- Zielbezug
- Konkretisierungsmöglichkeit

Dieser Ansatz von *Bruhn* ist aus der Perspektive des Marketing formuliert. Er darf jedoch nicht verwechselt werden mit einer operationalisierten oder gar erprobten Anleitung, wie integrierte Unternehmenskommunikation umgesetzt werden kann. [Bruhn 1992: 115; Derieth 1995: 151 ff.]

Interaktion, soziale

Grundbegriff der Soziologie: Wechselseitige, durch → informelle Kommunikation ermöglichte Beziehungen zwischen Personen (Gruppen) und die daraus folgende Beeinflussung von Wissen, Erwartungen, Einstellungen und Handlungen. Die Abgrenzung zum Begriff der → Kommunikation ist nicht deutlich, so daß beide Begriffe auch synonym gebraucht werden.

Interaktive Kommunikation → Kommunikation, informelle

Intereffikationshypothese → Determinationshypothese

Interessenausgleich

Interessenausgleich zwischen den Interessen einer Organisation (Unternehmen) und denen von Öffentlichkeit oder Teilöffentlichkeiten ist eine der Funktionen von PR. Sie erfüllt diese Funktion durch laufendes → Monitoring der Organisationsumwelt bzw. durch Einsatz von → Dialogorientierung.

Internationale Kommunikation

Internationale Kommunikation läßt sich aus vier Perspektiven beschreiben: a) Technische Entwicklungen in globalen Dimensionen, b) organisatorische Dimensionen der Globalisierung (Konzentration, Merging), c) Internationalisierung der Medienangebote und d) Kulturtransfer. Das Vordringen internationaler Kommunikation muß als eine direkte Folge der → Globalisierung angesehen werden. [Meckel/Kriener 1996: 11 ff.; Merten/Schmidt/Weischenberg 1994: 544 ff.]

Interne Kommunikation

Die interne Kommunikation ist zunächst durch den Ordnungsrahmen einer Organisation geprägt, der grundsätzlich hierarchische Struktur aufweist. Eine hierarchische Struktur bedeutet, daß in einer Organisation eine Person oder ein Gremium (z. B. der Vorstand) über Entscheidungs- und Anweisungskompetenz verfügt, die von den übrigen Mitgliedern einer Organisation im Rahmen geltenden Rechts zu befolgen sind. Die entsprechende Kommunikation läßt sich als Anweisungskommunikation (im Extremfall: durch Befehle) begreifen, die von oben nach unten (top-down) durchgesetzt wird.

Neben dieser hierarchisch (vertikal) strukturierten Anweisungskommunikation findet sich eine zweite, davon unabhängige Kommunikationsstruktur, die horizontal verläuft und der wechselseitigen Information der einzelnen Abteilungen, Bereiche oder Departments bzw. der in ihnen wirkenden Mitarbeiter dient.

Die Verknüpfung beider Modalitäten ist das Herz aller internen Kommunikation (Mitarbeiterkommunikation) und wird mit Instrumenten der internen Kommunikation betrieben. Dazu gehören vor allem die → Mitarbeiterzeitung und das → Intranet.

Funktionen interner Kommunikation sind vor allem:

1) Information über

- alle mitarbeiterspezifischen Themen (z. B. Sicherheit am Arbeitsplatz, Entlohnung, Arbeitsklima, wirtschafltiche Entwicklung etc.),
- Informationen über organisationsspezifische Normen, Werte, Rollenanforderungen,
- Human Relations.

2) Motivation der Mitarbeiter

Wer gut und rechtzeitig informiert wird, fühlt sich ernst genommen und ist im Gegenzug eher bereit, sich auch für Belange der Organisation einzusetzen bzw. mitverantwortlich zu fühlen.

3) Identitätsstiftung (Erzeugung von „Wir-Gefühl")

Die Kommunikation von organisationsspezifischen Werten und Normen, die z. B. in der Unternehmensphilosophie aufgeführt sind, gibt dem Mitarbeiter das Gefühl, zur Organisation zu gehören, und stiftet Identität (Zusammengehörigkeitsgefühl, „Wir-Gefühl").

4) Extern wirkende Botschafterfunktion

Von besonderem Interesse ist die Botschafterfunktion der internen Kommunikation, weil sie sich nach „draußen" richtet: Wenn innerhalb der eigenen Organisation ein gutes Betriebsklima herrscht (zu dem wiederum die interne Kommunikation einen großen Teil beitragen kann), dann wird man dies auch extern wahrnehmen. Eine diesbezügliche Faustregel besagt: Jeder Mitarbeiter ist – im privaten Bereich – Multiplikator für die Befindlichkeit einer Organisation für ca. 30 Personen. Wenn die Mitarbeiter gut über ihre Organisation sprechen, so erfahren dies 30 Personen. Da der Mitarbeiter „Insider" ist, ist seine Glaubwürdigkeit in bezug auf Auskünfte über seine Organisation als ausgesprochen hoch einzustufen.

Daneben werden weitere, zum Teil damit zusammenhängende Funktionen genannt, insbesondere die Funktion der Führung und/oder der Kontrolle, die durch eine gute Information und Kommunikation ebenfalls effizienter gehandhabt werden können.

Interne PR

Im Gegensatz zur externen PR (→ Externe Kommunikation) richtet sich interne PR, neuerdings auch als → Interne Kommunikation bezeichnet, nur auf das Management der Kommunikation innerhalb einer Organisation. Da die interne Kommunikation wesentlich zum Funktionieren einer Organisation beiträgt (→ Corporate Identity), hat sie eine wichtige, extern wirksame Botschafterfunktion, die schon *Edward Bernays*, der Ahnherr moderner PR, betont hat („PR begins at home"). Für interne PR stehen eine ganze Reihe spezifischer Instrumente (→ Instrumente, PR) zur Verfügung. [Klöfer 1999; Krzeminski/Zerfaß 1999]

Internet

Das größte nichtkommerzielle Computernetzwerk der Welt. Das Internet ist die Vernetzung von Daten über Telefon, die nach einem einheitlichen Prinzip von jedem Punkt der Erde aus abgefragt werden können. Es wurde ursprünglich für militärische Zwecke geschaffen und später von verschiedenen Forschungseinrichtungen als weltweites Datennetz genutzt. Mit der Einführung des → World Wide Web erfuhr das Internet eine explosionsartige Ausweitung.

Das Internet arbeitet mit Suchbegriffen, die als solche den Rang von Metainformation besitzen. Unter den Suchbegriffen finden sich Informationen, aber auch Verweise auf weitere Informationen, so daß erneut eine Metafunktion wirksam wird. Die Funktion des Internets liegt daher vor allem in der möglichen Vorab-Information über Information über Information, so daß es ebenso ein Medium, ein Metamedium und ein Meta-Metamedium darstellt. [Fuchs et al. 1998; Krzeminski/ Zerfaß 1998]

Interpersonale Kommunikation → Kommunikation, informelle

Intranet

Unternehmenseigenes Informations- und Kommunikationsnetz. Es fußt auf der Internettechnologie, ist aber nicht über ein öffentliches Netz zugänglich. Unternehmen und Organisationen gehen immer mehr dazu über, mit der Einrichtung globaler Netzwerke die Kommunikation zwischen den Mitarbeitern z. B. über E-Mail zu verbinden, um so ein weltumspannendes Informations- und Kommunikationsmanagement betreiben zu können. [Fuchs et al. 1998; Klöfer 1999; Krzeminski/Zerfaß 1998]

Interview, journalistisches

Als Dialog aufgebaute journalistische Stilform. Im Interview lockt der Journalist durch präzise Fragen Reaktionen und Informationen des Befragten hervor, die persönlich und authentisch wirken. Da auch das Schweigen oder das Verweigern von Antworten informativ ist (man kann nicht **nicht** kommunizieren), hat das Interview einen hohen Informationswert. [Friedrichs 1999]

Interview, sozialwissenschaftliches → Befragung

Interviewer-Bias → Befragung

Investor Relations

Investor Relations sind bislang unscharf definiert (z. B. als Finanzwerbung, Financial Relations, Financial Public Relations, Finanzmarketing, Aktienmarketing). In dieser Vielfalt spiegelt sich ein unterschiedliches Verständnis, das Investor Relations einmal als Marketing-Aktivität, einmal als kapitalgeberbezogene Public Relations für die Zielgruppe der → Shareholder (Aktionäre, Geldgeber) verortet. [Täubert 1998]

Involvement → Werbewirkung

IPRA

International Public Relations Association (IPRA) (Adresse: Cardinal House, Wolsey Road, Hampton Court, East Molesey, Surrey KT89EL, Great Britain. Tel. (0044) 181 481 7634/5; Fax (0044) 181 481 7648; E-Mail: IPRASEC @compuserve.com). Internationaler Dachverband der nationalen PR-Berufsorganisationen.

Issues Management

Gezielte Implementierung von politischen, wirtschaftlichen oder gesellschaftlichen Themen in die Öffentlichkeit durch Unternehmen oder Organisationen. Issues Management verfolgt das Ziel, die politische Meinungsbildung zu bestimmten Themen zu formen und zu lenken, um nicht die Resultate schon getroffener Entscheidungen (Meinungsbildung) akzeptieren zu müssen. [Grunig/Hunt 1984: 296 f.]

Issues Monitoring

Analyse eines bestimmten und zeitlich begrenzten Themenfeldes.

Ist-Analyse → Public Relations, Konzeption

IVW

Informationsgemeinschaft zur Feststellung der Verbreitung von Werbeträgern e.V. (IVW), (Adresse: IVW, Postfach 201414, 53144 Bonn, Tel. (0228) 82 09 21 50, Fax (0228) 36 51 41; E-Mail: ivw@ivw.de). Vom Zentralausschuß der Deutschen Werbewirtschaft (ZAW) 1949 gegründet,

um im Sinne fairen Wettbewerbs vergleichbare und objektivierbare Daten für die Werbung in Zeitungen, Zeitschriften, Hörfunk, Fernsehen, Adreßbüchern, Plakatanschlag, Verkehrsmittel- und Filmwerbung bereitzustellen. Alle Mitglieder (vor allem: die Verlage) sind verpflichtet, dem IVW vierteljährlich ihre Auflagenzahlen mitzuteilen.
→ Werbeträgeranalyse

J

Journalismus

Journalismus umfaßt alle Formen publizistischen Handelns (recherchieren, redigieren, fotografieren etc.) für die → Massenmedien. Journalisten arbeiten in der Regel in einer segmentär nach Sparten differenzierten → Redaktion. Der Berufszugang ist (noch) frei; gleichwohl nimmt der Anteil an Journalisten, die ein einschlägiges Hochschulstudium absolviert haben (→ Journalistik), beständig zu.

Normative Grundlagen im Journalismus sind a) die vom Gesetzgeber gesetzten Normen in Form der einschlägigen Gesetzgebung (etwa: Pressefreiheit nach Art. 5 GG) und b) die ethischen Standards, die für die demokratische Presse zuerst im → Code de Bordeaux codifiziert wurden und in den Pressecodex („Publizistische Grundsätze") des Deutschen Presserats (1990) eingeflossen sind, der 16 Grundsatzforderungen enthält (→ Ethik). Die wichtigste Forderung stellt die „Achtung vor der Wahrheit und (die) wahrhaftige Unterrichtung der Öffentlichkeit" dar. Die Achtung vor der Wahrheit manifestiert sich auch in der strikten Trennung von Information und deren Bewertung (Kommentar) gemäß dem ehernen Grundsatz des englischen Pressesystems „Comment is free but facts are sacred." [Weischenberg 1992: 44 ff.]

Journalist, Rolle

Der Journalist muß heutzutage im Prinzip einer Rollendreiteilung gerecht werden: 1) Recherche (Reporter), 2) Redaktion (Journalist) und 3) Umbruch (Endredakteur). Als Folge der elektronischen Revolution erbringt der Journalist heute alle diese Leistungen vor dem PC.

Der Unterschied zwischen Journalismus und PR läßt sich an den kommunikativ distinkten Rollen von Journalist und PR-Berater festmachen: Der Journalist ist ein Typ von Kommunikator, der fremd- oder selbstbeschaffte Informationen nach bestimmten Regeln redigiert und in einem Medium veröffentlicht. Ein PR-Berater kommuniziert mit anderen Personen (u. a. auch mit Journalisten), um Kontakte für Kommunikation herzustellen, er entscheidet durch Kommunikation über Kommunikation (Manager von Kommunikation). Er ist in diesem Sinne sowohl ein neuer Typ von → Gatekeeper als auch ein Metakommunikator, woraus sich – verglichen mit der Rolle des Journalisten – sein vergleichsweise größerer Einfluß ergibt. Das Verhältnis zwischen Journalismus und PR ist demnach von besonderem Interesse und Gegenstand zahlreicher, auch theoretischer Diskurse (→ Determinationshypothese). [Weischenberg 1995: 380 ff.; Baerns 1991]

Journalistische Stilformen

Die wichtigsten Formen sind a) die → Nachricht (kurz, unbedingt sachlich, ohne Wertungen, Sachverhalte sollen wahr sein, das Wichtigste zuerst → Leadstil), b) der Bericht, der die Form einer ausführlicheren Nachricht hat und Tatsachen und Handlungen beschreibt und auch Zitate enthält, c) der Kommentar kommentiert einen Sachverhalt, d. h., er artikuliert → Meinungen (Wertungen), die als Informationsraffer wirken, wobei Meinungen nicht an Wahrheit oder Angemessenheit zu binden sind, d) die Glosse, die einen Sachverhalt kurz und in spitzer/ ironischer Form kommentiert bzw. kritisiert, e) die Reportage, die einen Sachverhalt mit persönlichem Bezug wiedergibt und oft in der Ich-Form geschrieben wird, f) das → Feature, das einen Sachverhalt mit persönlichem/ authentischem Bezug (also: mit unterhaltenden Elemen-ten) wiedergibt, g) das → Interview als Beschreibung eines Dialogs mit einer Person; hier werden Rede/Frage und Gegenrede/Antwort in der Regel aufgezeichnet und wie Zitate korrekt wiedergegeben. Daher wird dem Interviewten normalerweise vor Publikation der Text nochmals vorgelegt. [Weischenberg 1990: 25 ff.]

Journalistik

Wissenschaft vom Journalismus, erforscht vor allem a) das Handeln journalistischer Akteure, insbesondere vor dem organisatorischen, rechtlichen und ethischen Hintergrund, b) Strukturen journalistischen Handelns und c) die Organisation der → Medien. [Weischenberg 1992; Weischenberg 1995]

K

Kaizen

Unter Kaizen (japanisch) oder auch **Theorie der kontinuierlichen Verbesserung** versteht man nicht allein das Beherrschen von Prozessen und das Ziel der Fehlervermeidung, sondern vor allem die permanente Verbesserung und das Infragestellen von allem, also auch von allen Funktionen und Strukturen im Unternehmen. Ohne diese ständige Verbesserung ist ein Überleben in einer sich ständig wandelnden Umwelt nicht mehr möglich. Kontinuierliches Lernen auf allen Hierarchiestufen durch Nutzung des kreativen Potentials aller Mitarbeiter wird dabei zum strategischen Erfolgsfaktor (→ Re-Engineering). Studien zufolge machen japanische Mitarbeiter fast 200mal so viele Verbesserungsvorschläge wie europäische Mitarbeiter. [Kriegl/Ehrlich 1998: 248 ff.; Meffert 1988: 922 ff.]

Kalkulation → Budget

Kampagne, PR → Public Relations, Konzeption

Kanal → Medium

Kanonentheorie → Wirkung, Modelle

Kaufzeitung → Boulevardzeitung

Kausalität

Temporales Ordnungsschema, das so allgemein ist, daß Kausalität irrtümlich als Gesetz angesehen wird. Notwendig (aber nicht hinreichend) für die Feststellung von Kausalität ist das zeitliche Vorausgehen (temporale Antezendenz) der als verursachend (bewirkend) angesehenen vor der bewirkten Größe.

Klassische Werbung → Werbung

Klatsch → Gerücht

Klumpenstichprobe → Stichprobe

Knowledge-Gap → Wirkung, Modell

Kognition

Selektive Aktivität des menschlichen Verstandes, die durch Auswahl, Kombination und Evaluation von kognitiven Operationsmöglichkeiten Information (Wissen) produziert. Kognition wird in der Theorie des → Konstruktivismus als grundlegender Prozeß zur Konstruktion von → Wirklichkeit begriffen. [Schmidt 1994: 121 ff.]

Kognitive Dissonanz

Theorie, die kognitive Problemlösungen von Menschen in widersprüchlichen (dissonanten) Situationen erklärt. Die dissonante Situation besteht darin, daß man beispielsweise weiß, daß eine Aktivität Spaß macht, aber zugleich schädlich ist (z. B. das Rauchen). Die Lösung erfolgt dann irrational („Es wird schon nicht so schlimm sein" bzw. „Ein tiefer Zug tut so gut" oder „Ich brauche das einfach"). [Festinger 1957, Kroeber-Riel 1984: 174 ff.]

Kommentar

Während die von den Medien verbreitete → Information **wahr**, zumindest: zutreffend sein soll, ist der Kommentar nicht auf Wahrheit verpflichtet, weil er durch artikulierte → Meinungen resp. Wertungen definiert ist („facts are sacred but comment is free"). Theoretisch stellt eine Kommentation immer eine Metainformation zu der zugrundeliegenden Information dar. Während für die Information, insbesondere die in Nachrichten, ein sehr hoher Wahrheitsanspruch eingefordert wird, ist die Kommentation davon zwar frei; allerdings soll die Kommentation aus der Perspektive des öffentlich-rechtlichen → Rundfunks möglichst ausgewogen sein.

Kommunikation

→ Kommunikation, Definition von

→ Kommunikation, Forschung

→ Kommunikation, Funktion

→ Kommunikation, informelle

→ Kommunikation, Modell

→ Kommunikation, Struktur

→ Kommunikation, Zukunft

Kommunikation, Definition von

Kommunikation wird fälschlich noch immer als Prozeß verstanden, bei dem ein Sender einen Inhalt verfaßt (codiert), diesen an den Empfänger richtet (übermittelt), der diesen Inhalt dann identisch verstehen (decodieren) kann. Dies ist das **Containermodell**. Läßt man den Rollenwechsel von Sender und Empfänger zu, so ergibt sich das **Austauschmodell der Kommunikation**. Obwohl alltagswissenschaftlich plausibel („man tauscht sich aus"), ist keines dieser Modelle geeignet, Kommunikation zu beschreiben.

Denn: Der face-to-face-Kommunikationsprozeß ist kein Transport eines Containers mit dem Gut „Information" von A nach B, sondern der Kommunikator macht nur Informationsangebote, aus denen der Rezipient auswählt (sich selektiv verhält). Es wird auch keine Information „ausgetauscht", sondern die Information, die der Kommunikator weitergibt, bleibt ihm selbst erhalten, d. h., sie wird nur „kopiert". Ebenfalls ist die → Bedeutung der Information zwischen Kommunikator und Rezipient niemals identisch, weil der Rezipient nur bestimmte Teile des Informationsangebots des Kommunikators auswählt und andere ignoriert (1. Selektion) und im weiteren diese nach eigenen Regeln interpretiert (2. Selektion). Die Identität der übermittelten Information kann nicht durch die korrekte Übermittlung, sondern nur durch die Möglichkeit, durch Rückfragen etc. das „Verstehen" beliebig identisch zu machen, gesichert werden. Für die Analyse solcher Prozesse ist die → Systemtheorie eine brauchbare Theorie.

Eine Definition müßte also lauten: face-to-face-Kommunikation ist ein Prozeß (System), der (das) sich durch die → Reflexivität von Wahrnehmungen konstituiert und in dem wechselseitig Informationsangebote aufeinanderzugesteuert werden, aus denen beide Teilnehmer nach eigenen Kriterien selegieren.

→ Kommunikation, Modell

Kommunikation, Forschung

Parallel zur → Evolution von Kommunikation, aber viel später, hat sich die Kommunikationsforschung entwickelt, in den USA von der Praxis her (Journalism Research, Advertising, Public Relations), in Deutschland dagegen aus historischer oder berufskundlicher Perspektive (Pressegeschichte, Medienkunde etc.). Kommunikationswissenschaft ist mittlerweile eine wichtige und noch immer an Bedeutung zunehmende Disziplin, deren Forschungsobjekt alles, was zeichenhaft verfaßt ist, sein kann.

Für rein praktische Zwecke hat man die Kommunikationsforschung entlang der → Lasswellformel in fünf Teilbereiche grob gegliedert als:

- Kommunikatorforschung *(who says)*
- Aussageforschung *(what)*
- Medienforschung *(in which channel)*
- Rezipientenforschung *(to whom)*
- Wirkungsforschung *(with what effect?)*

WHO	WHAT	WHICH CHANNEL	WHOM	WHAT EFFECT
1 Kommuni-kator-forschung	2 Aussage-forschung	3 Medien-forschung	4 Rezipienten-forschung	5 Wirkungs-forschung

Abbildung 23: Felder der Kommunikationsforschung

- **Kommunikatorforschung:** Rolle des Kommunikators (vor allem: als Journalist), Intentionen des Kommunikators (Information, Überredung, Überzeugung, Small Talk), Berufsrolle und berufliche Ausbildung des Kommunikators, kommunikatives Handeln in bestimmten Rollen oder bestimmten Zusammenhängen (Redaktion). Methoden der Kommunikatorforschung sind hierfür vor allem die → Befragung oder die teilnehmende → Beobachtung.

- **Aussageforschung:** Funktion von Aussagen (vor allem: Information, Kommentar, Unterhaltung), Gestaltung der Aussagen (optisch, akustisch), manifeste und latente → Wirkung der Aussage, insbesondere schädliche Wirkungen (z. B. Gewalt). Dies vor allem in den Sparten für Politik, Wirtschaft, Unterhaltung, Kultur (Feuilleton) und Sport. Methode der Aussagenforschung ist die → Inhaltsanalyse.

- **Medienforschung:** Ökonomische Verfassung der Medien (Konzentrationserscheinungen, innere Pressefreiheit, Wettbewerb), Objektivität (Selektivität) der Berichterstattung, Medienrecht, politische Unabhängigkeit (Staatsferne). Methoden der Medienforschung sind vor allem die → Befragung oder die Sekundäranalyse.

- **Rezipientenforschung:** Nutzung der Medien in Abhängigkeit soziodemographischer Daten (Publikumsforschung), Rezeption von Werbung, auffällige Mediennutzung (Vielseher, Wenigseher, Rezeption von Gewalt, Pornographie etc.), Wandel von Präferenzen für bestimmte Medien und Medieninhalte. Methoden der Medienforschung sind vor allem die → Befragung, in komplexen Analysen meist in Verbindung mit → Inhaltsanalysen.

- **Wirkungsforschung:** Analyse der durch Massenmedien hervorgerufenen Veränderungen des Wissens, der Einstellungen und des Verhaltens, insbesondere im Konsumbereich (→ Werbung), in bezug auf wahlbeeinflussende Wirkungen und in bezug auf schädliche Wirkungen, vor allem bei Kindern und Jugendlichen.

Neben diesen segmentierenden Typ von Massenkommunikationsforschung tritt jedoch immer mehr der Typ der integrierenden Forschung zum gesamten Medien- oder Kommunikationssystem: Evolution der Kommunikation, Globalisierung und Vernetzung, Abhängigkeit bzw. Beeinflussung der Aussagenproduktion durch Public Relations (→

Determinationshypothese), Funktion und Veränderung von → Öffentlichkeit u. a.

Die Kommunikationsforschung, die auch die → informelle Kommunikation umfaßt, beschäftigt sich darüber hinaus 1) mit den kleinsten Einheiten (→ Zeichen), mit denen Kommunikation möglich wird (→ Semiotik), 2) mit dem grundsätzlichen Einfluß der Sprache auf die Kommunikation, 3) mit allen Typen informeller Kommunikation (Small talk, → Klatsch, → Rede, → Gerücht), 4) den besonderen Möglichkeiten von Kommunikation, legal oder illegal Einfluß zu erzielen, z. B. durch → Werbung (Überredung), Public Relations (→ Überzeugung) oder Manipulation (→ Propaganda) und schließlich mit der Veränderung des Kommunikationssystems (→ Wandel, kommunikativer). [Merten 1999: 456 ff.]

Kommunikation, Funktion

Auf der allgemeinsten Ebene von Kommunikation leistet sie den Zusammenhalt aller sozialen Gebilde (Integrationsfunktion) durch Konsentierung von Wissen, Meinungen, Normen und Werten. Als wichtigste Funktion informeller Kommunikation (face-to-face-Kommunikation) gelten Information, Verständigung und Konsens. → Massenmedien haben im klassischen journalistischen Verständnis drei Grundfunktionen, nämlich **Information, Meinungsbildung** und **Unterhaltung**, die in entsprechenden Genres, nämlich Nachrichten, Kommentar und medienspezifisch für die Unterhaltung (z. B. als Feuilleton, Spielfilm, Musik) verbreitet werden. In einem weiteren Sinne zählen dazu aber auch eine Kritik- bzw. Kontrollfunktion (Wächterfunktion), eine Bildungs- bzw. Sozialisierungsfunktion und eine Narkotisierungsfunktion. Die Zahl möglicher Funktionen ist nicht begrenzt.

Kommunikation, informelle

Die Erklärung von Kommunikation gelingt bislang zufriedenstellend nur durch die → Systemtheorie. Sie begreift Kommunikation als kleinstes Sozialsystem, das aus den Handlungen besteht, die die darin involvierten Personen beisteuern. Ein solches System wird unausweichlich immer dann katalysiert, wenn zwei Personen sich wechselseitig in das Feld ihrer Wahrnehmung geraten. Diese Unvermeidlichkeit von Kommunikation drückt *Watzlawick* mit dem Satz „Man kann nicht **nicht** kommunizieren“ aus.

Im Moment der Begegnung nehmen beide Kommunikanten nämlich nicht nur den jeweils anderen Kommunikanten wahr, sondern zugleich auch, daß dieser sie wahrnimmt. Das face-to-face-Kommunikationssystem wird also durch die → Reflexivität der Wahrnehmung der beteiligten Kommunikanten katalysiert und folgt den gleichen Gesetzmäßigkeiten, denen alle anderen Sozialsysteme folgen (→ AGIL-Schema). Auf diesem einfachsten Kommunikationsprozeß bauen alle anderen Typen informeller Kommunikation wie → Gerücht, Klatsch und → Rede auf. [Luhmann 1972]

Kommunikation, Modell

Für Kommunikation gibt es eine ganze Reihe von Modellen, die aus sehr unterschiedlichen Disziplinen stammen und ein sehr unterschiedliches Anspruchsniveau vorweisen. Exemplarisch werden im folgenden 1) das Reiz-Reaktionsmodell, 2) das Sender-Empfänger-Modell der mathematischen Informationstheorie (→ Informationstheorie), 3) das funktionalpublizistische Dialogmodell, 4) das Feldschema der Massenkommunikation nach Maletzke (1972) und 5) ein systemisches Modell vorgestellt.

1) Das Reiz-Reaktionsmodell

Das einfachste Modell, das → Reiz-Reaktionsmodell, stammt aus der Verhaltenspsychologie und versteht den Kommunikationsprozeß als Stimulation, die von einem Kommunikator ausgeht und den Rezipienten erreicht (Abb. 24).

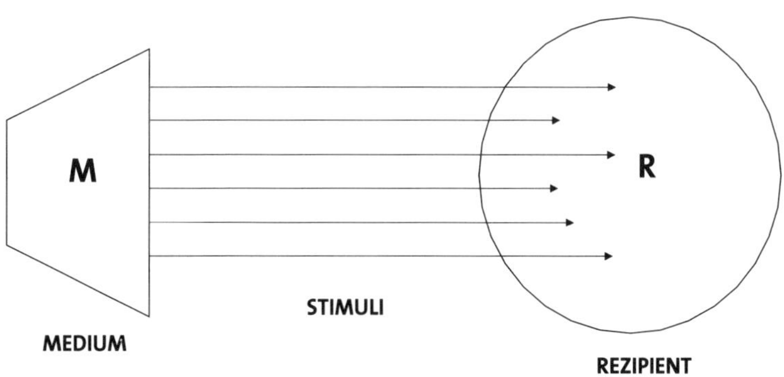

Abbildung 24: Das Reiz-Reaktionsmodell

Das Modell besticht durch seine Einfachheit und die Beschränkung auf drei Elemente, nämlich den Kommunikator bzw. das Medium (M), den Rezipienten (R) und die vom Kommunikator zum Rezipienten übermittelten Stimuli (Pfeile). Genau diese Elemente (Redner, Rede, Publikum) hatte bereits *Aristoteles* für die Kommunikation (Rhetorik) entworfen. Das Reiz-Reaktionsmodell markiert daher keinen Fortschritt, sondern Stillstand.

Es erklärt in keiner Weise den Prozeß der Kommunikation noch die Bedingungen, unter denen er zustande kommt und funktioniert. Genauso gut könnte man es als Modell begreifen, wie von einem Ort K zu einem Ort R undefinierte Waren (mit dem Etikett „Stimuli") verbracht werden.

2) Das Modell der mathematischen Informationstheorie

1949 stellte *Shannon* eine mathematische Theorie vor, mit der sich die elektronische Übertragungsrate von Information durch einen Leiter berechnen ließ. Dabei entwickelte er das **Sender-Empfänger-Modell** der mathematischen Informationstheorie (Abb. 25).

Das Modell war – informationstheoretisch – eine Sensation. Allerdings: Dieses Modell hat nichts mit Kommunikation zu tun („semantic aspects are irrelevant to the problem at hand"). Unglücklicherweise wurde es gleichwohl als Kommunikationsmodell bezeichnet und euphorisch auf die Kommunikationswissenschaft übertragen, wo es den Erkenntnis-

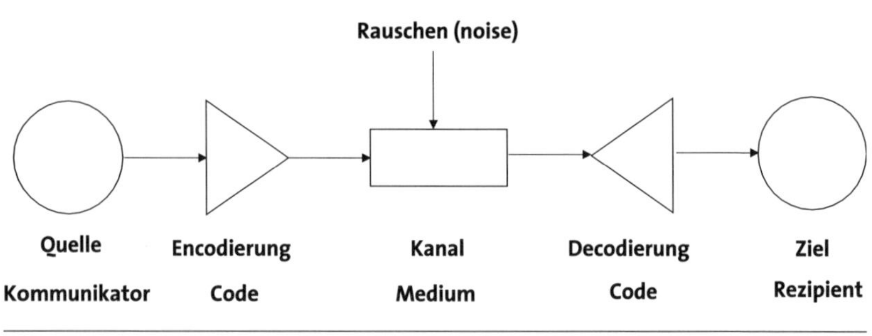

Abbildung 25: Das Sender-Empfänger-Modell der mathematischen Kommunikationstheorie

fortschritt letztlich aber nicht gefördert, sondern verhindert hat: Der immer wieder aufflackernde Versuch, → Massenkommunikation durch Modelle → informeller Kommunikation zu erklären und dies mit Begriffen wie Austausch oder → Dialog zu versuchen, hat mit dem Ansatz der → verständigungsorientierten PR auch Public Relations erreicht.

3) Das funktionalpublizistische Dialogmodell

Dieses Modell besticht aus mehreren Gründen: Zum einen ist das Modell perfekt symmetrisch, d. h., der Rezipient R ist gleichberechtigt an der Kommunikation beteiligt nach dem Motto: „Alle Publizistik ist Zwiegespräch“ (Prakke 1968: 157).

Zum zweiten differenziert das Modell die Inhalte als Information (I), Kommentar (K) und Unterhaltung (U). Zum dritten setzt es für das wechselseitige Verständnis ein gemeinsames Zeichensystem voraus und fordert damit für das gemeinsame Verständnis die gemeinsame Bedeutung der Zeichen. Schließlich ist der gesamte Kommunikationsprozeß eingebettet in ein umfassendes soziokulturelles System (SkS).

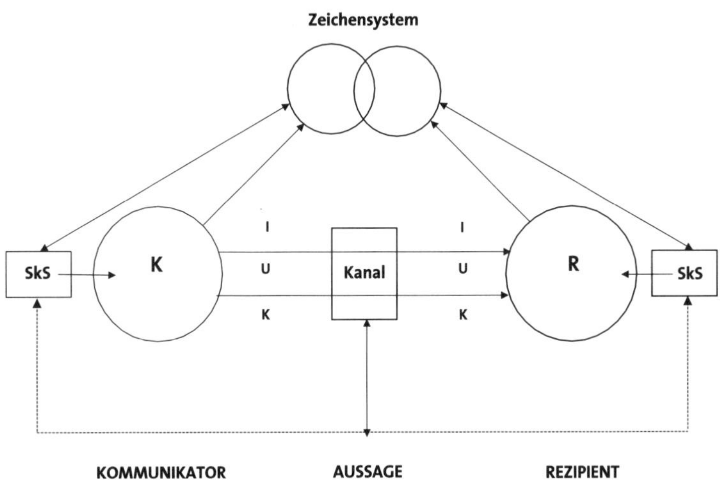

Abbildung 26: Das funktionalistische Austauschmodell

Gleichwohl sind alle wesentlichen Annahmen falsch, insbesondere die vom Dialog (Austausch): Im Akt der Kommunikation werden weder Inhalte getauscht, noch können diese Inhalte gemeinsame „Bedeutungen" besitzen.

Der Tausch funktioniert schon deswegen nicht, weil dem jeweiligen Kommunikator bei der Ansprache des Rezipienten die diesem übermittelten Inhalte selbst nicht verloren gehen (fehlende Transitivität). Der massivste Einwand jedoch richtet sich auch hier gegen den riskanten Versuch, Strukturen der → informellen Kommunikation unbesehen auf die der → Massenkommunikation zu übertragen.

4) Das Feldschema der Massenkommunikation nach Maletzke (1972)

Das Modell von *Maletzke* ist das erste, das nicht nur, wie die → Lasswellformel, die Positionen im Prozeß der Massenkommunikation beschreibt, sondern auch sämtliche Relationen zwischen diesen Positionen. Es argumentiert daher sehr viel realitätsnäher und ist zudem das einzige, das den für Kommunikation so fundamentalen Prozeß der → Selektivität („Auswahl aus dem Angebot") erfassen kann. Auch die Zwänge, die die jeweiligen Positionen im Modell auf die übrigen

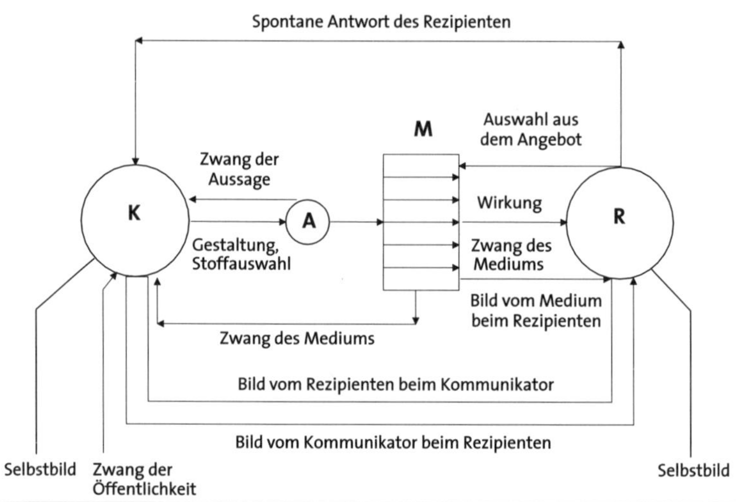

Abbildung 27: Das Feldschema der Massenkommunikation (nach Maletzke 1972: 41)

Positionen ausüben, werden von diesem Modell mitformuliert und erhöhen dessen heuristisches Potential.

Allerdings bleibt auch hier offen, worin die Rechtfertigung besteht, informelle Kommunikation und Massenkommunikation als zwei Typen des gleichen zugrundeliegenden Phänomens „Kommunikation" zu bezeichnen.

5) Kommunikation als System

Die Systemtheorie modelliert den Prozeß der informellen Kommunikation (→ Kommunikation, informelle) als **soziales System**: Kommunikation entsteht durch die → Reflexivität von Wahrnehmungen der beteiligten Kommunikanten und bildet durch die von diesen beigesteuerten Beiträge eben das System, das sich dadurch von anderen, nicht zugehörigen Handlungen (= Umwelt) abgrenzen läßt. Die Kommunikanten sind demnach nicht Teil des Kommunikationssystems, sondern nur die Handlungen, die das Kommunikationssystem laufend bei den Kommunikanten „abruft".

Die hier skizzierte Bedingung wechselseitiger Anwesenheit kann die Massenkommunikation niemals erfüllen, so daß folgerichtig mit Recht zu bezweifeln ist, ob Massenkommunikation – vom problematischen Begriff der „Masse" einmal ganz abgesehen – überhaupt Kommunikation sein kann. Die Klärung dieses Problems gelingt, wenn man das konstituierende Merkmal von Kommunikation, nämlich Reflexivität als Bezugspunkt akzeptiert. Dieses Merkmal ist im Massenkommunikationsprozeß nicht über die Anwesenheit der Kommunikanten, sondern über die Struktur des Wissens und Meinens erfüllt, so daß man in diesem Sinne von einem virtuellen Kommunikationssystem sprechen kann.

In Abb. 28 ist symbolisch die massenmediale Rezeption durch ein Medium M in mehreren Schritten dargestellt.

Rezipient A rezipiert das Medium M

- Da ein Medium von sehr vielen Rezipienten rezipiert wird, unterstellt der Rezipient A, daß auch andere Rezipienten (X, Y) das Medium M rezipieren

A(M)

A (M) + A'(X (M))

A (M) + A'(X (M))

A (M) + A'(X (M)) + A'(X'(A (M)))

A (M) + A'(X (M)) + A'(X'(A (M)))

Abbildung 28: Massenkommunikation als virtuelle Kommunikation

- Der Rezipient A unterstellt, daß auch andere Rezipienten (X,Y) unterstellen, daß A das Medium M rezipiert

Dadurch stellt sich, analog zur informellen Kommunikation, eine reflexive Struktur ein, die jedoch nicht auf der Wahrnehmungsebene, sondern auf der Unterstellbarkeit wechselseitiger Wahrnehmung aufbaut, gleichwohl aber ein virtuelles Kommunikationssystem erzeugt. Nicht zwischen Kommunikator und Rezipient besteht nun ein vergleichsweise diffuses, gleichwohl aber bindendes Kommunikationssystem, sondern zwischen all den Rezipienten, die das Medium M rezipieren und unterstellen, daß andere, daß man wahrnimmt, was andere wahrnehmen.

Diese Reflexivität der Wahrnehmung ist daher nicht, wie in der informellen Kommunikation, selbst real wahrnehmbar, sondern kann nur unterstellt werden; sie ist sozusagen parasozial (vgl. Horton/Wohl 1956), entfaltet jedoch – z. B. über die Unterstellung gemeinsamen Wissens – konsentierende Wirkungen. Gegenüber der informellen Kommunikation hat dieses System zwar eine wesentlich diffusere Struktur, die eine direkte soziale Kontrolle wie in der Interaktion ausschließt.

Doch über die Unterstellbarkeit der Richtigkeit, der Relevanz der rezipierten Inhalte stellt sich gleichwohl eine stark bindende Struktur ein, die identisch ist mit der Struktur, die den Prozeß des öffentlichen Meinens mit der Unterstellbarkeit starker Wirkungen ausstattet (→ Öffentlichkeit). Der Kommunikator fungiert hier nicht als Kommunikant, sondern als Brennpunkt bzw. Bezugspunkt aller Rezipienten: Man nimmt nicht nur den Kommunikator wahr, sondern man unterstellt, man meint, daß auch andere den Kommunikator wahrnehmen. Auf diese Weise konstituiert sich ein diffuser, aber dennoch hochwirksamer Kommunikationsprozeß durch **soziale Reflexivität** höherer Ordnung:

Die **sachliche Reflexivität** ergibt sich aus der auch hier nachweisbaren Differenzierung zwischen Wissen und Meinen: Rezipienten wissen nicht nur, sondern sie meinen zu wissen, was andere zu wissen meinen etc. Demgemäß setzt die Entwicklung von Meinungen zu Themen die Themen bereits voraus.

Daneben kann die eigentliche Aussage im Prozeß der Massenkommunikation gleichfalls – wie im Prozeß informeller Kommunikation – sowohl verbal-nonverbal als auch in der Differenzierung zwischen Information und Kommentar reflexiv strukturiert werden.

Die **temporale Reflexivität** von Massenkommunikation ist – analog zur informellen Kommunikation – sehr diffus wirksam: Jeder massenkommunikative Akt läßt sich auf sich selbst zurückbeziehen und stabilisiert das System erneut, genauer: Er stabilisiert Wissen und Erwartungen in bezug auf weitere Massenkommunikation schon dadurch, daß über die Thematisierung, ja sogar über die Häufigkeit der Thematisierung Meinungen über Meinungen mitthematisiert werden können.

Im Gegensatz zum realen face-to-face-Kommunikationssystem kann man daher die Massenkommunikation als virtuelles Kommunikationssystem bezeichnen, das zwar sehr diffus, aber dafür sozial flächendeckend konsentierende Funktionen in bezug auf Vorstellungen, Erwartungen und Meinungen ausübt. [Luhmann 1972; Merten 1999: 109 ff.]

Kommunikation, Prozeß → Kommunikation, Modell

Kommunikation, Struktur von

Unter Struktur versteht man allgemein Unwahrscheinlichkeit bzw. Ordnung (Regelmäßigkeit). Unter Struktur von Kommunikation versteht man die Muster der Handlungen und der Organisation bzw. das Beziehungsgeflecht von Kommunikation.

Für die → informelle Kommunikation ist diese Struktur vor allem durch die wechselseitige Wahrnehmbarkeit der Kommunikanten gegeben. Die Kommunikationsstruktur von → Massenkommunikation ist vor allem durch ihre fiktionalen Strukturen (Erwartungen, Erwartungserwartungen, Vorstellungen, Meinungen) vorgegeben, die reales Verhalten vorstrukturieren.

Kommunikation, Theorie

Eine Theorie der Kommunikation muß im Idealfall das Zustandekommen, die Struktur und die → Wirkungen von Kommunikation und/oder Massenkommunikation erklären können. Wegen der Komplexität von → Kommunikation liegt eine solche Theorie bislang nur in disparaten Ansätzen (Paradigmen) und nur in bezug auf einzelne Aspekte von Kommunikation und dies in unterschiedlichen Theorietypen (kritisch-rationale Theorie, dialektische Theorie, Systemtheorie) aus unterschiedlichen Disziplinen vor.

Für die face-to-face-Kommunikation gibt es sowohl Ansätze nonverbaler Kommunikation als auch interaktionistische (handlungstheoretische, sprech -akttheoretische, symbolinteraktionistische) oder systemisch ansetzende Entwürfe. Von besonderem Interesse ist die Frage nach den Wirkungen → persuasiver Kommunikation (→ Überzeugung) und für die → Werbung.

Für die → Massenkommunikation gibt es analog Theorieentwürfe oder → Modelle von Kommunikation, die Massenkommunikation in größerem Zusammenhang als → Mediensystem beschreiben und nach dessen Funktionen für andere Teilsysteme (Wirtschaft, Politik, Bildung) fragen. Daneben gibt es Ansätze der Informationstheorie, der Publizistikwissenschaft und anderer Disziplinen, die Aspekte der Massenkommunikation als Medientheorie, als Theorie des symbolischen Interaktionismus, als Systemtheorie oder als Theorie der → Wirkung versuchen zu beschreiben und zu erklären. [Habermas 1981; Luhmann 1972; Luhmann 1987; Luhmann 1996; Merten/Schmidt/Weischenberg 1994; Merten 1999: 118 ff.]

Kommunikation, Zukunft

Die Zukunft der Kommunikation ist vor allem dadurch gekennzeichnet, daß das Kommunikationssystem sich zum führenden Teilsystem der Gesellschaft entwickelt: Kein Absatz ohne Werbung, keine Kultur ohne Sponsoring, keine Wahl ohne öffentliche Meinung, kein öffentliches Vertrauen ohne Public Relations.

Diese → Evolution von Kommunikation ist mit einem rasanten Wachstum des Informationsangebots verbunden: Allein zwischen 1960 und 1990 ist das tägliche Informationsangebot der Medien um 4000% gewachsen. Zugleich hat die Reflexivisierung von Kommunikation und ihren Medien eingesetzt – nachweisbar am sprunghaft wachsenden Volumen der Programmzeitschriften, Datenbanken, Kataloge und Suchmaschinen im → Internet. Ein Ende dieser Entwicklung ist bislang nicht abzusehen, ganz im Gegenteil ist eine Beschleunigung dieser Entwicklung festzustellen. [Tauss 1996; Merten 1999: 464 ff.]

Kommunikationsevolution → Evolution, Kommunikation

Kommunikationskompetenz

Ganz allgemein die Fähigkeit, sich kommunikativ a) verständlich auszudrücken und b) sich argumentativ zu behaupten. Diese Fähigkeit wurde erstmals in der Figur des → Meinungsführers sichtbar, der nicht nur ein Fachwissen vorweisen können muß, sondern es auch versteht, durchsetzungsfähige Meinungen zu artikulieren. Public Relations setzt Kommunikationskompetenz als eine der vier Grundkompetenzen voraus (→ Ausbildung, PR).

Kommunikations-Mix → Marketing-Mix

Kommunikationspolitik → Marketing-Mix

Kommunikator

Position (Rolle) des dominanten bzw. Kommunikation initiierenden Kommunikanten, in der Massenkommunikation die Rolle des → Journalisten.

Konferenz-PR

Veranstaltung und Durchführung von Konferenzen, Symposien, → Messen und öffentlichen Auftritten. Dazu zählt insbesondere die Moderation von Veranstaltungen durch einen Moderator.

Konflikt → Krisenkommunikation

Konsens → Öffentlichkeit

Konstruktion von Wirklichkeit → Konstruktivismus

Konstruktivismus

Erkenntnistheorie (zu deren Vätern u. a. *Sextus Empiricus* und *Immanuel Kant* zählen), derzufolge der Mensch nicht in der Lage ist, eine „objektive Wirklichkeit" zu erkennen, sondern diese nur beobachten kann nach subjektiven Kriterien für Beobachtung und daher auch immer nur eine subjektive Wirklichkeit erkennen kann (Basistheorem des Konstruktivismus). Objektivität muß demgemäß durch den Begriff der Intersubjektivität ersetzt werden und stellt nur mehr eine operative Fiktion dar.

Die Anwendung des Konstruktivismus, insbesondere im Rahmen der → Systemtheorie (Maturana, Luhmann), führt in vielen wissenschaftlichen Disziplinen zu einem Umdenken von einer klassischen zu einer transklassischen Wissenschaft, mit derzeit noch gar nicht absehbaren Folgen.

Für die Erklärung von Kommunikation ist die konstruktivistische Systemtheorie (Theorie geschlossener Systeme) von erheblicher Bedeutung, weil sie viele bislang widersprüchliche Phänomene der Kommunikation (z. B. den Begriff der Bedeutung, den Begriff des Verstehens, den Begriff der Wirklichkeit, die notwendigen Paradoxien im Kommunikationsprozeß u. a.) erklären kann.

So ist für den → Journalismus die Erkenntnis, daß es keine objektive Wirklichkeit geben kann, zunächst provokativ, denn: Im klassischen journalistischen Verständnis ist die Berichterstattung ein getreues Abbild der Wirklichkeit. Gegen diese naive Vorstellung, man könne „objektiv" berichten, argumentiert der Konstruktivismus, der zeigen kann, daß alle Berichterstattung grundsätzlich selektiv ausfallen muß. Demgemäß konstruieren die Medien grundsätzlich eine selektive (und daher keine objektive) Wirklichkeit, wobei allenfalls zu fragen ist, ob und in welchem Umfang diese Konstruktionen akzeptabel (viabel) sind.

Aber auch für das Verständnis von Kommunikation hat sich der Konstruktivismus als ausgesprochen fruchtbar erwiesen: Daß das Mißverständnis eher die Regel, das Verstehen eher die Ausnahme ist, daß es keine → Bedeutung an sich geben kann und daß die Medien die Lieferanten für Wirklichkeitsentwürfe rund um die Uhr sind (mit allen daraus folgenden Entwicklungen), kann der Konstruktivismus nachhaltig erklären. Für Public Relations ist der Konstruktivismus eine besonders interessante Theorie, weil sie die faktische Wirkung von

Fiktionen, auf die Public Relations basal angewiesen sind, erklären kann, nämlich a) daß und warum die Fiktionalisierung fortschreitet, b) diese immer mehr faktische Relevanz gewinnt, c) die handlungsleitende (reale) Wirklichkeit immer mehr fiktional unterfüttert ist und ihr beständig steigendes Strukturierungspotential zum strategischen Ansatzpunkt für Public Relations wird.

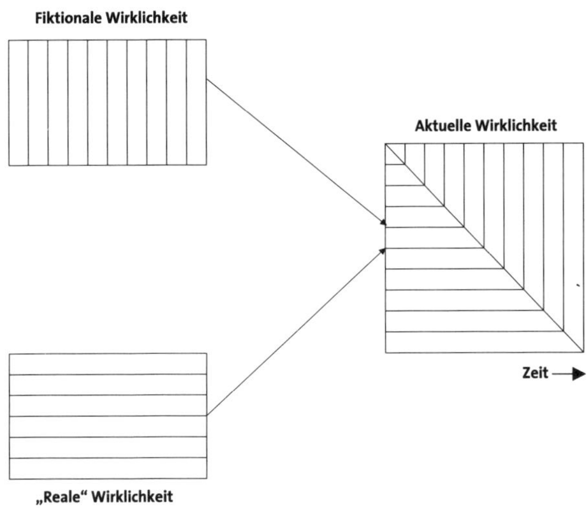

Abbildung 29: Die Struktur von Wirklichkeit im Wandel

Für PR ist insbesondere die Einsicht wichtig, daß Menschen ihr Wahrnehmen, Denken und Handeln nicht nur an Fakten, sondern genauso gut an Fiktionen (→ Öffentliche Meinung, → Image) ausrichten und damit Wirklichkeiten konstruieren, die de facto Wirkungen entfalten können. [Merten/Schmidt/ Weischenberg 1994; Merten 1999: 96 ff.]

Kontakt

Erreichen einer Zielperson (Rezipient). Dabei wird unterschieden zwischen dem Kontakt mit einem Werbeträger (Kontakt einer Zielperson mit einem Medium) und dem Kontakt mit einem Werbemittel (Kontakt einer Zielperson mit einer Anzeige, Spot etc.).

Relevant für die Kontaktrechnung im Sinne der → Mediaplanung ist der Werbemittelkontakt. Da aber die Relation zwischen Werbeträger und Werbemittel medienabhängig ist und daher jeweils unterschiedlich ausfällt (etwa: Verrechnung von Flächen in Printmedien, Verrechnung von Zeit in Rundfunkmedien), lassen sich die geplanten Wirkungen, hier definiert als Kontakte, nicht ohne weiteres vergleichen. [Schweiger/ Schrattenecker 1995: 235 ff.]

Kontakt, PR

Eine der von einem/einer PR-Berater/in erwarteten vier Kompetenzen ist die → Kommunikationskompetenz, zu der maßgeblich auch die Kontaktfähigkeit gehört. Darunter versteht man allgemein die Fähigkeit von PR-Beratern, kommunikative Kontakte herzustellen und zu pflegen, insbesondere mit → Journalisten (in diesem Sinne wurde PR 1951 als Beziehungspflege definiert). Demgemäß gelten für einen PR-Berater als wichtigstes Kapital seine Kenntnis von und sein Kontakt zu seiner wichtigsten Zielgruppe, den Journalisten.

Kontaktfrequenz, Werbung

Anzahl der Kontakte, die eine Zielperson mit einem Werbeträger pro Zeiteinheit hat (etwa: Wie oft liest jemand pro Woche die Zeitung vor Ort?).

Kontaktpflege → Kontakt, PR

Kontaktqualität

Die Messung der Kontaktfrequenz gilt in der Werbung als einfachstes, weil einfach anwendbares Maß zur Feststellung von kommunikativer → Wirkung. Eine Verfeinerung leistet die Berücksichtigung der Qualität des jeweiligen Kontakts, z. B. durch Definition des Grades der Zuwendung, der Lesequalität und anderer qualitativ skalierter Variablen. [Beike 1981] → Copy Test

Kontrolle, publizistische → Selbstkontrolle

Kontrolle, Maßnahme → Effect Controlling

Kontrollhypothese → Wirkung

Kontingenz

Zustand des Vorhandenseins von Alternativen, die weder unmöglich noch notwendig sein müssen.

Konzeption → Public Relations, Konzeption

Korrelation, statistische

Stärke des Zusammenhangs zwischen zwei Variablen, die als Korrelationskoeffizient (Kontingenzkoeffizient, Zusammenhangsmaß) ausgedrückt wird und wichtiges Ziel der → statistischen Datenanalyse ist.

Kosten → Budget

Kreativitätstechnik

Techniken, um neue Erkenntnisse zu fördern, indem die Kombination von Erfahrung und Phantasie durch divergierendes Denken zu neuen Synthesen führt. Man unterscheidet hierbei intuitive und systematische (logische) Verfahren. Intuitive Verfahren generieren Kreativität durch Forcierung von Spontaneität etc. Hierzu gehört z. B. das Brainstorming (bei dem die Lösung eines Problems durch eine Gruppe von Teilnehmern durch eine auf Zuruf ad hoc zu präsentierende Vielzahl von Ideen versucht wird) und die Synektik (Verfahren der Alternativensuche). Systematische Verfahren versuchen, Lösungsmöglichkeiten durch Algorithmisierung aller möglichen Alternativen zu finden (etwa: Welche sinnvollen Worte lassen sich aus n Buchstaben bilden?). Hierzu gehört z. B. der Schüttelreim oder die *Nietzsche* zugeschriebene Verwechselungstechnik.

Krisenkommunikation

Alle Kommunikationsanstrengungen nach Eintritt eines Schadens sind unter dem Begriff Krisenkommunikation zu fassen, während → Risikokommunikation die Kommunikation über die Wahrscheinlichkeit des Eintritts eines Schadens meint. In der → Mediengesellschaft hat die Berichterstattung der Massenmedien hohe und tendenziell noch steigende → Glaubwürdigkeit. Das hat zur Folge, daß der Berichterstattung über Risiken durch die Medien eher geglaubt wird als den Aussagen von Experten. Hinzu kommt, daß die Medien in ihrem Bestreben nach Aktualität riskantes Geschehen stets eher und tendenziell als noch riskanter darstellen, so daß sich zwei Ebenen der Argumentation –

Medienebene (Laienebene) und Expertenebene – auftun. Risikokommunikation umfaßt diese beiden Ebenen sowie den Versuch der Vermittlung zwischen diesen Ebenen, der in der Terminologie von PR auch als Mediationsverfahren („Dialog im Widerspruch", konfliktlösende Kommunikation etc.) bezeichnet wird. → Krisen-PR

Krisen-PR

Krisen-PR ist die PR-mäßige Vorbereitung eines Unternehmens, das eine riskante Produktion betreibt oder riskante Produkte herstellt, auf einen sozial relevanten Störfall. Für diesen Zweck wird ein Krisenplan vorbereitet, der – je nach Bedeutung und Auswirkung des Störfalls – alle kommunikativen Maßnahmen aufführt, die eingeleitet werden müssen. Ist die Krise zugleich eine Öffentlichkeitskrise, d. h., betrifft diese die → Öffentlichkeit (z. B. bei Ausstoß von Giftgas, Verunreinigung des Wassers etc.), so gilt der allgemeine Grundsatz erst recht, daß die Bevölkerung wahrheitsmäßig, schnell und umfassend zu informieren ist (→ Krisenkommunikation).

Krisenmanagement → Krisenkommunikation

Kultursponsoring → Sponsoring

Kundenmagazin → Zeitschrift

Kundenzeitschrift → Zeitschrift

Kybernetik

Typ der technischen → Systemtheorie, maßgeblich von *Norbert Wiener* (1894–1964) ab 1947 entwickelt. Der Regelkreis, der als Grundmodell gilt, ist wegen der Installation von → Feedback selbstreferent, so daß solche Systeme (z. B. der Thermostat) prinzipiell die gleiche Fähigkeit besitzen, sich selbst zu regeln, wie dies biologische Systeme (Organismen) oder so-ziale Systeme (Kommunikation, Gruppen, Organisationen, Gesellschaften) vermögen. [Wiener 1968]

L

Langzeitwirkung → Wirkung, Kommunikation

Lasswellformel

Der Politologe *Harold D. Lasswell* (1902–1971) formulierte 1948 eine Abfolge von Fragen als **„WHO says WHAT in WHICH channel to WHOM with WHAT effect?“** analog zu den sechs „W“ des Journalismus (Wer-Was-Wann-Wo-Wie-Warum?), die bald als Lasswellformel berühmt wurde. Sie skizziert fünf Elemente eines einfachsten Kommunikationsmodells (Reiz-Reaktionsmodell) und ist daher theoretisch wenig fruchtbar; aber sie eignet sich für die klassifizierende Systematisierung großer Bereiche der Kommunikationsforschung:

WHO (Kommunikatorforschung)

says WHAT (Aussageanalyse)

in WHICH Channel (Medienanalyse)

to WHOM (Publikums/Rezipientenanalyse)

with WHAT Effect? (Wirkungsforschung).

Lazarsfeld, Paul Felix (1901–1976)

Neben *Carl Iver Hovland, Harold D. Lasswell* und *Kurt Lewin* einer der „Väter der Kommunikationsforschung“, emigrierte 1933 aus Wien, war maßgeblich an der Entwicklung der empirischen Sozialforschung beteiligt (entwickelte u. a. die → Panelbefragung, die statistische Mehrvariablenanalyse und das Instrument der → Inhaltsanalyse) und formulierte 1940 den → Two-step flow of Communication.

Leadstil

Prinzip, möglichst viel relevante Information vorweg (im Vorspann, im ersten Satz) zu präsentieren, nämlich als Antwort zu den sogenannten sechs „W’s“: Wer? Was? Wann? Wo? Wie? Warum? Pressemitteilungen sollen diesem Prinzip folgen, weil sie dann in der Redaktion sehr einfach von hinten gekürzt werden können (umgekehrtes Pyramidenprinzip), ohne daß Wichtiges verloren geht.

Lean Management

Bestreben, die Führungshierarchie in Unternehmen flach zu strukturieren und nur soweit unbedingt notwendig aufrecht zu erhalten („schlanke Strukturen").

Lebensstil

Lebensstile sind definiert als „relativ stabile Muster der Organisation des Alltags im Rahmen gegebener Lebenslagen, verfügbarer Ressourcen und getroffener Lebensplanung" (Zapf et al. 1987: 14). Lebensstile sind Ausdruck der Persönlichkeit und enthalten Muster und Formen der Geselligkeit, der Mediennutzung, des Freizeitverhaltens und des Konsums und sind geprägt von den sozialen Gruppen, denen ein Individuum angehört. Lebensstile entstehen durch Interaktionen und stabilisieren sich durch Kommunikation. Milieutypische Stilmerkmale sind für Marketing, Werbung und PR interessant, weil sich dadurch bestimmte Zielgruppen identifizieren lassen. [Zapf 1987: 14; Kombüchen 1999]

Leistung von PR → Public Relations, Funktion

Leitmedien

Prestige-Medien, deren Berichterstattung als Leitlinie für andere Medien gilt. In der Bundesrepublik zählen dazu *Der Spiegel* und *Focus* als Magazine sowie *Frankfurter Allgemeine Zeitung* (F.A.Z.), *Frankfurter Rundschau* (FR), *Süddeutsche Zeitung* (SZ) und *Die Welt* als überregionale Tageszeitungen.

Lesbarkeit

Variable, mit der die Lesbarkeit bzw. die Verständlichkeit von Texten mit der Methode der → Inhaltsanalyse gemessen werden kann. Solche Variablen sind z. B. die Zahl der Wörter pro Satz, die Schachtelungstiefe von Haupt- und Nebensätzen u. a. [Merten 1995: 182 ff.]

Leser pro Exemplar

Quotient aus Zahl der Leser insgesamt und Zahl der tatsächlich verbreiteten Exemplare. Dieser Wert liegt – je nach Printmedium – heute nur noch zwischen ein bis maximal sechs Lesern. Dieser Wert dient als Basis für die Ermittlung von Nutzungswahrscheinlichkeiten und damit für die von Wirkungen. [Noelle-Neumann et al. 1999: 193 ff.]

Leserbrief

Eine der wenigen Möglichkeiten der Massenmedien, ein Feedback des Rezipienten zu erhalten. Leserbriefe und die darin zum Ausdruck gebrachte (positive oder negative) Kritik werden daher in Redaktionen sehr sorgfältig registriert.

Lewin, Kurt (1890–1947)

Psychologe, 1933 in die USA emigriert, wo er nicht nur das Konzept des → Gatekeeper entwickelte, sondern auch eine Feldtheorie (Systemtheorie), die das Verhalten (Behavior) einer Person (P) nicht, wie noch *Freud,* allein an der Person festmachte, sondern gleichberechtigt dazu die Umwelt (Environment) hinzurechnet: B = f (P, E). Berühmt wurde *Lewin* auch durch seine vielzitierte Feststellung „Nichts ist so praktisch wie eine gute Theorie“.

Life Style-Analyse

Während in der klassischen Markt- und Meinungsforschung die demographischen Variablen (Alter, Geschlecht, Einkommen, Schulbildung, Beruf und Religion) als Basis zu Bestimmung von → Zielgruppen definiert wurden, berücksichtigt die neuere Forschung weitere qualitative Variablen, vor allem → Lebensstil-Variablen, die dann Milieus (Aktionsmilieu, Kontemplationsmilieu, Gemütlichkeitsmilieu etc.) bedingen und eine wesentlich präzisere Zielgruppenansprache ermöglichen. [Kombüchen 1999]

Lobbying

Lobbying ist ein Form der interessengeleiteten → Kontaktpflege zu (politischen) Entscheidungsträgern, um diese im Vorfeld anstehender Entscheidungen im Sinn der jeweiligen Interessen von Unternehmen,

Verbänden, Vereinigungen etc. gezielt zu beeinflussen. Dies geschah früher in den Wandelhallen des Parlaments, die daher auch „Lobby" genannt wurden.

Logo

Ein Logo ist ein Firmensignet; es ist wichtiges Bestandteil der → Corporate Identity eines Unternehmens. Ein Logo soll zwei Eigenschaften besitzen: a) Auffälligkeit und b) Wiedererkennbarkeit. Dies geschieht durch möglichst einfache und dadurch merkbare (erinnerbare) Form (etwa: Mercedesstern, Hammer und Sichel), durch auffallende Farbe oder Farbkontraste (etwa: Gelb und blau als Farben der FDP). Verwendet man für ein Produkt ein Signet, so spricht man von Brand Mark (Markenzeichen).

Lokaljournalismus

Lokale Berichterstattung ist – neben der politischen und der wirtschaftlichen Berichterstattung – eine der ganz wichtigen journalistischen Leistungen der Presse und mittlerweile auch des Hörfunks (in großen Städten: auch des Fernsehens). Lokaljournalismus ist für Unternehmen insofern relevant, als die Journalisten vor Ort sich selbst besonders gut über das Unternehmen informieren können und daher seitens des Unternehmens auch besonders gut informiert werden sollten.

M

MA → Media-Analyse

Makrotheorie → Theorie, wissenschafltiche

Management → Organisation

Management, Kommunikation → Public Relations, Definition

Managementfunktion, PR → Public Relations, Funktion

Manipulation

Oberbegriff für Techniken der kognitiven Täuschung oder der Bewußtseinsveränderung durch Suggestion und Täuschung, durch Indoktrination (z. B. durch → Propaganda), aber auch durch Drogen etc.

Mäzenatentum

Benannt nach *Maecenas,* kunstbeflissener Polizeiminister unter *Augustus,* der aus Staatsraison künstlerische Unternehmungen förderte, dies im Unterschied zum → Sponsoring aber anonym.

Marke

Für den Erfolg eines Produktes ist ein Markenname (Brand Name) ausschlaggebend. Branding ist die professionelle Schaffung eines Markennamens, wobei dessen Änderung fast unmöglich ist. Die theoretische und praktische Beschäftigung mit dem modernen Branding nahm mit *John M. Murphy* ihren Anfang. *Murphy* gründete in den 70er Jahren ein internationales Unternehmen, das sich professionell mit der Entwicklung von Markennamen beschäftigte. Weitere – immer wieder verwendete – Begriffe im Markenbereich sind neben vielen anderen: **Brand Awareness** (Markenbekanntheit), **Brand Equity** (Markenkapital, d. h. der Barwert, den ein Markenartikler aus einer Marke erwirtschaften kann), **Brand Loyalty** (Markentreue, -bindung), **Brand Management** (Produktmanagement) oder **Brand Mark** (Markenzeichen). [Koschnick 1997: 178]

Markenimage → Image

Marketing

Optimierungsprozeß, um die von einem Unternehmen produzierten Güter mit absatzpolitischen Maßnahmen bestmöglich an den Kunden (Verbraucher) abzusetzen. Dieses **produktorientierte Marketing** wurde angesichts gesättigter Märkte ersetzt durch ein **marktorientiertes Marketing**: Die Bedürfnisbefriedigung des Kunden ist nun vorrangiges Ziel.

Die Abgrenzung zwischen Marketing, Werbung und PR ist nicht immer eindeutig möglich. Grob gesagt gilt: Marketing geht vom Absatz aus und fragt nach den Möglichkeiten der Absatzsteigerung, die oft über den Preis gesteuert werden („Sonderangebote"). Dagegen setzt Werbung als persuasive (überredende) Kommunikation direkt am Produkt an und soll kurzfristig und direkt einen Kaufentscheid herbeiführen. PR ist dagegen nicht produkt-, sondern unternehmensbezogen, ist langfristig und indirekt angelegt und zielt nicht auf den Absatz, sondern auf die Glaubwürdigkeit des Unternehmens in der Öffentlichkeit (die natürlich *in the long run* absatzfördernd ist). Demgemäß liegt die Funktion von PR nicht in der Überredung, sondern in der Überzeugung, die sowohl kognitiv-argumentativ als auch emotiv gefärbt sein darf.

Marketing-Mix

Marketing-Mix ist die sinnvolle Kombination von Marketing-Instrumenten. Dem Marketing stehen vier Instrumente zur Verfügung: 1) Produktgestaltung (Produktion), 2) Distribution, 3) Werbung, Verkaufsförderung, PR (kommunikative Maßnahmen) und 4) die Preisgestaltung. Der Marketing-Mix stellt die Berücksichtigung aller vier Faktoren dar, derart, daß die unterschiedliche Gewichtung der einzelnen Instrumente insgesamt zu einem Optimum führt.

Wichtigste Instrumente sind Produkt-Mix, Distributions-Mix und → Kommunikations-Mix. Das Kommunikations-Mix wiederum ist (aus der Sicht des Marketing) eine sinnvolle Bündelung kommunikativer Instrumente, vor allem Verkauf (Persönlicher Verkauf), Verkaufsförderung, Werbung (Direktwerbung, Media-Werbung, Product Placement) und PR. PR hat dabei einen strategischen Stellenwert, denn PR arbeitet und wirkt über den Tag hinaus, und sie richtet sich nicht nur an die Zielgruppe der Kunden, sondern prinzipiell an alle Zielgruppen, vorzugsweise an die Multiplikatoren (Medien). [Meffert 1988]

Markt

Ort des Tauschs, bestimmt durch das Verhältnis von Angebot und Nachfrage, dessen Ausgleich über den Preis gesteuert wird.

Marktforschung

Unterschiedliche Typen und Verfahren der Marktanalyse, vor allem durch → Befragung von Verbrauchern, mit denen sich Unternehmen die Kenntnis über Größe, Entwicklung und Struktur ihrer Absatzmärkte beschaffen. Es gibt derzeit in Deutschland weit über 100 kommerzielle Markt- und Meinungsforschungsinstitute. Das erste dieser Institute, das Institut für Demoskopie Allensbach, wurde von *Elisabeth Noelle-Neumann* 1948 nach dem Muster von → *Gallup* in Allensbach am Bodensee gegründet. Bekannte Institute sind EMNID (Bielefeld), Forsa (Berlin), GfK (Nürnberg), infas (Bad Godesberg), infratest (München), GETAS (Bremen) und Prognos (Basel).

Marktkommunikation → Integrierte Unternehmenskommunikation

Masse

Ansammlung einer großen Zahl von Personen, die einander nicht kennen, aber einander in der jeweiligen Situation wechselseitig wahrnehmen können. Die dadurch installierte Reflexivität des Wahrnehmens und kollektiven Handelns erklärt die Unberechenbarkeit und Spontaneität einer Masse, die bei einem → Publikum nicht zu erwarten ist. → Gruppe, soziale

Massenkommunikation, Begriff

Der Begriff der Massenkommunikation ist gleich aus zwei Gründen irreführend: Zum einen sind die Rezipienten der Massenkommunikation keine Massen (also einander unbekannte, aber in einer Situation sich zufällig wechselseitig wahrnehmende Personen). Zum anderen ist die Grundstruktur von Kommunikation, nämlich Symmetrie und Steuerung durch Rückkopplung, in der Struktur von Massenkommunikation nicht vorhanden. Das hat mehrfach dazu geführt, daß Modelle der → informellen Kommunikation unzulässig auf den Prozeß der Massenkommunikation übertragen worden sind und hier als schiere Artefakte positioniert werden (→ Verständigungsorientierte PR).

In der Wissenschaft wird an diesem Begriff daher nur festgehalten wegen der pragmatischen Vorteile, die ein eingeführter Begriff bietet. Führt man jedoch den Begriff der → Reflexivität als Kriterium für Kommunikation ein, dann läßt sich Massenkommunikation als Typ von Kommunikation rechtfertigen (→ Kommunikation, Modell). [Merten 1999: 323 f.]

Massenkommunikation, Forschung → Kommunikation, Forschung

Massenkommunikation, Modell → Kommunikation, Modell

Massenkommunikation, Theorie

In einem weiten Sinn gibt es eine ganze Anzahl von Theorien der Massenkommunikation, etwa → Pressetheorien oder Theorien massenmedialer → Wirkung, kritische oder materialistische Theorien oder umfassende Medientheorien wie die von *McLuhan*. Im engeren Sinn gibt es dagegen nur wenige Modelle, von denen das Feldschema der Massenkommunikation von *Maletzke* (1963) besonders hervorzuheben ist (→ Kommunikation, Modell). [Merten 1999: 132–182]

Massenkommunikation, Wirkungen → Wirkung

Massenmedien → Medium

Maßnahme, von PR → Instrument, PR

Maßnahmenplan → Public Relations, Konzeption

Mathematische Informationstheorie → Informationstheorie

Media-Analyse (MA)

Die MA ist eine jährlich von der → AG.MA durchgeführte stichtagmäßige Erhebung der Reichweiten von Presse und Rundfunk nach demographischen Größen (Alter, Geschlecht) der jeweiligen Nutzer.

Mediaforschung

Im Gegensatz zur → Medienforschung, die nach Organisation der Medien und ihrer Wirkungen auf den Rezipienten fragt, ist die Mediaforschung vorrangig an der Nutzung der Medien durch den Rezipienten interessiert: Fragt die Medienforschung „Wer rezipiert welche Medieninhalte mit welcher Wirkung?“, so stellt die Mediaforschung die Frage

„Wer rezipiert unter welchen Bedingungen welche Medieninhalte in welchem Umfang?". Die Erforschung von Werbeträgern, Werbemitteln und die Bestimmung von → Kontaktfrequenzen steht daher im Mittelpunkt der Mediaforschung. [Noelle-Neumann et al. 1999: 193 ff.; Koschnick 1996: 605 ff.]

Media-Mix

Einsatz mehrerer und unterschiedlicher Medien zur Optimierung der Wirkung von Werbung. Der jeweilige Mix wird durch Daten der → Mediaforschung im Rahmen der → Mediaplanung festgelegt.

Mediaplanung

Mediaplanung bezeichnet die möglichst optimale Verteilung von Werbung auf verschiedene Werbeträger (Medien) unter Berücksichtigung der → Kontaktfrequenzen bzw. Kontaktwahrscheinlichkeiten in bezug auf relevante Zielgruppen. Wichtigste Kenngrößen sind Reichweite (Einschaltquote, Auflage) und Zielgruppenorientierung des jeweilig genutzten Mediums. In der Regel wird eine Verteilung auf mehrere Medien vorgenommen (→ Media-Mix). Neben der möglichst genauen und verlustlosen (→ Streuverluste) Ansprache der gewünschten → Zielgruppe wird die Auswahl vom Budget und den vorgesehenen Medien bestimmt. Mediaplanung ist vor allem für Werbung wichtig und gilt als Bestandteil des → Marketing. [Noelle-Neumann et al. 1999: 193 ff.]

Medical Relations

Spezial-PR für das Gesundheitswesen. Kunden sind vor allem die Pharma-Industrie, die Hersteller von Produkten gegen und Hilfsmitteln für bestimmte Krankheitsbilder sowie Verbände und staatliche Einrichtungen, die Kampagnen für gesundheitliche Ziele betreiben (z. B. Aids-Kamagne).

Medien → Medium

Medienarbeit → Pressearbeit

Medienforschung → Kommunikation, Forschung

Mediengesellschaft

Mediengesellschaft ist zunächst nur ein Schlagwort für den Typ von Gesellschaft, der auf die „postindustrielle Gesellschaft" folgt. Im gleichen Sinn wird auch von → Informationsgesellschaft gesprochen. Dahinter steht die Entwicklung von einer industriellen Gesellschaft zu einer Dienstleistungsgesellschaft mit einem „vierten" Sektor (nach Agrar-, Industrie- und Dienstleistungsgesellschaft), nämlich der Information und einem neuen Teilsystem der Gesellschaft, das längst zum gesellschaftlichen relevantesten Teilsystem avanciert ist: kein Absatz ohne Werbung, keine Politik ohne öffentliche Meinung, keine Kultur/kein Sport ohne Fernsehen, keine öffentliches Vertrauen ohne PR. Das Informationsangebot in Deutschland hat sich von 1960 bis 1990 um den Faktor 4000% vergrößert, und 1995 überflügelten die Brutto-Einnahmen aus dem Mediensystem zum ersten Mal die bis dahin führende Industriebranche, nämlich den Automobilbau. [Tauss et al. 1996; Merten 1999: 201 ff.]

Medienpräsenz

Erfolgsmaß für Medienresonanz, definiert als Anteil der eigenen an der Gesamtheit aller Meldungen pro Untersuchungseinheit (Ausgabe, Zeitabschnitt).

Mediensystem, Deutschland

Das Mediensystem der Bundesrepublik besteht aus den privatwirtschaftlich organisierten Printmedien und dem öffentlich-rechtlich oder privat organisierten Rundfunk (Hörfunk, Fernsehen) sowie weiteren Medien wie Film, Buch, Internet u. a.

a) Zeitungen

Tageszeitungen: Mit Vollredaktionen (= Redaktionen, die alle Ressorts [Politik, Wirtschaft, Feuilleton, Sport, Lokales] umfassen) ca. 160; Die Tagesauflage deutscher Tageszeitungen beträgt ca. 30 Mio. Exemplare. Überregionale Tageszeitungen in Deutschland sind F.A.Z., FR, SZ, *Die Welt*, taz, *Handelsblatt*. Die Auflage ist insgesamt seit 1993 (31,5 Mio. Auflage) leicht rückläufig.

b) Zeitschriften (nach IVW)

Insgesamt ca. 22 000, davon ca. 800 Publikumszeitschriften, ca. 1100 Fach- und 72 Kundenzeitschriften. Das Gros stellen die Special Interest-Zeitschriften.

c) Hörfunk

Ca. 225 lokale, regionale und überregionale Sender bei 38,2 Mio. angemeldeten Hörfunkgeräten.

d) Fernsehen

Ca. 100 lokale (z. B. in Hamburg, Berlin), regionale und überregionale Sender bei 34 Mio. angemeldeten Fernsehgeräten.

e) Film

Ca. 4100 Filmtheater mit (1996) 133 Mio. Besuchern/Jahr und 1,6 Besuchen pro Einwohner pro Jahr.

f) Buch

Ca. 2800 Verlage bei ca. 55 000 Titeln Erstauflage (Neuproduktion)/Jahr und ca. 16 Mrd. DM Umsatz.

g) Internet

Steigerung der Zahl der Nutzer in Deutschland 1999 um 25% auf ca. 10 Millionen. Weltweit gibt ca. 200 Millionen Nutzer – Tendenz steigend. Der jeweils aktuelle Stand der Internet-Nutzer läßt sich unter der Internet-Adresse **http://www.nua.ie/surveys/how_many_online/index.html** abfragen. [Merten 1999: 309 ff.; Meyn 1996: 59 ff.; Bericht der Bundesregierung 1998]

Mediengruppe	Anzahl[1]		Veränder. Prozent	Auflage[2]		Veränder. Prozent
	1993	1998		1993	1998	
Tageszeitungen	423	398	− 5,9	31,5 Mio.	29,7 Mio.	− 5,7
Wochenzeitungen	31	27	− 12,9	2,2 Mio.	2,3 Mio.	+ 4,5
Anzeigenblätter	1 333	1 331	− 0,2	76,4 Mio.	88,2 Mio.	+ 15,4
Publikumszeitschriften	658	809	+ 22,9	133,3 Mio.	142,5 Mio.	+ 6,9
Fachzeitschriften	958	1 080	+ 12,7	23,2 Mio.	26,4 Mio.	+ 13,8
Kundenzeitschriften	45	72	+ 60,0	27,3 Mio.	52,7 Mio.	+ 93,0
Branchenfernsprechbücher/Gelbe Seiten	86	131	+ 52,3	25,7 Mio.	34,3 Mio.	+ 33,5
Massendrucksachen/Infopost	–	–	–	4,4 Mrd.	6,0 Mrd.	+ 36,4
Bundesweite und regionale TV-Programme[3] Angemeldete Fernsehgeräte	70	98	+ 40,0	31,9 Mio.	34,0 Mio	+ 6,6
Bundesweite, regionale und lokale Hörfunkprogramme	213	224	+ 5,2	35,7 Mio.	38,2 Mio	+ 7,0
Angemeldete Hörfunkgeräte						
Plakatanschlagstelle[4]	306 138	389 336	+ 10,8	–	–	–
Kinosäle/Leinwände[5]	3 652	4 435	+ 21,4	130,5 Mio.	148,95 Mio	+ 14,1

1) IVW-Titel, 2) Tatsächlich verbreitete Auflage

3) deutschsprachige Programme lt. Spots 1/99, FID Verlag GmbH (Bonn)

4) Quelle: Berkenhoffs Plakat Media GmbH

5) Prognose FDW Werbung im Kino (Hamburg)

Quelle: Zentralverband der deutschen Werbewirtschaft (ZAW): http://www.interverband.com

Tabelle 8: Das deutsche Medienangebot in Zahlen (Merten 1999: 411)

Mediensystem, internationales

Den Anstoß zur Bildung eines internationalen Mediensystems haben schon vor langer Zeit die → Nachrichtenagenturen gegeben. Die großen Nachrichtenagenturen (AP und UPI in den USA, Reuters in Großbritannien und AFP in Frankreich) erzeugen auch heute noch den maßgeblichen und weltweiten Informationsfluß. Eine zweite Komponente stellen die Programmärkte dar, die von der Filmproduktion der USA (die den größten Exportgewinn der USA darstellt), dominiert werden. Diese und weitere Entwicklungen haben zu einer Einbahnstraße der Information geführt, die von den Industrieländern hin zu den Entwicklungsländern verläuft. Gegen die aus der Dominanz westlicher Medienangebote herrührende Verzerrung der Medienrealität und daraus ableitbaren wirtschaftlichen und politischen Abhängigkeiten richtete sich die 1980 von der UNESCO proklamierte Internationale Informationsordnung. [Merten/Schmidt/Weischenberg 1994: 562 ff.]

Medientheorie

Es gibt sehr unterschiedliche Typen von Medientheorien. Zum einen gibt es a) Theorien, die das Verhältnis der Medien(freiheit) zum jeweiligen politischen System zum Gegenstand haben (→ Pressetheorie), zum anderen gibt es b) kritische und materialistische Medientheorien, die vor allem die Funktion der Medien in der Nivellierung des Geschmacks, der Aufrechterhaltung des Konsums (durch Werbung) und der Verhinderung von „kritischem" Bewußtsein (*Adorno*) sehen und dies zum Gegenstand von Kulturkritik machen.

Zum dritten gibt es c) Medientheorien (*McLuhan, Flusser, Virilio, Postman*), die von den Autoren meist als Szenario (etwa: Die *Gutenberg-Galaxis)* entworfen werden und ein eher düsteres Bild der Folgen der Mediennutzung zeichnen. Schließlich gibt es d) eine ganz anders und viel abstrakter formulierte Theorie der symbolisch generalisierten Medien (*generalized media*, z. B. Geld, Macht, Wahrheit, Liebe), deren Funktion im Zusammenhalt der Gesellschaft liegt. [Merten 1999: 142 ff. u. 464 ff.]

Medienwirkung → Wirkung

Medium

Der Begriff des Mediums wird sehr unterschiedlich gebraucht:

- umgangssprachlich als „Mittel" bzw. vermittelnde Instanz
- Als publizistisches Medium (Verbreitungsmedium) gelten alle Einrichtungen, die die laufende Information, vorzugsweise in der Form von Nachricht/Bericht, Kommentar und Unterhaltung und deren prinzipiell unbegrenzte und aktuelle Vervielfältigung (durch technische Verfahren wie Druck, Funk u. a.) an ein anonymes und zahlenmäßg nicht begrenztes Publikum sicherstellen.

- Als theoretischer Begriff, der unter Medien soziale Mechanismen wie Macht, Liebe, Wahrheit, Geld etc. versteht, die die Integration der Gesellschaft durch spezifische Leistungen sicherstellen sollen.

Daneben gilt die Sprache kommunikationshistorisch als erstes Medium. Theoretisches Kriterium für Medien ist a) ihre beliebige Quantelung, b) der Verweis auf etwas anderes als auf sich selbst und c) ihre Konsistenz, d. h., sie verbrauchen sich nicht selbst. Sprache läßt sich beliebig (in kleinste syntaktische Einheiten) quanteln, referiert auf Objekte (und nicht auf sich selbst) und verbraucht sich durch die Benutzung nicht. Geld beispielsweise läßt sich beliebig quanteln, dient dem Eintausch von etwas anderem als sich selbst und verbraucht sich nicht (sondern wechselt nur den Besitzer). [Parsons 1980; Merten 1999: 133 ff.]

Mehrmethodendesign → Wirkung, Messung von

Meinung

Eine Meinung ist ein „subjektives Fürwahrhalten" (*Kant*) und hat, als wertende Aussage, grundsätzlich den Status einer Metainformation (Information über Information: „Ich meine, daß der Euro gut ist für Europa"). Eine Meinung (M) besitzt also eine reflexive Struktur: Die zugrundeliegende Aussage (A) (hier: „Es gibt den Euro in Europa") wird durch die dazu artikulierte Meinung („Ich meine, daß es gut ist..") zu einer Metaaussage, die, wie alle reflexiven Strukturen, eine besondere Leistung erbringt. Sie liegt in ihrer raffenden, abkürzenden Leistung und in ihrer Funktion, daß Meinungen stellvertretend für Wahrheiten (wahre Aussagen) genutzt werden können: Wahrheit kann bei Bedarf durch Konsens ersetzt werden. Diese Funktion ist besonders ausgeprägt bei der → Öffentlichen Meinung.

$$M = \binom{A}{A}$$

Abbildung 30: Meinung als Aussage über eine Aussage

Meinungen sind durch emotionalen und/oder kognitiven Appell vergleichsweise leicht zu verändern/zu beeinflussen. → Einstellungen fungieren wie Meinungen als Informationsfilter der Persönlichkeit, sind aber, weil im Verlauf der Sozialisation erfahrungsgestützt, beständig und vergleichsweise festgefügt aufgebaut, nur sehr schwer zu verändern. Einstellungen und Meinungen sind rein subjektiv. Ein → Image dagegen ist eine fiktionale kollektive Größe, die – im Gegensatz zu einer Meinung – nicht von einem Subjekt über ein Objekt, sondern durch eine Vielzahl von in der Öffentlichkeit bekannten Informationen über ein Objekt definiert wird, daher allgemein bekannt und für viele Menschen sehr ähnlich oder gar identisch sein kann.

Meinungsbildner → Meinungsführer

Meinungsforschung

Erhebung von → Meinungen durch permanente repräsentative → Befragung in der Bevölkerung. Urheber dieser Methode war → *Gallup*, in Deutschland wurde sie von *Elisabeth Noelle-Neumann* durch das von ihr gegründete Institut für Demoskopie (Allensbach) eingeführt (→ Marktforschung).

Meinungsführer

Ein Meinungsführer ist eine Person, der eine Sachkompetenz (auf einem bestimmten Gebiet) und eine kommunikative Kompetenz zugestanden wird, so daß deren Meinungen von anderen Personen, die den Meinungsführer persönlich kennen und Vertrauen zu ihm haben, zwanglos übernommen werden. Die Rolle des Meinungsführers wurde von *Lazarsfeld* (1940) im Rahmen einer Wahluntersuchung entdeckt (→ Two-step-flow).

In dem Maß, wie sich die Gesellschaft zur → Mediengesellschaft entwickelt, tritt neben den Meinungsführer der virtuelle Meinungsführer: Menschen übernehmen immer mehr ihre Meinung von Personen, die sie aus den Medien kennen und die a) glaubwürdig sind und b) häufig in den Medien auftreten, so daß zu ihnen eine virtuelle Beziehung besteht und ihnen eine generalisierte Kompetenz zugeschrieben wird (virtuelle Kompetenz). Virtuelle Meinungsführer sind vor allem Politiker und Journalisten, weniger aber Stars aus Sport und Kultur. Sowohl Meinungsführer als auch virtuelle Meinungsführer üben ihren Einfluß ohne Absicht (non-intentional) aus.

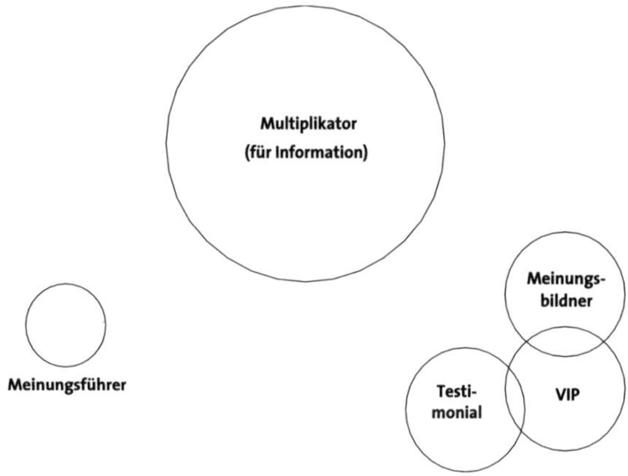

Abbildung 31: Meinungsführer, VIP, Multiplikator, Testimonial

Der Begriff des → Meinungsbildners ist hingegen ein umgangssprachlicher Begriff und bezeichnet Personen, die allein aufgrund ihres hohen, meist öffentlich sichtbaren Status (als Politiker, Manager, Wissenschaftler etc.) Einfluß auf die Meinung anderer nehmen. Dagegen ist eine → VIP (**V**ery **I**mportant **P**erson) zunächst nur eine prominente Person (Politiker, Sportler, Künstler etc.). Ein → Testimonial hingegen ist eine Person, die öffentlich wahrnehmbar (z. B. in einem Spot) ein Produkt testet (probiert) und dieses als gut befindet. Ein Testimonial wirkt werbend. Als Person hierfür wählt man Menschen in einer möglichst prominenten und produktaffinen Rolle (z. B. einen Arzt für medizinische Produkte) oder aber eine VIP.

Von diesen Rollen völlig unabhängig ist schließlich die Rolle des → Multiplikators. Darunter wird eine Person verstanden, die über viele Kontakte verfügt, vorzugsweise aber auch Journalisten, die ihre Multiplikatorwirkung für → Information und → Meinung über die Medien realisieren. Die Rollen von Meinungsführer, Meinungsbildner, VIP, Testimonial und Multiplikator sind distinkt (vgl. Abb. 31). Allenfalls gibt es Überschneidungen zwischen Meinungsbildner, VIP und Testimonial, weil eine VIP häufiger Meinungsbildner oder Testimonial sein kann. Meinungsbildner, Testimonial und Multiplikator handeln absichtlich, d. h., sie wollen bei ihrem Publikum Einfluß ausüben.

Merkmale/Rolle	Status	Kompetenz	Kommunikative Funktion	Intentionalität
Meinungsführer	Menschen wie Du und ich	Sachkompetenz, kommunikative Kompetenz	Formulierung von Meinungen	–
Virtueller Meinungsführer	Prominenz	Virtuelle Generalkompetenz, kommunikative Kompetenz	Formulierung von Meinungen	–
Meinungsbildner	Prominenz	Sachkompetenz	Verbreitung von Meinungen	+
VIP	Öffentlich bekannte Prominenz	öffentliche Bekanntheit	– -	– –
Testimonial	prominente Rolle oder VIP	Experte	Werbung	+
Multiplikator	Journalist	Redaktionelle Kompetenz	Verbreitung von Information/ Meinung	+

Tabelle 9: Rollenmerkmale im Vergleich

Tabelle 9 weist im Vergleich Status, Kompetenzen, kommunikative Funktion und Intentionalität der beschriebenen Rollen bzw. Positionen aus. [Merten 1999: 361 ff.]

Meinungsklima

Von *Paul Lazarsfeld* geprägter und von *Elisabeth Noelle-Neumann* übernommener Begriff für die Beschreibung der wahrgenommenen (vermuteten) Mehrheitsmeinung zu einem Thema in der Bevölkerung. Nach *Noelle-Neumann* kann man zur Messung der öffentlichen Meinung eine Frage auf zwei verschiedene Weisen stellen: a) man fragt den Befragten nach seiner eigenen Meinung (daraus läßt sich über alle Befragten dann eine demoskopische Aussage machen), und b) man fragt den Rezipienten, was er meint, was die anderen (die Mehrheit, „man") meinen. Diese zweite Frage ist die sogenannte Klimafrage, denn daraus kann man (schneller) entnehmen, wie sich das Meinungsklima ändert. Dieser Ansatz ist wichtig für die Messung von Meinungen mit der → Schweigespirale.

Meinungsvielfalt

Aus dem Grundgesetz abgeleitete Aufgabe der Schaffung und Garantie von Meinungsfreiheit, die als Garantie von Meinungsvielfalt für die öffentlich-rechtlichen Rundfunkanstalten (→ Rundfunk) verbindlich erklärt wird und auch in Begriffen der → Pressekonzentration (Einzeitungskreise) und der inneren → Pressefreiheit thematisiert wird. [Meyn 1996: 55 ff.]

Merchandising

Merchandising ist ein Typ von → Verkaufsförderung, der kurzfristige Kaufanreize durch Verkauf am Point of Purchase (PoP) schaffen soll. Dazu gehören vor allem Angebote mit Zusatznutzen, z. B. die Vermarktung von bekannten Personen oder Figuren, die im Fernsehen gezeigt werden (T-Shirts mit Aufdruck von „Bart Simpson" als Kultfigur, mit Sportlern etc.).

Mesotheorie → Theorie, wissenschaftliche

Messe

Zeitlich begrenzte, lokal gebundene Veranstaltung, die Angebot und Nachfrage für ein Marktsegment bindet oder zusammenfaßt und meist in regelmäßigem Turnus am gleichen Ort stattfindet. Handelt es sich nur um ein Angebot für ein Marktsegement, so spricht man von → Ausstellung. Die Unterscheidung ist allerdings nicht mehr aktuell, so daß die Begriffe Ausstellung und Messe heute synonym verwendet werden.

Messung, statistische

Messung hat die Funktion der Ordnung und Informationsreduktion, die besonders in der Bestimmung von Maßen der Lage (Mittelwerte), Maßen der Streuung und in der Bestimmung bivariater Korrelationskoeffizienten (Assoziationen, Kontingenzen) zum Ausdruck kommt. Die Messung kann auf unterschiedlichen Skalenniveaus (→ Skala) erfolgen. Die einfachste Messung ist der Vergleich.

Metakommunikation

Metakommunikation ist Kommunikation über Kommunikation. Theoretisch bezeichnet sie ein Reflexivverhältnis und damit eine besondere

Leistung. Sie findet in der → informellen Kommunikation laufend über die nonverbalen Kanäle (Blicke, Gesten, Paralinguistik) statt, sie kann aber auch verbal verlaufen: Das Sprechen über das Sprechen (die Kommunikation), das Schreiben über Schreiben (Geschriebenes, Gedrucktes, Gesagtes etc.). Metakommunikation ist eine wichtige Funktion aller PR, nämlich als Kommunikation (Kontakt), um Kommunikation (z. B. in den Medien) anzustoßen.

Metamedium

Ein Metamedium ist ein Medium, dessen Inhalt aus dem Verweis auf oder der Beschreibung von Inhalten anderer Medien besteht: Inhaltsverzeichnisse, Abstracts, Programmzeitschriften, Buchkataloge, Datenbanken oder die Suchmaschinen des Internets sind solche Metamedien. Metamedien leisten eine Vorselektion und haben eine Funktion der Informationsraffung und ermöglichen dadurch eine vergleichende Auswahl. Die strategische Leistung von Metamedien besteht in ihrem selektivitätsverstärkenden Potential.

Metaplan

→ Kreativitätstechnik, die wie das intuitive Brainstorming von der Spontaneität kommunizierter Vorschläge lebt, aber darüber hinausgeht, indem diese parzelliert und auf Kärtchen o. ä. visualisiert werden. Dies begünstigt die daran anschließende Phase der Strukturierung, die durch Variation der Anordnung der Kärtchen und deren Ergänzung („Was fehlt noch?") noch unterstützt werden kann. Die Dramaturgie einer Metaplansitzung hängt von der Kenntnis der Teilnehmer untereinander, der Struktur des zu lösenden Problems und einer sensiblen Moderation ab. Metaplansitzungen werden als Gruppensitzung durchgeführt und sollen nicht länger als vier Stunden dauern.

Metatext

Text, der über einen zugrundeliegenden Text eine Aussage macht und damit ein Reflexivverhältnis in der Sachdimension bildet. Im einfachsten Fall kann dies eine wertende Aussage sein („X ist gut/schlecht") oder aber eine Control Language (Anweisungs- oder Steuersprache in der Informatik).

Methode, empirische Sozialforschung → Instrument, soziale Wirklichkeit

Methodendesign → Wirkung, Messung von

Mikrotheorie → Theorie, wissenschaftliche

Mitarbeiterzeitschrift

Eine Mitarbeiterzeitschrift ist ein internes → Instrument der PR; sie sollte daher nicht als Sprachrohr des Unternehmens, sondern als Forum für Dialog gestaltet werden, d. h., Mitarbeiter sollen mit ihren Problemen an ihrem Arbeitsplatz zu Wort kommen. Die Zeitschrift soll neben der Information über das Unternehmen (dessen wirtschaftliche Lage) unterhaltende Elemente besitzen (Reportagen, Rätselecken etc.), aber auch praktische Tips (Gesundheit, Urlaubsreisen etc.) enthalten. Selbstverständlich sind auch hier Elemente der Corporate Identity wichtig (Name der Zeitschrift, Logo etc.). Die Mitarbeiterzeitschrift wird um so eher zu einem wirksamen Instrument, je mehr die Mitarbeiter sich motiviert fühlen, sie zu lesen und Beiträge dafür zu verfassen. Die Zustellung kann ggf. per Post an die Adresse erfolgen, damit die Familie des/der Mitarbeiters/in in den Dialog einbezogen werden kann.

Da das Betriebsverfassungsgesetz 4mal jährlich eine Information der Mitarbeiter vorschreibt, kann eine Mitarbeiterzeitschrift diese Bedingung synergetisch nutzen und diese Funktion erfüllen.

Modell

Vereinfachtes und auf das Wesentliche beschränktes Abbild einer bestimmten Wirklichkeit oder eines Objekts, dessen Struktur isomorph zur Struktur des zugrundeliegenden Objekts bzw. der zugrundeliegenden Wirklichkeit sein soll. In der Wissenschaftstheorie (→ Theorie, wissenschaftliche) werden die Begriffe Theorie und Modell als identisch angesehen: Eine perfekte Theorie ist identisch zu einem perfekt formalisierten (in mathematischen Termini) formulierten Modell. Modelle haben a) eine **heuristische** (das Erkennen von neuen Zusammenhängen) fördernde, b) eine **prognostische**, c) eine **ordnende**, d) eine **präzisierende** und e) eine **vereinfachende** Funktion. Auf der anderen Seite ist der Gebrauch von Modellen riskant, weil damit von vornherein schon bestimmte Beschränkungen (Simplifizierungen) verbunden sind: Die Verführung ist groß, von einem Modell bestimmte Eigenschaften zu übernehmen und andere nicht, was logisch nicht zulässig ist (→ Kommunikation, Modell). [Merten 1999: 57 ff.]

Monitoring

Das systematische Beobachten von Themen, Trends, aber auch von Personen, geschäftlichen Entwicklungen, insbesondere auch durch Analyse der Medien. Es ist insofern verwandt mit Marktbeobachtung.

Motivation

Beweggrund (Antrieb), Summe aller Bedingungen, die menschliches Verhalten, Handeln und Entscheiden steuern. Während man Motive früher im Sinn des → Reiz-Reaktionsmodells deutete und dabei primäre Grundbedürfnisse (Hunger, Durst, Macht, Fortpflanzung, Lust) definierte, geht man heute davon aus, daß Motive ein sowohl kognitiv wie affektiv strukturiertes Konstrukt darstellen, das auch als Bedürfnis bezeichnet wird. Motivation ist die aktuelle interne Disposition, die Verhalten bzw. eine Verhaltensänderung steuert. Sie wird auch durch das neurophysiologische Aktivationsniveau bestimmt und ist zudem durch den Grad an Zielstreben zu kennzeichnen, der insbesondere für Entscheidungen (Kaufentscheidung, Wahlentscheidung etc.) wichtig ist. Die Frage nach der Erklärung von Motivation hat sich zu einem Hauptzweig der Psychologie (Motivationspsychologie) entwickelt. [Kroeber-Riel 1984: 130 ff.]

Multimedia

Computergestützte Anwendungen, in die digitalisierte Bilder, Daten und Töne integriert werden. Multimedia ermöglicht die Kombination von Text, Bild, Ton und Video und einen interaktiven Dialog zwischen den Nutzern. Die technische Integration verschiedener Medien erfolgt auf digitaler Basis. Interaktivität wird zumeist vorausgesetzt.

Als „Neue Medien" wurden ursprünglich die privaten Sender sowie Btx bezeichnet; „Multimedia" ist die Bezeichnung für die Kombination von elektronischen Medien mit einer PC-Einrichtung (Fernsehen und Druckstation und Fax etc.). → Internet ist die Vernetzung von Daten über Telefon, die nach einem einheitlichen Prinzip von jedem Punkt der Erde aus abgefragt werden können. [Meyn 1996: 10 ff.]

Multiplikatoren → Meinungsführer

Multivariate Analyse

Verfahren der → statistischen Datenanalyse zur Analyse der Struktur von

Zusammenhängen von mehr als zwei Variablen. Die wichtigsten Verfahren sind:

- **Clusteranalyse**: Bildung von Gruppen, die sich hinsichtlich der Ausprägung bestimmter, beliebig skalierter Variablen maximal ähnlich sind und sich dadurch von anderen Gruppen größtmöglichst unterscheiden lassen.
- **Regressionsanalyse**: Erklärung der Ausprägung einer metrisch skalierten Zielvariablen durch Zurückführung (Regression) auf metrisch skalierte verursachende Variablen auf der Basis der Gesamtvarianz (R^2).
- **Kausalanalyse** (Pfadanalyse): Kausale Erklärung der Ausprägung einer metrisch skalierten Zielvariablen durch die korrelationsstatistische Analyse von als verursachend angesehenen metrisch skalierten Variablen.
- **Faktorenanalyse**: Ermittlung von (hypothetischen) Hintergrundvariablen (Faktoren), mit denen bestimmte metrisch skalierte Variablen besonders stark (und andere besonders wenig) korrelieren. Die Messung von „Intelligenz" als hypothetische Variable durch Bestimmung von praktischen Testergebnissen (die mit Intelligenz tentativ etwas zu tun haben), ist das bekannteste Beispiel für Faktorenanalyse (und zugleich der Ausgangspunkt für deren Entwicklung).
- **Varianzanalyse**: Erklärung der Ausprägung einer oder mehrerer metrisch skalierter Zielvariablen durch beliebig skalierte verursachende Variablen auf der Basis der Varianzzerlegung.
- **Zusammenhangsanalyse** durch lineare Gleichungen (LISREL). Sonderfall der Kausalanalyse, der die Verknüpfung von metrisch skalierten Variablen zu einem System linearer Gleichungen, aus dem der Einfluß von Variablen aufeinander bestimmt werden kann, leistet. Dieser Ansatz läßt nicht nur regressive, sondern auch nichtregressive Erklärungen (Lösungen) zu. [Backhaus et al. 1994]

N

Nachbarschafts-PR

PR am Standort einer Organisation (Standort-PR) für die dortigen Zielgruppen (Nachbarn), insbesondere auch für die Medien vor Ort (Standort-Presse). Ziel der Nachbarschafts-PR ist, a) die Bekanntheit der Organisation vor Ort zu steigern, b) Akzeptanz für deren Aktivitäten (Maßnahmen, Pläne, Produktionen, Bauvorhaben) herzustellen und c) Mitarbeiter zu rekrutieren. Maßnahmen für Nachbarschafts-PR sind z. B. der → Tag der offenen Tür, Sponsoring für Einrichtungen der zugehörigen Kommune und der Vereine vor Ort und die Beteiligung an wichtigen Aktivitäten.

Beispiel 16:

Die Stadt Gütersloh ist Standort des Bertelsmannkonzerns. Es ist daher kein Zufall, daß Bildungseinrichtungen der Stadt, insbesondere die Medienausstattung, von Bertelsmann gesponsert werden. Ebenso werden lokale Vereine unterstützt.

Nachricht

Der Begriff „Nachricht" trifft idealtypisch die Informationsfunktion der Medien. Nachrichten sind nach *Dovifat* (1962 I: 54) definiert als „Mitteilungen über neue, im Daseinskampf des einzelnen und der Gesellschaft auftauchende Tatsachen". *Hagemann/Prakke* (1966: 30 ff.) gehen vom Begriff der Aussage bzw. vom Ereignis aus; für sie ist Publizistik grundsätzlich aktuell und öffentlich, so daß eine spezifische Nachrichtendefinition entbehrlich ist.

Nachrichten sind das wichtigste journalistische Genre; dies äußert sich nicht nur darin, daß sie täglich in streng getakteten Intervallen zu festgelegten Zeiten gesendet werden, sondern auch darin, daß sie die höchsten Einschaltquoten erzielen – die täglichen Abendnachrichten erreichen eine Einschaltquote von 66% – und auch die mit Abstand meistbeforschten Inhalte der Kommunikationswissenschaft sind.

Nachrichten müssen aktuell sein, d. h., Nachrichten sind aus der Flut eingehender Aussagen über Ereignisse nach Überraschung (Neuigkeit) und Relevanz (Bedeutsamkeit) selegierte Aussagen, die zur Verbreitung gelangen. Die notwendige Selektivität bedingt, daß Nachrichten allenfalls in bezug auf unveränderliche Fakten (etwa: Ort des Geschehens, Zeit, beteiligte Personen) wahr sein können, nicht jedoch in ihrer Gesamtdarstellung, die wegen ihrer Selektivität stets eine gewisse Betonung (Wertung) impliziert.

Eine kommunikationswissenschaftliche → Nachrichtentheorie muß/kann erklären, welche Eigenschaften eines Ereignisses besonders relevant sind, um daraus eine Nachricht zu erzeugen. Diese Eigenschaften werden als → Nachrichtenfaktoren bezeichnet. [Schulz 1990]

Nachrichtenagentur

Nachrichtenagenturen sind in der Regel nationale oder internationale Unternehmen, die Nachrichten zentral sammeln, sichten und schnellstmöglich an die Presse weitergeben. In Deutschland ist dpa die größte Agentur (gegründet 1949; Eigentümer sind Verleger und Rundfunkgesellschaften, die pro Anteilseigner nur 1,5% des Stammkapitals besitzen dürfen). Daneben gibt es eine Reihe weiterer Agenturen (ADN, KNA, epd, vwd, ddp, sdi); die wichtigsten internationalen Agenturen sind Reuters (London), AP (Associated Press, New York), AFP (Agence France Press, Paris).

Nachrichtenfaktor → Nachrichtentheorie

Nachrichtentheorie

Im klassischen journalistischen Verständnis werden Ereignisse dann zur Nachricht, wenn sie → Aktualität besitzen. Aktualität ist eine Eigenschaft von Ereignissen, die diese besitzen müssen, um a) von Journalisten berichtet zu werden und b) das Interesse der Rezipienten zu treffen. Ganz grob kann man Aktualität (A) durch zwei Größen definieren:

- Information (I) (Neuigkeit, Überraschung) und
- Relevanz (R) (differenzierbar nach Zahl der Betroffenen, Dauer und Fristigkeit des Ereignisses, Grad der Betroffenheit, räumliche/geistige/zeitliche Entfernung des Ereignisses von den Betroffenen etc.)

Formalisiert heißt das (Merten 1973): A = f (I x R).

Aktualität kann also nur dann vorhanden sein, wenn beide Variablen positiv (größer Null) ausgeprägt sind.

Beispiel 17:

Daß in einer Vorlesung an einem ganz bestimmten Tage ganz bestimmte Personen zu ganz bestimmter Zeit einen ganz bestimmten Stoff so und gerade so rezipieren, dabei die und die Kleidung tragen, in der und gerade der Verfassung sind etc. etc., ist im Sinne der Informationstheorie ein hochinformatives (hochunwahrscheinliches) Ereignis, das sich so nie wiederholen wird. Dennoch taugt dieses Ereignis nicht zur Nachricht, denn es gibt täglich Tausende von Vorlesungen, die an der Bevölkerung spurlos vorübergehen, d. h., darin steckt keine besondere Relevanz. Umgekehrt ist die Tatsache, daß 98% aller Bundesbürger täglich eine warme Mahlzeit zu sich nehmen können, von maximaler gesamtgesellschaftlicher Relevanz: In Deutschland gibt es keinen Hunger. Dennoch taugt auch diese Feststellung nicht zur Nachricht, denn wir sind an diesen Zustand „gewöhnt", d. h., seine Feststellung enthält keinen Neuigkeitswert (Information).

Ein dezidierterer Entwurf einer Nachrichtentheorie liegt von *Galtung/ Ruge* (1965) vor, die dafür 12 → Nachrichtenfaktoren entwickelt haben. Danach hat ein Ereignis um so eher eine Chance, als Nachricht publiziert zu werden, je mehr und je stärker die Nachrichtenfaktoren ausgeprägt sind. Diese sind:

- Ereignisentwicklung (*frequency*)
- Außergewöhnlichkeit (*threshold*) in bezug auf Relevanz, Überraschung
- Eindeutigkeit (*unambiguity*)
- Bedeutsamkeit (*meaningfulness*)
- Erwartungstreue (*consonance*)
- Überraschung (*unexpectedness*)
- Themenkarriere (*continuity*)
- Relative Themenvarianz (*composition*)
- Bezug auf Elitenationen
- Bezug auf Elitepersonen
- Personenbezug generell
- Negativität

Diese Faktoren wurden empirisch überprüft und – mit Einschränkungen – als Selektivitätskriterien bestätigt.

Anzumerken ist, daß die Erzeugung einer Mitteilung über ein Ereignis, deren Publikation als → Nachricht und schließlich deren Rezeption durch den Rezipienten insgesamt als mehrfach gestufter Prozeß der Selektion verläuft und dies in zeitlicher, sachlicher und sozialer Dimension (vgl. Ruhrmann 1989: 30 ff.). Es ist daher geradezu erwartbar, daß in diesem Prozeß die Rolle des Redakteurs eben durch seine aufzubringende Selektivität definiert wird, nämlich als → Gatekeeper.

Dabei wählen die jeweiligen Instanzen nach unterschiedlichen Kriterien aus: Journalisten selegieren vor allem nach Neuigkeit, Rezipienten hingegen eher nach Relevanz (was gerade deshalb Sinn macht), d. h., sie übernehmen die Selektion der Journalisten und nehmen eine weitere Selektion nach subjektiver Relevanz vor.

Im Sinn des → Konstruktivismus kann man gerade den Prozeß der Nachrichtenrezeption als Prototyp für die (subjektive!) Konstruktion von Relevanz begreifen, denn: Rezipienten übernehmen Informationsangebote aus den Medien und setzen auf diese je subjektiv ihre eigene weitere Selektion, d. h., sie konstruieren ihre Relevanzen, ihre Wirklichkeit in der Tat selbst. Das kann man u. a. daran sehen, daß die verbale Reproduktion von Nachrichtensendungen deutlich zeigt, daß erinnerte Nachrichten in subjektive Kontexte eingebettet und überdies mit künstlichen, nicht in den Nachrichten berichteten Fakten angereichert werden. Des weiteren ist festzuhalten, daß alle Aussagetypen – entgegen dem herkömmlichen Alltagsverständnis und gleichgültig, ob informierend, meinungsbildend, belehrend oder unterhaltend – zunächst und vor allem anderen den Charakter von Information besitzen. [Lewin 1943; Abbott/Brassfield 1989; Ruhrmann 1989: 59; Schulz 1990; Merten 1999: 146 ff.]

Nachrichtenwert (News Value) → Nachrichtentheorie

Netzplantechnik

Universell einsetzbare Planungsmethode, bei der Ablauf-, Zeit- und Kostenplanung systematisch getrennt werden. Ganz grob lassen sich vier Schritte unterscheiden: 1) Beschreibung aller notwendigen einzuleitenden oder auftretenden Prozesse (Tätigkeiten, Maßnahmen, Entscheidungen etc.), 2) logisch stimmige temporale Ordnung dieser Prozesse unter Zuhilfenahme der Graphentheorie, 3) Bestimmung des minimal/maximal notwendigen Zeitaufwandes, aus dem heraus die Festlegung des frühestmöglichen bzw. spätestzulässigen Anfangs- und Endtermins abgeleitet wird, 4) Bestimmung des kritischen Pfades, aus dem sich der maximale Zeitaufwand ableiten läßt. [Nieschlag/Dichtl/Hörschgen 1997: 925 ff.]

Netzwerk → Intranet

Neue Medien → Multimedia

Nonprofit-PR

Public Relations für nichtkommerzielle Organisationen, Verbände und staatliche Einrichtungen. Gegenteil von → Unternehmens-PR.

Norm

Unter einer gesellschaftlichen Norm versteht man eine formulierte, verbindlich zu erfüllende Forderung, die an alle Mitglieder einer Gesellschaft gerichtet sein kann oder nur einen Teil davon oder aber Organisationen betrifft (z. B. „Alle Erwachsenen“, „Alle eisenverarbeitenden Betriebe“). Normen werden vor allem als Gesetze formuliert, aber auch als Vorgaben für das Handeln von Organisationen (z. B. die deutsche Industrienorm [DIN]). Ihre Mißachtung wird sanktioniert, in der Regel nach einem vorgegebenen Katalog, der zusammen mit der Norm formuliert wird. [Fuchs et al. 1978: 534]

O

Objektivität → Konstruktivismus

Oeckl, Albert (geb. 1909)

Albert Oeckl ist neben → *Domizlaff* und → *Hundhausen* einer der Gründungsväter der deutschen PR. Ab 1938 für die IG Farben tätig, 1950 bis 1959 Leiter PR beim Deutschen Industrie- und Handelstag (DIHT). 1959–1974 Direktor PR bei BASF, 1961–1967 Präsident der DPRG, danach Präsident der International Public Relations Association (IPRA). Seine Verdienste liegen vor allem im verbandspolitischen Engagement und in der Herausgabe eines ersten Handbuchs der Public Relations (1964). *Oeckl* nimmt für sich in Anspruch, 1951 den Begriff Public Relations durch den der Öffentlichkeitsarbeit ersetzt zu haben. Er definiert Öffentlichkeitsarbeit demgemäß als „das bewußte, geplante und dauernde Bemühen, gegenseitiges Verständnis und Vertrauen in der Öffentlichkeit aufzubauen und zu pflegen" (Oeckl 1964: 31 ff.)

Ökosponsoring → Sponsoring

Öffentliche Meinung

Wie der Begriff der Öffentlichkeit, so ist auch der damit verschwisterte Begriff der öffentlichen → Meinung sehr unscharf definiert. Ganz grob lassen sich zumindest vier Konzepte unterscheiden:

a) Das mystische Konzept

Unter dieses Etikett sind die meist vorwissenschaftlichen Ansätze zu rechnen, die der öffentlichen Meinung eine nicht erklärte oder nicht erklärbare mystische, gleichwohl starke, oft unberechenbare Wirkung zusprechen. Oft wird die Kraft öffentlicher Meinung dabei im Zusammenhang mit dem gewalttätigen und irrationalen Handeln von Massen beschrieben. Der Begriff der „öffentlichen Meinung" taucht zum ersten Mal in Frankreich kurz vor der Revolution auf; zum ersten Mal beschreibt sie der Finanzminister *Necker* wie folgt:

„[..] ‚durch verschiedene Umstände begünstigt, [ist die Macht der öffentlichen Meinung] gewachsen, und heute wäre sie schwer zu zerstören: sie herrscht über alle Geister und die Fürsten selbst hegen Achtung vor ihr' [...] Zugleich bemerkt er, daß ihre Macht in Frankreich am größten sei, daher beobachte man, daß sich die meisten Ausländer nur mit größter Mühe eine richtige Vorstellung davon bilden können, wie es in dieser Hinsicht hier sei: ‚sie begreifen nicht, wie eine solche unsichtbare Macht möglich ist, die ohne Finanzen, ohne Garde und ohne Heer Gesetze gibt für die Stadt, für den Hof und bis in den Palast des Königs sich erstreckt'" (Bauer 1930: 234).

Kritisch äußert sich auch *Hegel* über die Wankelmütigkeit öffentlicher Meinung, nämlich „daß es ein anderes ist, was sich jemand zu Hause bei seiner Familie oder bei Freunden einbildet, und wieder ein anderes, was in einer großen Versammlung geschieht, wo eine Gescheitheit die andere auffrißt" (Hegel, hier zitiert nach Habermas 1962: 132). Der Politologe *V. O. Key* definiert – ganz in diesem Sinn – öffentliche Meinung ironisch als „heiligen Geist des politischen Systems" (Key 1961: 8). *Bauer* (1914: 52) macht darauf aufmerksam, daß „die öffentliche Meinung [..] sich am liebsten in Extremen" bewegt und daher auch die in der Öffentlichkeit artikulierte Meinung an Übertreibung reich sein muß, was im übrigen schon den antiken Rhetoren bestens bekannt war: Von *Demosthenes* (384–322 v. Chr.) und seinem öffentlichen Widersacher *Aischines* ist bekannt, daß beide füreinander ein schier unerschöpfliches Arsenal übelster Schimpfwörter zusammengestellt hatten, mit dem der Gegner in der Öffentlichkeit bombardiert wurde und dadurch herabgesetzt werden sollte (Von Poehlmann 1913: 31 ff.).

Die erste Ausgabe der neuen Zeitschrift „Public Opinion Quarterly" (Princeton 1937) wird von *Floyd H. Allport* mit einem Beitrag „Toward a Science of Public Opinion" eröffnet. Darin definiert er öffentliche → Meinung wie folgt:

„The term public opinion is given its meaning with reference to a multiindividual situation in which individuals are expressing themselves, or can be called to express themselves, as favoring or supporting (or else disfavoring or opposing) some definite condition, person, or proposal of widespread importance, in such a proportion or number, intensity, and constancy, as to give rise the probability of affecting action, directly or indirectly, toward the object concerned" (Allport 1937: 23).

Auch wenn diese Definition in verschiedener Hinsicht Fragen offenläßt (etwa nach der Struktur öffentlicher Meinung), so enthält sie doch die wesentlichen Bestimmungsgrößen:

das Vorhandensein von → Öffentlichkeit (Multi-individual Situation), eine Angelegenheit von großer (öffentlicher) Relevanz, die

- eine intensive Meinungsbildung in
- großem Umfang auslöst und von der
- anzunehmen ist, daß sie nachfolgende Handlungen auslöst oder sie beeinflußt.

b) Das historische Konzept (Habermas 1962)

Jürgen Habermas begreift die Entwicklung der öffentlichen Meinung als diskursgestählten Konsens vernünftig denkender Privatleute, der sich gegenüber dem Souverän (Herrscher, Staat) als alternative politische Instanz etabliert und an Wahrheit bzw. Vernunft gebunden ist. Öffentliche Meinung reklamiert hier einen Anspruch auf Wahrheit. *Kant*, auf den *Habermas* sich hier stützt, sieht Öffentlichkeit als Voraussetzung für Aufklärung überhaupt: „Zu dieser Aufklärung aber wird nichts erfordert als Freiheit [...] nämlich die: von seiner Vernunft in allen Stücken öffentlichen Gebrauch zu machen“ (Kant 1968: 55). Dazu sieht *Kant* bereits die Medien als Vehikel: „So muß dem Staatsbürger [...] die Befugnis zustehen, seine Meinung [...] öffentlich bekannt zu machen. [...] Also ist die Freiheit der Feder [...] das einzige Palladium der Volksrechte“ (Kant 1968: 161).

c) Das deskriptive Konzept (Noelle-Neumann 1963)

Ein völlig anderes Konzept öffentlicher Meinung besteht darin, durch repräsentative Befragungen Mittelwerte von Meinungen zu erheben, sozusagen eine Art demoskopischer Momentaufnahme. Dieses Konzept beschreibt natürlich nicht, wie Habermas, den Prozeß der Konsensbildung in den Kaffeehäusern und dessen Eindringen in relevante Medien, sondern jeweils nur einen momentanen Ist-Zustand. Dieser prägt sich um so klarer aus, je umstrittener das Thema, zu dem Meinungen gebildet werden, ausfällt, so daß sich dazu um so schneller und deutlicher Meinungen bilden, die sich dann durch Befragung erheben lassen (vgl. Noelle-Neumann 1963).

d) Das systemtheoretische Konzept (Luhmann 1975)

Das systemtheoretische Konzept öffentlicher Meinung von *Niklas Luhmann* steht im direkten Gegensatz zu *Habermas* (1962). Es fordert, daß öffentliche Meinung nicht an Wahrheit gebunden werden darf, denn genau dies würde die Funktion öffentlicher Meinung, verstanden als „institutionalisierte Themenstruktur des gesellschaftlichen Kommunikationsprozesses" (Luhmann 1975: 29), zerstören und damit die öffentliche Diskussion eines Themas bis zu dessen politischer Behandlung durch Entscheidung unmöglich machen. Ob ein Thema politisch relevant wird, hängt dabei von dem Grad der Aufmerksamkeit ab, den dieses für sich reklamieren kann. „Das Wort ‚öffentliche Meinung' suggeriert zuviel Einheit, und das Gleiche gilt für den klassischen Begriff [...] Für die Annäherung an dieses Problem werden sehr viel komplexere begriffliche Hilfsmittel erforderlich werden als sie bisher in der Meinungsforschung üblich waren" (Luhmann 1975: 30).

Die Funktion öffentlicher Meinung

Die Ausdifferenzierung von öffentlicher Meinung hat zwei Vorteile: Zum einen können Meinungen ohne Wahrheitsbindung jederzeit geändert werden (z. B. mit der allemal akzeptablen Begründung, daß man „neue Einsichten" gewonnen habe). Zum zweiten muß in politischen Entscheidungsgremien unter hohem Zeitdruck entschieden werden. Das verbietet es systematisch, die Wahrheit zugrundeliegender Argumentation – z. B. mangels von Spezialkenntnissen – zu überprüfen. Hier bietet sich die Meinung quasi als Wahrheitsersatz an, deren faktische Stimmigkeit durch öffentliche Akzeptanz ersetzt wird und damit die Herbeiführung von Entscheidungen durch Bildung von Mehrheitsmeinungen erlaubt. Diese Eigenschaft von Meinungen war allerdings schon im Altertum bekannt: „Nicht Tatsachen, sondern Meinungen über Tatsachen bestimmen das Zusammenleben" – das wußte schon *Epiktet* (50–140 n. Chr., hier zitiert nach Zedtwitz-Arnim 1982: 78) zu sagen.

Öffentliche Meinung besitzt gegenüber der subjektiven → Meinung eine sehr viel komplexere Struktur, weil sie seitens des einzelnen stets die Berücksichtigung der Meinungen anderer bzw. der „herrschenden" Meinung voraussetzt. Diese Orientierung der eigenen Meinung an den Meinungen anderer, die bereits eine weitere reflexive Struktur verlangt, läßt sich aber nur bis auf die Ebene von Veranstaltungsöffentlichkeiten als präzise Wahrnehmung absichern, also nur im Ausnahmefall, und schon dieses „Meinen, was andere meinen" besitzt eine aufwendige Struktur:

Zunächst besitzt die einfache → Meinung bereits eine sachlich reflexive Struktur zu einer zugrundeliegenden Aussage, so daß die Meinung den Rang einer Metaaussage besitzt. Diese wird nochmals vernetzt mit einer weiteren, sozial reflexiven Struktur M (M). Strukturell liegt damit eine Kopplung zweier in der Sachdimension reflexiver Strukturen mit einer weiteren, in der Sozialdimension reflexiven Struktur vor, also eine sehr anspruchsvolle reflexive Struktur mit einem Komplexitätsgrad 2. Ordnung (vgl. Abb. 32).

Doch in der Mediengesellschaft ist nicht die → Öffentlichkeit von Veranstaltungen der Regelfall, sondern die von einem Publikum – dessen Mitglieder füreinander anonym bleiben – gebildete virtuelle Öffentlichkeit.

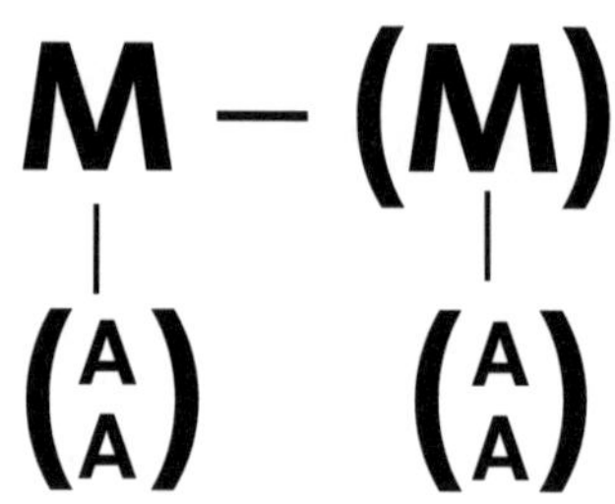

Abbildung 32: Reflexive Struktur von Meinung

Hier muß die konkrete Wahrnehmung, was andere meinen, ersetzt werden durch eine prinzipiell fiktionale Vorstellung (Erwartung), daß andere die Meinung anderer erwarten bzw. sich diese vorstellen, also durch eine Meinung, was man meint, was andere meinen. Damit ergibt sich für die neuzeitliche öffentliche Meinung eine erheblich komplexere Struktur (vgl. Abb. 33). Zu ergänzen wäre zudem noch eine temporal reflexive Prozeßstruktur, die sich z. B. in den bekannten Beschleunigungseffekten öffentlicher Meinungsbildung zeigt.

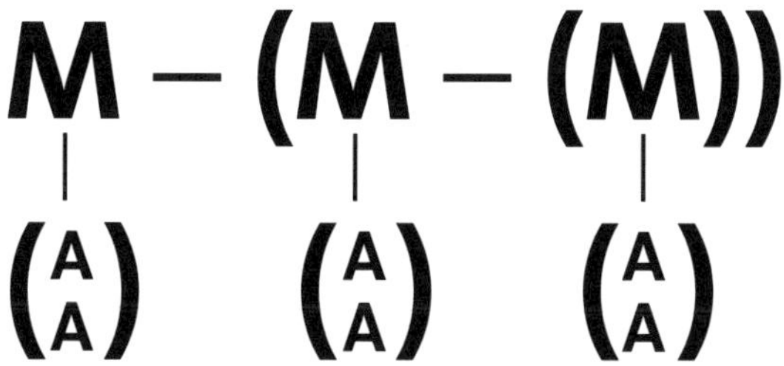

Abbildung 33: Die Struktur öffentlicher Meinung

Zusammenfassend heißt das: Öffentliche Meinung in der Mediengesellschaft wird systemisch als neuzeitliche Struktur von Kommunikation definiert, die nicht mehr auf Wahrhaftigkeit und Realität, sondern statt dessen auf Unterstellung von Wahrhaftigkeit, also eben auf Meinungen aufbaut und die Forderung nach Wahrheit durch die nach Akzeptanz ersetzt. Diese Akzeptanz wird über das soziale System → Öffentlichkeit beschafft, indem das eigene Meinen sich am Meinen, was andere über das Meinen anderer meinen, was man meint, orientiert. In diesem Sinn läßt sich öffentliche Meinung definieren wie folgt:

Öffentliche Meinung ist ein Kommunikationsprozeß zur Auswahl von relevanten oder für relevant ausgegebenen Sachverhalten oder Problemen, die als Themen etabliert werden und zu denen vor allem durch die Medien Meinungen erzeugt werden. Die Präsentation von Meinungen in der Öffentlichkeit provoziert eine Auswahl relevanter oder für relevant gehaltener Meinungen, die von einer Mehrheit akzeptiert werden oder akzeptiert zu werden scheinen und dadurch politische Wirkungen entfalten. [Habermas 1962; Luhmann 1970a; Noelle-Neumann 1963; Merten 1999: 239 ff.]

Öffentlichkeit

Der Begriff der Öffentlichkeit ist ein zentraler Begriff für Public Relations, weil er – wenn auch diffus – das Ziel aller Anstrengungen von PR markiert. Gleichwohl mangelt es diesem Begriff an ausreichender

Präzisierung – was man auch daran erkennen kann, daß er oft mit → öffentlicher Meinung vermengt oder verwechselt wird.

Ganz grob lassen sich vier Konzepte unterscheiden:

- Die passivische, grundsätzliche Offenheit bzw. **Zugänglichkeit** einer Angelegenheit (Ereignis, Sachverhalt, Problem) für alle oder eine Vielzahl von Personen, die im Deutschen dann den Begriff des „Gemeinen" annimmt und sich in Begriffen wie Gemeinwohl oder Gemeinsamkeit wiederfindet.
- Unter dem Einfluß des römischen Rechts entwickelt sich eine Kategorie des **Publicus**, des Öffentlichen im Sinne des „Staatlichen", denn nur der Staat, der Souverän verfügt, repräsentativ für alle, über das Recht, öffentlich Recht zu sprechen oder allgemeingültige Entscheidungen zu fällen und zu verkünden. Der Begriff der „öffentlich-rechtlichen Anstalt" ist eine späte Reminiszenz an diese Variante von Öffentlichkeit.
- Der Begriff der **Publizität**, der den Begriff der Öffentlichkeit an mediale Veröffentlichung und die dadurch bedingte, prinzipiell unbegrenzte Zugänglichkeit bindet.
- Das in der Betriebswirtschaft entwickelte Konzept von Öffentlichkeit als **Gesamtheit aller Zielgruppen** (Teilöffentlichkeiten) einer Organisation (eines Unternehmens): → Öffentlichkeitsarbeit (Public Relations) bezeichnet die planmäßig zu gestaltenden Beziehungen zwischen der Betriebswirtschaft und der nach Gruppen gegliederten Öffentlichkeit (z. B. Kunden, Geldgeber, Staat) mit dem Ziel, öffentliches Vertrauen und Verständnis zu gewinnen" (Meffert 1978: 86, vgl. ebenso Nieschlag et al. 1972: 358). Der Begriff der → Zielgruppe wird allerdings nur aus der Sicht des Marketings mit dem Begriff der → Teilöffentlichkeit gleichgesetzt.

Sucht man nach einer Minimalstruktur für Öffentlichkeit, so läßt sich diese beschreiben als Situation mit fünf charakteristischen Elementen: 1) grundsätzliche Beobachtbarkeit von allem durch alle, die 2) Diskurse anstößt zu 3) Themen, die 4) nach Relevanz behandelt werden und 5) dazu Meinungen provozieren. Sie besitzt damit von Anfang an zwei politische Komponenten insofern, als die Behandlung von Themen in der Öffentlichkeit nach Kriterien gesamtgesellschaftlicher Relevanz erfolgt und durch die dazu artikulierte Meinungsbildung die laufende Beobachtung von Graden der Zustimmung und Ablehnung zu dem jeweiligen Thema erlaubt.

Was eine solche Struktur leistet bzw. welche Funktionen sie erfüllen kann, erkennt man allerdings erst dann, wenn man unter abstrakterer Perspektive Öffentlichkeit als System begreift. Die Struktur von Öffentlichkeit läßt sich systemisch als das Ineinandergreifen von drei Systemen bzw. Kommunikationsprozessen darstellen.

1) Das System informelle Kommunikation

Ausgangspunkt hierfür sind die prominenten Mikroanalysen des amerikanischen Soziologen *Erving Goffman*. Er analysiert a) die Regelhaftigkeit von Verhalten des einzelnen b) gegenüber einer anderen Person und c) gegenüber einer anonymen Öffentlichkeit. „Gemeinsame Anwesenheit macht Menschen in einzigartiger Weise erreichbar, verfügbar und einander unterworfen" (Goffman 1971: 33). Merkmale solcher einfachster Situationen gemeinsamer Präsenz (Anwesenheit) einer Mehrzahl von Personen sind (nach Goffman 1971: 28 ff.) a) der breite (unaufhörliche) Informationsfluß und b) die einfache (unbewußte, ständige) Rückkopplung. Dies hat die unausweichliche Konsequenz, daß → Kommunikation entsteht.

„Dementsprechend transformiert jede zweite Person auf einer Szene alles, was von ihr selbst und einer ersten bereits anwesenden Person getan wird, in eine situierte Aktivität, auch wenn keine sichtbare Veränderung stattfindet in der Art, in der die schon vorher anwesende Person fortfährt, das zu tun, was sie bisher getan hatte. Der Neuhinzugekommene macht in der Tat aus einem einsamen Individuum und sich selbst eine Zusammenkunft" (Goffman 1971: 32).

Der einfachste Typ von Öffentlichkeit fällt demgemäß noch zusammen mit dem einfachsten Typ von Kommunikationsprozeß, der sich zwischen zwei Personen einstellt (Abb. 34):

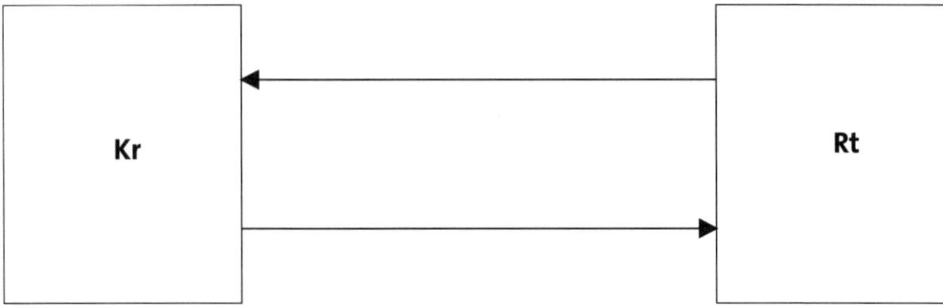

Abbildung 34: Öffentlichkeit als Anwesenheit zweier Personen („Du und Ich")

Goffman verweist hier auf ein zentrales Strukturelement von Öffentlichkeit, nämlich die wechselseitige Orientierung am anderen, die *Luhmann* später und analytisch schärfer als Reflexivität in der Sozialdimension gefaßt hat (vgl. Luhmann 1966) und die gravierende Folgen hat: Sie generiert nicht nur Kommunikation, sondern sie ist die Struktur, die aller Konsensbildung zugrunde liegt: Konsensbildung ist die zentrale Funktion von Öffentlichkeit und wird bereits auf dieser Ebene dadurch möglich, daß man das Beobachten von jemand anderem und zugleich das daraus resultierende Verhalten mitbeobachtet. Beide Kommunikationspartner sintern aus einer solchen Öffentlichkeit Gemeinsamkeiten (konsentiertes Wissen) ab, und sie bilden, zusammen oder jeder für sich, zugleich auch Meinungen darüber aus.

2) Das System kollektiver Anwesenheit

Die Erweiterung dieses Modells durch eine dritte oder weitere Person in der öffentlichen Zusammenkunft oder der öffentlichen Rede (Abb. 35) macht auf ein weiteres Strukturelement von Öffentlichkeit aufmerksam:

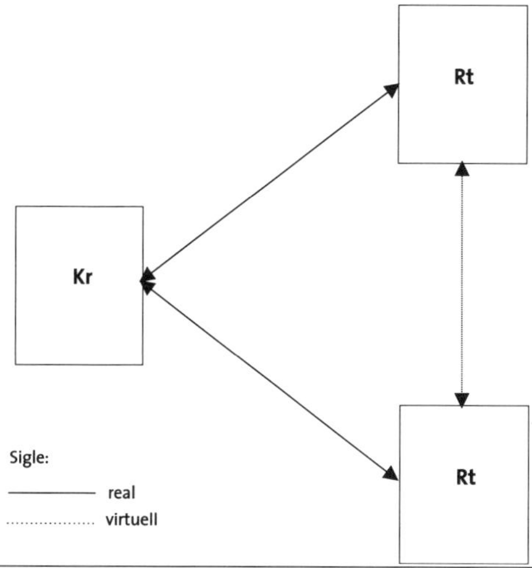

Abbildung 35: Öffentlichkeit als Anwesenheit von drei Personen (= Kommunikator und Rezipienten, „Wir")

Während Kommunikation stets **synchron** unter Anwesenden verläuft (Zeit wird gemeinsam erlebt), entwickelt sich Öffentlichkeit **diachron** als Kumulus von gemeinsam erfahrenem oder als gemeinsam unterstelltem Wissen, so daß als Folge von Kommunikation Konsens entsteht.

Dabei ist das Verhältnis synchroner zu diachroner Struktur (vgl. Abb. 35 mit Abb. 36) aufschlußreich: Die Verdoppelung der Zahl von Rezipienten (Rt), die eine direkte Kommunikation mit einem Kommunikator (Kr) unterhalten, bewirkt eine quadratisch dazu steigende Anzahl diachroner Beziehungen. Daraus folgt, daß Öffentlichkeit viel komplexer als das diese generierende Kommunikationssystem sein kann.

Typisch für eine solche Situation ist die öffentliche Rede, die sich strukturell ja durch **einen** Kommunikator und **viele** Rezipienten auszeichnet, die der Veranstaltung rezeptiv (stumm) beiwohnen, aber bei nächstbester Gelegenheit dann untereinander ihre Eindrücke – genauer: ihre Wissens- und Meinungsbestände zu dem vom Kommunikator verhandelten Thema abgleichen und damit dem System Öffentlichkeit wieder den notwendigen Konsens beschaffen.

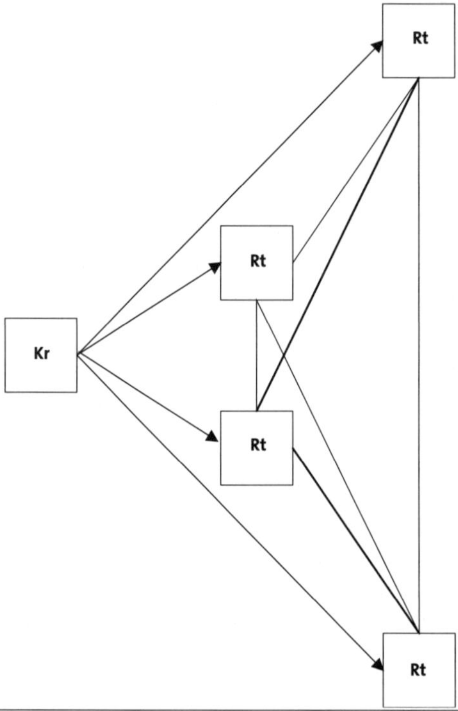

Abbildung 36: Öffentlichkeit als gemeinsame Anwesenheit („Wir")

Die Schaffung und Aufrechterhaltung relevanter gemeinsamer Wissensbestände (Information) und daraus ableitbarer konsentierter Kriterien (z. B. Normen und Werte) für Verhalten ist die zentrale Funktion von Öffentlichkeit. Dazu katalysiert sie laufend Kommunikation unter deren Mitgliedern. Genau aus diesem Grunde tauchen in diesem Stadium Begriffe des „Wir" und der Gruppen- und Stammesidentität auf. Genau dies ist der Ort, wo der Begriff „Masse" seine Berechtigung besitzt – und wo man das politische Potential von Öffentlichkeit, das sich sowohl in der Unberechenbarkeit als auch der möglichen Heftigkeit nachfolgenden kollektiven Handelns äußern kann, von je her fürchten gelernt hat (nicht zufällig lautete eine der Forderungen der Französischen Revolution auf Versammlungsfreiheit).

3) Das System parasozialer Anwesenheit

Doch die Radien gemeinsamer Kenntnis reichen im Zeitalter der → Mediengesellschaft nicht mehr aus, so daß neue Mechanismen kollektiver Beobachtung und Konsentierung von Wissen über die Welt gesucht und in den → Medien gefunden werden. Dabei sind zwei, miteinander zusammenhängende Probleme zu lösen: a) die Möglichkeit der Erzeugung von gemeinsamen Wissensbeständen für diffuse Publika, deren Mitglieder einander nicht kennen und die dann als zahlenmäßig unbegrenzt definiert werden können und b) die Garantie der Aufrechterhaltung dieser Bestände.

Beide Bedingungen werden durch die Implementation von Massenmedien erfüllt. Damit taucht notwendig eine neue Größe auf: → Fiktionalität. Wenn nicht mehr alle Mitglieder einer Öffentlichkeit autoptisch Gleiches wahrnehmen können, sondern nur durch die Medien vermittelt, dann kann Reales tendenziell durch Fiktionales ersetzt werden. Damit korrespondiert, daß Öffentlichkeit auf dieser dritten Ebene zunehmend Gebrauch macht von Vorstellungen, → Erwartungen und → Images: Daß etwas wichtig ist, wird von der Vorstellung, daß etwas wichtig sei, und daß etwas wahr ist, wird durch die → Meinung, daß etwas wahr sei, ersetzt. Diese Feststellung ist eine direkte Folge der aus der → Evolution von Kommunikation bekannten Tatsache, daß handlungsleitende Wirklichkeiten immer weniger durch „reale" Wirklichkeit und immer mehr durch fiktionale, medial vermittelte Wirklichkeit determiniert wird.

Bei schärferer Analyse wird – analog zum Modell der episodischen Öffentlichkeit – erneut die Verflechtung von Öffentlichkeit und Kommunikation auch für den Fall der Massenkommunikation sichtbar: Daß im Prozeß der Massenkommunikation ebenfalls Typen reflexiver Struktur auftreten, ist der Beleg für die Leistung der Systemperspektive: Sie führt zusammen, was auf der Erscheinungsebene distinkt, auf der Analyseebene jedoch zueinander affin ist.

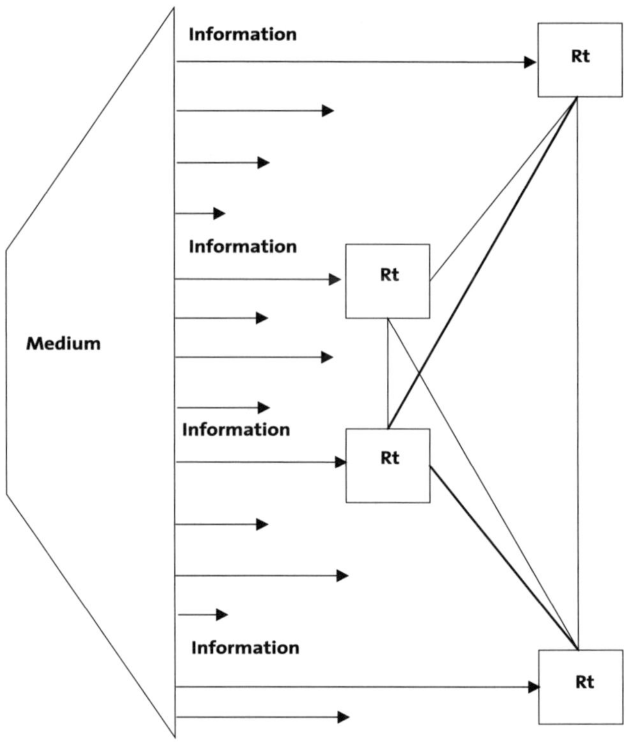

Abbildung 37: Öffentlichkeit als virtuelle Anwesenheit („man“)

Als Ausgangspunkt kann man die gleiche Strukturüberlegung nutzen, die im Vergleich von Kommunikation und Massenkommunikation die Affinität der beiden Prozesse deutlich macht (Merten 1977: 147 ff.), nämlich die Situation, in der eine Person X das Massenmedium M rezipiert (vgl. Abb. 38):

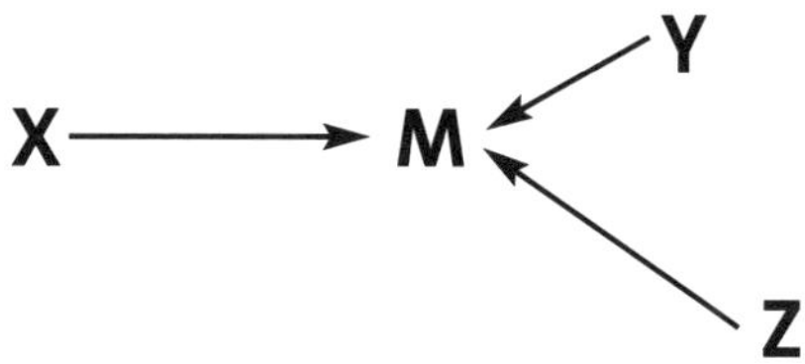

1) X(M)

2) X(M) + X'(Y(M))

3) X(M) + X'(Y(M)) + X'(Z(M))

4) X(M) + X'(Y(M)) + X'(Z(M)) + X'(Y'(Z(M))) + ...

Sigle: X(M) = X nimmt Medium M wahr; X'(Y(M)) = X unterstellt, daß Y Medium M wahrnimmt

Abbildung 38: Wahrnehmung von Medium M durch Rezipienten X, Y, Z

Der Rezipient von Massenkommunikation ersetzt die unmittelbare (autoptische) Wahrnehmung durch die kognitive Bewältigung der Situation: Er weiß, daß nicht nur er, sondern viele (man) zugleich die Aussagen des Kommunikators rezipieren, jeder weiß also, daß jeder andere weiß oder wissen kann, jeder erwartet, daß auch die anderen erwarten. Auf diese Weise konstituiert sich ein diffuser, gleichwohl aber hocheffizient wirksamer Konsensprozeß.

Die sachliche Reflexivität ergibt sich aus der Differenzierung zwischen Wissen und Meinen: Rezipienten wissen nicht nur, sondern sie meinen zu wissen, was andere zu wissen meinen etc. Demgemäß setzt die Entwicklung von Meinungen zu Themen die Themen bereits voraus.

Die temporale Reflexivität von Massenkommunikation ist – analog zur informellen Kommunikation – sehr diffus wirksam: Jeder massenkommunikative Akt läßt sich auf sich selbst zurückbeziehen und stabilisiert das System erneut, genauer: Er stabilisiert Wissen und Erwartungen in bezug auf weitere Massenkommunikation schon dadurch, daß über die Thematisierung, ja sogar über die Häufigkeit der Thematisierung Meinungen über Meinungen mitthematisiert werden können. Im Gegensatz zum realen face-to-face-Kommunikationssystem kann man daher die Massenkommunikation auch als virtuelles Kommunikationssystem bezeichnen, das zwar sehr diffus, aber dafür sozial flächendeckend konsentierende Funktionen in bezug auf Vorstellungen, Erwartungen und Meinungen erfüllt und genau dadurch ein weiteres, sehr viel diffuseres System „Öffentlichkeit" katalysiert.

Genauer: Person X rezipiert z. B. Nachrichten: Auf einem Bildschirm ist in Wort und Bild ein Nachrichtensprecher wahrnehmbar, der Nachrichten verliest und auf Person X schaut. Sofern Person X häufiger Nachrichten sieht, wird ihr die nachrichtensprechende Person vom Erscheinungsbild her bekannt sein. Der hier anlaufende Prozeß der Wahrnehmung läßt sich (vgl. Abb. 38) analytisch in vier Schritte zerlegen:

- Person X nimmt das Massenmedium M (den Nachrichtensprecher) wahr.
- Person X nimmt das Massenmedium M (den Nachrichtensprecher) wahr und unterstellt, daß auch eine andere Person Y das Medium M wahrnimmt.
- Person X nimmt das Massenmedium M (den Nachrichtensprecher) wahr und unterstellt, daß auch eine andere Person Y das Medium M wahrnimmt und noch eine weitere Person Z („man" sieht Nachrichten).
- Person X nimmt das Massenmedium M (den Nachrichtensprecher) wahr und unterstellt, daß auch eine andere Person Y das Medium M wahrnimmt und noch eine weitere Person Z („man" sieht Nachrichten) und unterstellt, daß auch andere Personen (exemplarisch: Person Y) unterstellen, daß eine andere Person („man") Nachrichten rezipiert.

Die Unterstellung, daß andere unterstellen, erzeugt ein Kommunikationssystem, das nicht auf der realen Anwesenheit, sondern auf der virtuellen Wahrnehmbarkeit der Kommunikanten beruht: nicht nur zwischen Person und Nachrichtensprecher allein, sondern zwischen all den Personen, von denen man vermutet, daß sie vermuten, daß andere ebenfalls den Nachrichtensprecher wahrnehmen. Die hier einsetzende Fiktionalisierung durch die Massenmedien ist daher nicht zufällig auch der Zeitpunkt, ab dem Public Relations ihren Aufschwung nehmen –

weil sich die Struktur von Öffentlichkeit entsprechend verändert: Nicht mehr nur Du und Ich, nicht mehr nur Wir wissen etwas, meinen etwas oder meinen etwas zu wissen, sondern man weiß, man meint, man meint zu wissen. Öffentlichkeit ist also als soziales System zu begreifen, das die zentrale Funktion der Ausbildung und Garantie von Wissenskonsens erfüllt.

Die Mitgliedschaft im sozialen System Öffentlichkeit erfordert zwar „nur" kommunikative Teilnahme, aber genau diese Teilnahme ist die Bedingung für den Benefit an weiterer Kommunikation und dem daraus ableitbaren Gewinn an Konsensgewißheit: Der Lohn für kommunikative Beteiligung liegt, paradoxerweise, gerade in weiterer kommunikativer

Typ/Element	a) Episodische Öffentlichkeit	b) Veranstaltungsöffentlichkeit	c) Virtuelle Öffentlichkeit
Aggregat	Du und Ich	Wir (Masse)	Man (Publikum)
Form	face-to-face-Kommunikation	face-to-many-faces-Kommunikation	Massenkommunikation
Erwartbarkeit	akzessorisch	arrangierbar	sicher
Soziale Erreichbarkeit	authentisch: Person zu Person	authentisch: Person zu vielen Personen	fiktional: Vorstellung von anderen
Temporale Erreichbarkeit	häufig, aber zufällig	gelegentlich, aber planbar	permanent, periodisch
Sachliche Erreichbarkeit	Keine Vorbedingung (keine Selektivität)	Thematischer Filter	organisatorischer und thematischer Filter
Systemstruktur	Reflexivität der Wahrnehmung (Ego-Alter)	Multiple Reflexivität (Wir)	Reflexivität (unterstellbaren Handelns, man)
Adaptionsfunktion	Themen- und Themen nach Anlaß	Situationsvariabilität selegierend	Themen nach öff. Meinung selegierend
Goal Attainment	Themenzentrierung, Entscheidungen/ Vereinbarungen	Themenzentrierung, Willensbildung, Aktion	Meinungsbildung
Integration	Lernen, Geschichte	„Wir-Gefühl"	Konsensbildung
Latent Structure Maintenance	Abwehr von Unterbrechungen	Teilnahmemotivation	Sensibilität für Veränderung, Bildung öff. Meinung

Tabelle 10: Strukturelle Synopse von Öffentlichkeit

Beteiligung. Tabelle 10 zeigt in der Synopse diese und andere Strukturen der vorgenannten drei Typen von Öffentlichkeit auf.

Diese funktional-strukturelle Analyse von Öffentlichkeit darf nicht darüber hinwegtäuschen, daß die historisch älteren Typen von Öffentlichkeit weiter bestehen und nach wie vor parallel genutzt werden, so daß sich insgesamt Synergieeffekte einstellen: in vergleichsweise verbindlicher Form in der episodischen Öffentlichkeit, die thematisch die geringste Bandbreite, hinsichtlich der Themenvariabilität jedoch die geringsten Beschränkungen aufweist. Die Veranstaltungsöffentlichkeit ist dagegen hinsichtlich der Thematik weniger, hinsichtlich der Themenvarianz stärker restriktiv.

Die Publikumsöffentlichkeit weist die größte Themenvielfalt auf, zugleich aber die geringste Themenvariabilität: Der Rezipient kann von sich aus die vom Kommunikator gewählte Thematik überhaupt nicht beeinflussen. Dieser Defekt läßt sich aber über die Wahl des Mediums in gewissem Umfang kompensieren. Die Vergrößerung der Wahlfreiheit durch Vergrößerung der Zahl und der Nutzbarkeit der Medien und des dadurch zur Verfügung gestellten Informationsangebotes müßte demnach tendenziell eine sinkende Konsensleistung von Öffentlichkeit zur Folge haben. Themenhomogenität wird jedoch in Abhängigkeit von der sozialen Relevanz aktueller Ereignislagen jederzeit wiederhergestellt, so daß ein vergrößertes Informationsangebot die konsentierende Kraft von Öffentlichkeit nur hinsichtlich nachgeordneter Relevanz schmälert. Präzise Indikatoren hierfür sind bislang nicht definiert worden; gleichwohl sind der Zuwachs an sozialer Individualität, wie er z. B. im Konzept der Erlebnisgesellschaft zum Ausdruck kommt (vgl. Kombüchen 1999) oder die Differenzierung der Informationsangebote etwa durch Special Interest-Zeitschriften etc. eindeutige Fingerzeige in diese Richtung.

Der Vorteil eines systemischen Verständnisses von Öffentlichkeit gegenüber einem zielgruppenorientierten Verständnis liegt zunächst in der Beschreibung von Strukturen anstatt der nur pauschalen Benennung der Akteure, die diese Strukturen produzieren oder – systemisch gesprochen – deren Handeln Öffentlichkeit erst konstituiert.

Das zielgruppenorientierte Verständnis verfehlt damit die Ebene, auf der Öffentlichkeit agiert. Zusätzlich lassen sich einem systemischen Verständnis von Öffentlichkeit präzise Hypothesen ableiten:

Öffentlichkeit ist auf kontinuierliche Ansprache angewiesen.

Diese Hypothese ergibt sich direkt aus dem Problem der Bestandserhaltung (Latent Pattern Maintenance) von Öffentlichkeit. Sie erklärt, warum es notwendig ist, auf Öffentlichkeit permanent einzuwirken, z. B. in der Pflege von Images. Sie erklärt damit auch die Unbeständigkeit oder Wankelmütigkeit von Öffentlichkeit, die stets die Folge mangelnder Garantie von Wissens- und Meinungsbeständen ist.

Öffentlichkeit reagiert um so sensibler auf Veränderungen (Information, Überraschung), je unerwarteter, je schneller und je sozial relevanter diese eintreten.

Diese Hypothese ist praktisch die Komplementärhypothese zu Hypothese 1. Dabei ist von Belang, daß der Eintritt von Veränderungen zunächst nur kommunikativ, nicht real avisiert sein muß, so daß nicht (nur) der reale Eintritt relevanter Veränderungen, sondern bereits die Meinung oder Vorstellung, daß diese eintreten könnten, handlungsrelevant wird.

Öffentlichkeit läßt sich auf verschiedenen Ebenen herstellen und nutzen:

- episodische Öffentlichkeit (das vertrauliche Gespräch),
- Veranstaltungsöffentlichkeit (z. B. als Event, Pressekonferenz) und
- Publikumsöffentlichkeit (medienwirksame resp. meinungsbildende Kampagnen, z. B. durch Einsatz virtueller Opinion-Leader etc.)
- und dies natürlich am effizientesten auf allen drei Ebenen zugleich.

Die optimale Beeinflussung einer Öffentlichkeit wird nicht durch die wie auch immer strukturierte personenbezogene Ansprache erreicht, sondern dadurch, daß die einer Öffentlichkeit zurechenbaren Personen (Zielgruppen) die Vorstellung entwickeln, daß sie sich so verhalten (so wahrnehmen, so denken, so meinen) wie alle anderen Personen, die der jeweiligen Öffentlichkeit zuzurechnen sind.

Daraus läßt sich z. B. ableiten, daß Informationsangebote um so eher von der Öffentlichkeit akzeptiert werden, je eher sie den vermuteten Tenor von Öffentlichkeit treffen. Genauer: Informationsangebote sind demgemäß so zu strukturieren, daß sie z. B. reflexive Strukturen nutzen, die einen Verweis auf (steigende) Akzeptanz enthalten. Dies kann z. B. durch Verweis auf andere („Man weiß, daß...“), durch Anzug von Normen und Werten („Unsere Währung ist stabil...“) oder durch Suggestion temporaler Beschleunigung („Immer mehr Bürger denken...“) geschehen, aber auch durch bindende Verweise auf richtiges Handeln und Meinen oder negative Verweise bei Abweichung davon etc.

Unter dieser Prämisse wird nochmals die besondere Funktion der Medien in der Mediengesellschaft deutlich. Die laufend zu konstruierenden Entwürfe für → Wirklichkeit bedürfen der fortlaufenden Befestigung durch Wiederholung, Verweis auf Wahrheit und Glaubwürdigkeit, Orientierung an Meinungsführern, Instrumentalisierung von Vorbildern (→ VIPs, → Testimonials) und vor allem durch Kampagnen zur Erregung von Aufmerksamkeit. Und da Aufmerksamkeit nicht zu institutionalisieren ist, muß Neues ständig wiederholt geboten werden, so daß die Funktion von Öffentlichkeit geradezu durch die Ausbildung einer Erwartung für Unerwartetes (Aktualität) zu charakterisieren ist.

Öffentlichkeitsarbeit

Eindeutschung des Begriffes „Public Relations“ durch → *Albert Oeckl* (1951), wird heute synonym zum Begriff der PR gebraucht.

→ Public Relations

Öffentlichkeitseffekt

Anwendungsfall sozial reflexiver Struktur: Wenn eine Person in einer bestimmten Situation das Wahrnehmen, Handeln oder Verhalten anderer Personen beobachten kann, dann wird sie ihre eigenen Wahrnehmungen, Handlungen und ihr Verhalten an dem der anderen Personen ausrichten und dies um so eher, je konsonanter das Wahrnehmen, Handeln und Verhalten der anderen Personen ausfällt und je weniger vertraut die Einzelperson mit der Situation ist (→ Reflexivität, → Öffentlichkeit).

Öffentlich-rechtlicher Rundfunk → Rundfunk

Online

Verbundensein mit einem Netz oder einem Medium (PC), Gegenteil von Offline.

Online-Dienste

Anbieter von Telekommunikationsdiensten, die online Text-, Ton-, Bild- und Videoinformationen zur Verfügung stellen. Im Gegensatz zum unbegrenzt zugänglichen Internet ist die Nutzung dieses professionell erstellten Angebots kostenpflichtig (durch Mitgliedschaft oder durch Abbuchung von einem Konto) oder wird durch Werbung finanziert.

Online-PR

verfügt über mehrere Dialog-Elemente und läßt sich für Public Relations auf vielfältige Weise nutzen, vor allem für a) die Positionierung einer Organisation (Herstellung und Erhöhung des Bekanntheitsgrades), b) Unterstützung des Dialogs mit internen und externe Zielgruppen, c) Dokumentation der Fortschrittlichkeit einer Organisation und damit die Pflege ihres → Images. [Fuchs et al. 1998]

Opinion-Leader → Meinungsführer

Organisation

Eine Organisation ist definiert als „Ordnung von arbeitsteilig und zielgerichtet miteinander arbeitenden Personen und Gruppen. [Der Begriff der Organisation] umfaßt insofern nicht nur Verbände und Vereinigungen, sondern alle Institutionen, Gruppen und sozialen Gebilde, die bewußt auf ein Ziel hinarbeiten, dabei geplant arbeitsteilig gegliedert sind und ihre Aktivität auf Dauer eingerichtet haben" (Fuchs et al. 1978: 548). Demgemäß ist eine Organisation durch vier Kriterien definiert: a) Eine Ordnung (in Form einer Gruppe, eines Unternehmens), die aus 2) arbeitsteilig erbrachten und 3) zielgerichteten (bewußten) Handlungen von Personen (Mitglieder der Organisation) besteht und 4) deren Aktivität auf Dauer gestellt ist.

Die neuere Organisationslehre (vgl. Luhmann 1964) begreift Organisationen als Handlungszusammenhänge (oder Systeme), die aus Handlungen (der Mitglieder einer Organisation) bestehen, welche miteinander sinnvoll verbunden sind und sich gegen andere Handlungen (Umwelt) abgrenzen lassen.

Mitglieder einer Organisation sind nur in bezug auf ihre → Rolle in der Organisation, nicht als Person, relevant.

Organisationskommunikation

Zur Kommunikation einer Organisation gehören sowohl informelle als auch Massenkommunikation (Abb. 39). Dabei wird die Werbung als Typ von → Marktkommunikation von Public Relations als externe → Unternehmenskommunikation unterschieden. Beide richten sich an die Umwelt: die Werbung an die Zielgruppe der Kunden, PR an sehr viel mehr Zielgruppen, vor allem aber an die → Medien.

Von beiden unterscheidet sich wiederum die interne Unternehmenskommunikation, die vor allem als Mitarbeiterkommunikation eine Rolle spielt und sowohl horizontal als auch vertikal geführt werden kann, und dies wiederum einseitig (z. B. auf- oder abwärts) oder

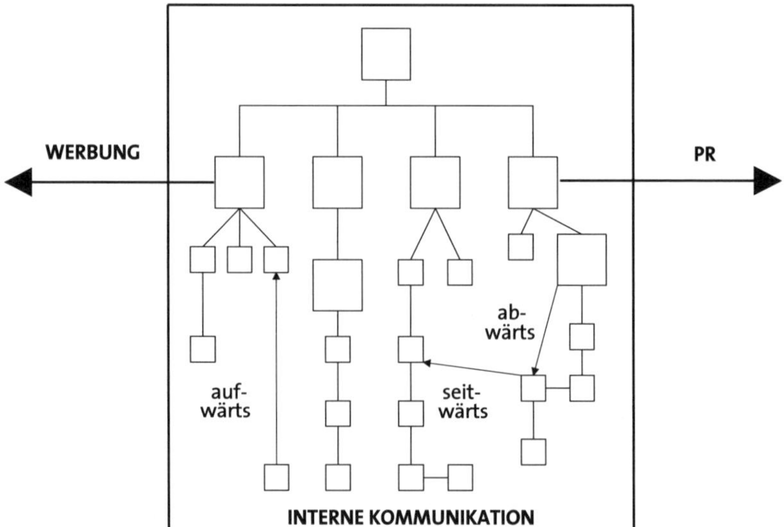

Abbildung 39: Typen von Organisationskommunikation

wechselseitig. Abb. 39 macht bereits strukturell darauf aufmerksam, daß die Bündelung von Kommunikation, die aus Gründen der Synergie wichtig ist, möglich, aber nicht einfach ist.

Die Funktion von Kommunikation für moderne Organisationen verändert sich und dies gleich aus fünf Gründen: wegen der 1) allgemeinen Ausdifferenzierung der Gesellschaft, der 2) Spiegelung von Handlungen aller Teilsysteme im Kommunikationssystem, der 3) veränderten Struktur des Wirtschaftssystems (gesättigte Märkte), 4) der internen Ausdifferenzierung von Organisationen und der strategischen Rolle der Mitarbeiterkommunikation.

1) Ausdifferenzierung der Gesellschaft

Zum einen findet eine generelle → Evolution von Kommunikation statt, die alle Bereiche menschlichen Daseins betrifft und in der derzeitigen Medienevolution ihren besonderen Ausdruck findet.

Grund dafür ist die Differenzierung von Gesellschaften in immer mehr funktionsspezifische Subsysteme: Die Funktion, bindende Entscheidungen zu treffen, wird an das Subsystem Politik delegiert; die Ver-

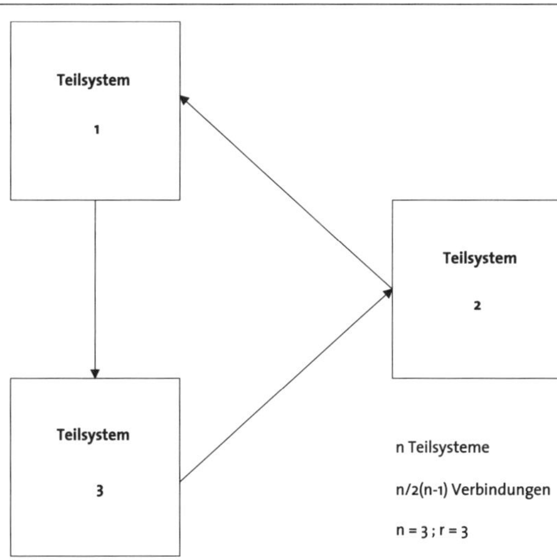

Abbildung 40: Differenzierung der Gesellschaft in drei Teilsysteme

waltung des Mangels wird an das Subsystem Wirtschaft delegiert; die Funktion der Verringerung von Irrtum übernimmt das Subsystem → Wissenschaft etc. Diese letztlich auf dem Vorteil der Arbeitsteilung beruhende Differenzierung wäre allerdings nicht möglich, wenn das System Gesellschaft nicht gleichzeitig für die Integration dieser Teilsysteme sorgen würde, nämlich durch alle geeigneten Möglichkeiten der → Kommunikation. Besitzt eine (archaische, einfache) Gesellschaft z. B. drei Teilsysteme (etwa: Politik, Wirtschaft, Religion), dann erfordert die Integration dieser Teilsysteme untereinander drei Relationen (Abb. 40).

Differenziert sich jedoch die Gesellschaft weiter und verdoppelt die Zahl ihrer Subsysteme (indem z. B. die Subsysteme Wissenschaft, Gesundheit und Recht hinzukommen), so verdoppelt sich die Zahl der Relationen zwischen den Teilsystemen nicht nur, sondern sie wächst sogar quadra-

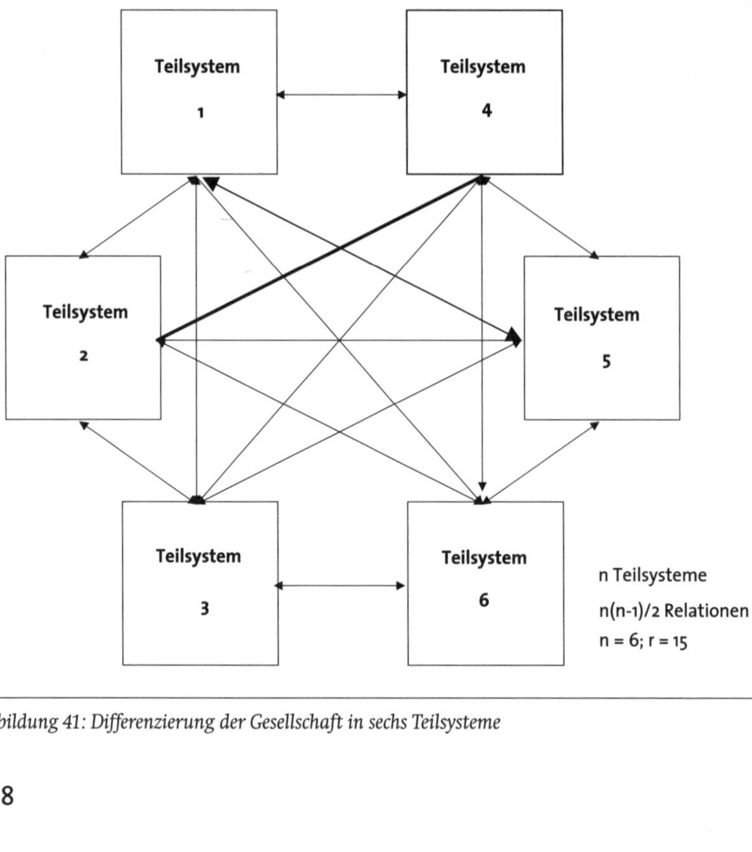

Abbildung 41: Differenzierung der Gesellschaft in sechs Teilsysteme

tisch (Abb. 41). Daraus kann man ableiten, daß das Kommunikationssystem (= Summe aller Verbindungen) grundsätzlich schneller wachsen muß als die Teilsysteme und stetig an Relevanz gewinnt.

2) Spiegelung der Teilsysteme im Kommunikationssystem

Die steigende Relevanz liegt aber zum zweiten auch darin begründet, dass sich das Handeln der Teilsysteme immer mehr in das Kommunikationssystem verlagert: kein Wahlkampf ohne die öffentliche Meinung, kein Absatz ohne Werbung, keine Kultur ohne Sponsoring etc. Das Kommunikationssystem avanciert dadurch zu einem generalisierten Stellvertreter.

3) Die Struktur des Wirtschaftssystems (gesättigte Märkte)

Darüber hinaus gibt es speziell im Wirtschaftssystem einen weiteren Kommunikationszuwachs, der sich aus dem Problem gesättigter Märkte (und aus dem technischen Gleichstand vieler Produkte) ergibt: Die Produkte unterscheiden sich immer weniger. Hier hat man nun die Kommunikation als „weichen", aber zunehmend wichtigen Erfolgsfaktor erkannt. Studien aus den USA zeigen, daß dort der Erfolg von Unternehmen bereits zu mehr als 15% von diesem Faktor abhängig ist.

4) Funktionale Differenzierung von Organisationen und strategische Rolle der Mitarbeiterkommunikation

Der vierte Grund, weshalb Kommunikation gerade für Organisationen wichtig ist, liegt in der systemischen Struktur von Organisationen: Nicht nur Gesellschaften differenzieren sich aus, sondern auch auf der Ebene der Subsysteme und der Organisationen findet eine kontinuierliche Ausdifferenzierung statt. Diese hat organisationsintern die gleichen Auswirkungen wie die gesamtgesellschaftliche Differenzierung: Der Aufwand für Kommunikation wächst überproportional.

Daß PR ein strategisches kommunikatives Handeln zwischen einer Organisation und der Öffentlichkeit bzw. ihren Zielgruppen darstellt, ist seit Beginn der Industrialisierung bekannt. Nach *Grunig/Hunt* (1984: 6) wurden dafür vor allem Instrumente der Publicity, der Information und des Dialogs (Abb. 42), mit denen der Interessenausgleich zwischen Organisation und Umwelt herbeigeführt werden sollte, genutzt.

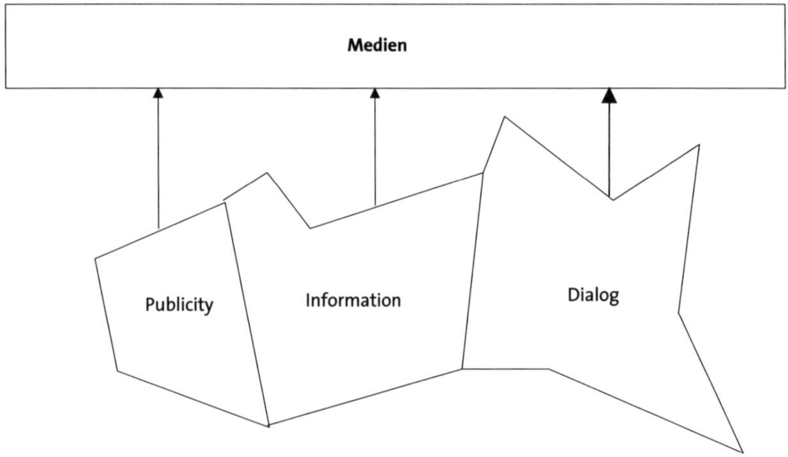

Abbildung 42: Drei Modi von Public Relations

Grunig/Hunt (1984: 6) definieren unter dieser Perspektive Public Relations auf überraschende Weise neu, nämlich als „part of the management of communication between an organization and its publics“. Dieses Management bezieht die interne Kommunikation mit ein, es sieht in der effizienten internen Kommunikation eine unverzichtbare Bedingung für eine effiziente externe Kommunikation (→ integrierte Unternehmenskommunikation).

Aber man entdeckte all dies in den 70er Jahren sozusagen ein zweites Mal: Bei der Analyse von Effizienz in Organisationen, die in den USA bereits in den 30er Jahren – vor allem unter dem Schlagwort Human Relations – einsetzte, war man, aus einer ganz anderen Richtung kommend, auf die besondere Rolle von Kommunikation für das Funktionieren von Organisationen gestoßen: Das interne Funktionieren von Organisationen, so die damals sehr überraschende Erkenntnis, hing in erheblichem Ausmaß von dem Funktionieren der internen Kommunikation ab. Vor allem die berühmte Studie von *Roethlisberger/Dickson* (1939) zur Analyse von Effizienz in Industriebetrieben machte erstmals auf die wesentliche Rolle interner Gruppenkommunikation aufmerksam. Nicht

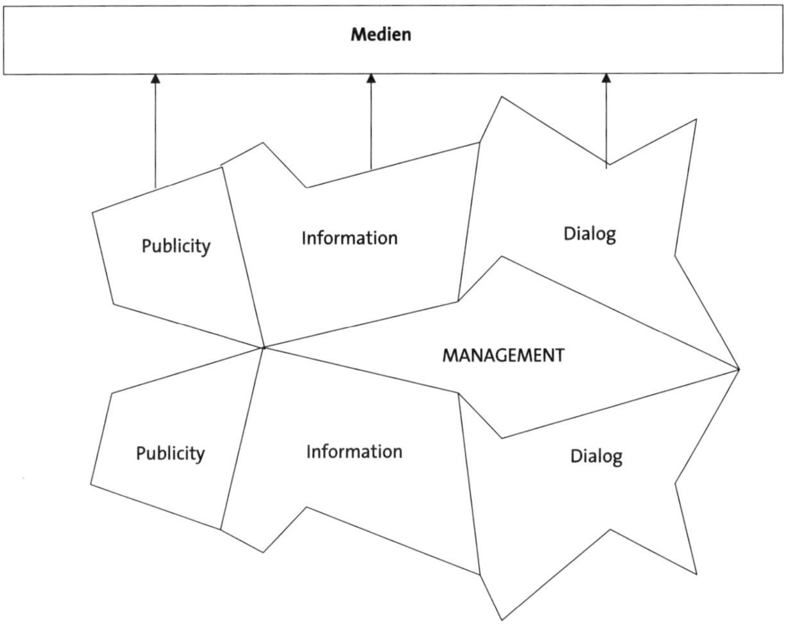

Abbildung 43: PR als Management

zufällig zeitgleich begann damals auch die Human Relations-Bewegung, die systematisch die Relevanz der sozialen Dimension von Industriearbeit freilegte.

Jetzt war es nur mehr ein kleiner Schritt, interne und externe Kommunikation, die in ihren Problemlagen und möglichen Problemlösungen überraschend affin waren, zu vernetzen (Abb. 43). Schon *Bernays* hatte ja mit der Feststellung „PR begins at home" hellsichtig darauf verwiesen, daß externe und interne Kommunikation zusammen Synergieeffekte erzeugen und daher sinnvoll nur synoptisch zu betrachten seien. Konzepte wie → Corporate Communications oder → Integrierte Unternehmenskommunikation, die Jahrzehnte später entwickelt wurden, zeigen, daß weitere Funktionen des Managements gefragt sind.

Gegenwärtig entdeckt man, daß auch die systematische Vernetzung von Personen und Organisationen – ob in „strong ties“ oder in „weak ties“ – eine weitere Leistungssteigerung von Kommunikation erbringt.

Berücksichtigt man, daß Vernetzung selbst ein kommunikatives Prinzip ist, so stellt sich hier in der Anwendung von Kommunikation erneut ein reflexiver Mechanismus ein mit jener durchgreifenden Leistungssteigerung, die alle reflexiven Mechanismen auszeichnet (vgl. Luhmann 1970: 101 ff.): Das gegenwärtige Interesse für Internet und Intranet, für Datenbanken und Multimedia ist ein untrüglicher Indikator für diese Entwicklung. Ein weiterer Indikator für diese Entwicklung zeigt sich mittlerweile bei großen Unternehmen: Hier erfolgt neuerdings die synergetische Verzahnung und zentrale Steuerung der internen Mitarbeiterkommunikation und der externen Public Relations unter dem Dach „Kommunikation“ (Konzernkommunikation).

Outsourcing

Auslagerung von Produktionsprozessen oder Dienstleistungen aus einem Unternehmen. Dies erlaubt es einem Unternehmen, sich auf seine Kernkompetenz zu beschränken. Outsourcing ist um so eher möglich, je mehr bestimmte Produkte oder Leistungen nur akzessorisch, nicht regelmäßig erbracht werden müssen – et vice versa.

P

Panelbefragung

Eine Panelbefragung ist in der Umfrageforschung die mehrfache Befragung der gleichen Zielgruppe. Dieses Verfahren ist besonders geeignet, um sehr sensibel Wirkungen (Veränderungen) zu messen. Als erster hat *Paul F. Lazarsfeld* bei der Analyse der → Meinungsführer (1940) ein Panel verwendet. Auf der anderen Seite ergibt sich die Schwierigkeit, daß die Zahl der Erstteilnehmer (bedingt durch Wohnungswechsel, Tod, steigende Verweigerungshaltung etc.) immer mehr zurückgeht (Panelmortalität). Der Begriff „Panel" wird in der → Konferenz-PR auch benutzt zur Kennzeichnung der Teilnehmer einer Podiumsdiskussion. [Rendtel 1990] → Befragung

Pay-TV

Entgeltzahlung für Fernsehinhalte, die der Rezipient in eigener Verantwortung aussuchen und abrufen kann.

Periodizität

Takten der Medienberichterstattung nach Monaten oder Wochen (Zeitschrift), Tagen (Zeitung) oder Stunden (Rundfunknachrichten). Periodizität (= regelmäßiges Erscheinen) ist eines der → publizistischen Kriterien.

Personal Assessment

Verfahren der Personalauswahl nach unterschiedlichen Kriterien der Personalabteilung einer Organisation.

Persuasion → Überredung

Plakat

Informations- und Werbemedium, das an öffentlichen Stellen (Wänden, Litfaßsäulen, Vitrinen) angeschlagen wird. Das Plakat profitiert von der

Kombination von großer Bildfläche und einer kurzen, aber schlagkräftigen Botschaft. Die Rezeption der jeweiligen Botschaft muß, weil der Rezipient in der Regel am Plakat vorbeigeht oder -fährt, binnen Sekunden abgeschlossen sein.

Plakatwerbung → Werbung

Planung

Systematische und rationale Vorstrukturierung der Zukunft durch Entscheiden über (kommende) Entscheidungen. Planungsprozesse, die auf drei und mehr Jahre angelegt sind, werden als strategische Planung bezeichnet. [Luhmann 1975: 66 ff.; Nieschlag et al. 1997: 876 ff.]

Point of Sale (PoS)

Standort des Warenverkaufs bzw. des Verkaufs (Kasse). Da der Verbraucher den PoS auf jeden Fall passieren wird und dort ggf. sogar warten muß, wird dieser Ort bevorzugt für → Verkaufsförderung genutzt.

Polaritätenprofil → Imagemessung

Political Relations

Segment von Public Relations in bezug auf das politische System, das das Handeln von Parteien, Politikern, Regierung und nachgeordneter Verwaltung mit Mitteln von PR unterstützt. → Public Affairs sind schwerpunktmäßig solche PR, die eine Organisation im Hinblick auf die Zielgruppe der Politiker betreibt (was folgerichtig auch den Einbezug von Öffentlichkeit bedeutet). [Grunig/ Hunt 1984: 285 ff.; Avenarius 1995: 295 f.; Tye 1998]

Präsentation

Vorstellung einer von einer Agentur erbrachten Leistung beim Kunden. Sie dient dazu, den Kunden von einer Idee oder deren Umsetzung in eine Konzeption zu überzeugen. Diese Informations- und Überzeugungsleistung kollidiert jedoch mit der Aufmerksamkeit resp. der Zeitknappheit des Kunden, so daß eine Präsentation so kurz wie möglich und so ausführlich wie nötig (20–60 Minuten) angelegt sein und sich auf das Wesentliche konzentrieren soll.

Präsentation als Überzeugungsprozeß ist zugleich ein → Instrument von

PR, so daß die Präsentation von PR-Leistungen eine reflexive und damit strategische Leistung darstellt: Gerade deshalb entscheidet die Präsentation, ob zwischen Kunde und Agentur eine Geschäftsbeziehung entsteht oder ein Mitarbeiter nach einer Selbstpräsentation (Vorstellung) eingestellt wird.

Vorbereitung: Der darzustellende Stoff/das Konzept wird in Unterpunkte gegliedert, die als Ablaufplan auf Folien notiert werden. Die zu jedem Unterpunkt notwendigen oder möglichen Informationen werden im Hinblick auf die jeweilige Zielgruppe optisch und textlich umgesetzt. Wichtige Ergebnisse werden zusammengefaßt, am Ende muß ein Resümee stehen. Für jede Präsentation gibt es Pretests bzw. eine Generalprobe. Dabei ist auch zu kontrollieren, daß die für die Präsentation vorgegebene Zeit weder unter- noch überschritten wird.

Durchführung: Wichtige Regeln sind: 1) Die Präsentation sollte spannend sein und das Interesse wecken, 2) die Präsentation soll mit optischen und akustischen Mitteln arbeiten und „ad oculos" demonstrieren, 3) bei der Präsentation soll der Blickkontakt gehalten werden, um die Aufmerksamkeit des Kunden sicherzustellen, 4) bei der Präsentation sollen Mißgeschicke ohne Entschuldigung übergangen werden, um die Struktur der Präsentation als freundliches Ereignis nicht zu beschädigen, 5) bei der Präsentation sollten Verteilung schriftlicher Ausarbeitungen und Rückfragen möglichst auf den Zeitpunkt danach verschoben werden.

Nachbereitung: Sie umfaßt ein stichwortartiges Controlling (was lief gut, was lief schlecht, was kann man zukünftig besser machen?), die Umsetzung dabei vorgeschlagener Veränderungen bzw. Verbesserungen und ggf. die Folgerungen für die sich daraus ergebende weitere Kontaktpflege.

Presse

Oberbegriff für → Zeitung und → Zeitschrift. Zwar ist auch das → Buch ein Printmedium, zählt aber gleichwohl fachsprachlich nicht zur Presse. Die heutige Tagespresse finanziert sich zu etwa 70% aus Anzeigen und zu 30% aus Abonnement resp. Verkauf. *Karl Bücher* (1926: 21) hat daher die Zeitung funktional definiert als „Unternehmung [...], welche Anzeigenraum als Ware produziert, der durch einen redaktionellen Teil absetzbar wird".

Pressearbeit

Zentrales Tätigkeitsfeld der PR, weil Medien als Multiplikatoren wirken und dadurch schnellen, laufenden und massiven Einfluß auf die → öffentliche Meinung und die Veränderung von → Images nehmen. Professionell gestaltete → Pressemitteilungen von Organisationen erhöhen die Chance, daß im gewünschten Sinn über die Organisation berichtet wird und damit eine partikuläre Relevanz der Berichterstattung zu einer allgemeinen Relevanz wird.

Eine erfolgreiche Pressearbeit setzt nicht nur fundierte Kenntnisse über die Medienlandschaft und den Arbeitsablauf journalistischen Handelns voraus, sondern auch die Herstellung persönlicher Kontakte zu den Journalisten.

Instrumente der Pressearbeit sind a) Pressekonferenz, b) Pressegespräch, c) Pressemitteilung d) Pressefotos, e) Pressekolloquien (Fachgespräch mit der Presse, ggf. mit Besichtigung, durchgeführt wie eine sehr detaillierte Pressekonferenz) und f) das Interview.

Pressefreiheit

Pressefreiheit ist eine Garantie für die Nichteinmischung des Staates bei der Produktion und Verbreitung von Informationsangeboten (sofern diese nicht allgemeine Gesetze der Ethik, des Personen- oder Jugendschutzes verletzen) und damit eine Garantie für eine freie Aussagenproduktion. Sie ist im Grundgesetz (Art. 5) als hohes Rechtsgut verankert und dort wie folgt formuliert:

„(1) Jeder hat das Recht, seine Meinung in Wort, Schrift und Bild frei zu äußern und zu verbreiten und sich aus allgemein zugänglichen Quellen ungehindert zu unterrichten. Die Pressefreiheit und die Freiheit der Berichterstattung durch Rundfunk und Film werden gewährleistet. Eine Zensur findet nicht statt.

(2) Diese Rechte finden ihre Schranken in den Vorschriften der allgemeinen Gesetze, den gesetzlichen Bestimmungen zum Schutze der Jugend und dem Recht der persönlichen Ehre."

und in den jeweiligen Landespressegesetzen ausgeführt (→ Recht).

Aus den Kommentaren des Bundesverfassungsgerichts zur Pressefreiheit ergibt sich, daß die Pressefreiheit nicht nur ein Individualrecht ist, sondern daß auch die Presse als Institution in toto geschützt sein soll.

Daraus leiten sich verschiedene Erweiterungen ab, vor allem der Tendenzschutz (die gesetzlich festgelegte Nichteinmischung des Betriebsrats oder ähnlicher Gremien auf die Ausrichtung [Tendenz] einer Zeitung) und die Innere Pressefreiheit (die Freiheit der Redakteure eines Mediums, in Fragen der allgemeinen Ausrichtung der Berichterstattung, der Rekrutierung von Personal und der Verfügung über Produktionsmittel mitzubestimmen). Diese Freiheit ist in der Bundesrepublik bislang nicht gesetzlich geregelt. [Branahl 1992]

Pressegespräch

Im Gegensatz zu einer → Pressekonferenz hat das Pressegespräch keinen konkreten Anlaß und ist eher vertraulicher Natur und dient der Kontaktpflege. Allerdings können und sollen dabei laufende oder vorausschaubare Entwicklungen respektive Ereignisse respektive Hintergrundinformationen **offen** diskutiert werden, so daß die geladenen Journalisten das Gefühl haben können, laufend oder vorab über relevante Angelegenheiten informiert zu werden. Die Funktion des Pressegesprächs liegt vor allem in der Vertiefung von Glaubwürdigkeit und Vertrauen.

Pressekonferenz

Eine Pressekonferenz ist ein virtuelles Ereignis, zu dem Medienvertreter (offensiv) eingeladen werden mit dem Ziel, Publizität zu gewinnen. Der Anlaß muß ein relevantes, berichtenswertes Ereignis (etwa: die Veröffentlichung der Bilanz eines Unternehmens, der Neubau eines Werkes, Jubiläum etc.) sein. Die Vorbereitung einer Pressekonferenz hat folgende Grobstruktur:

- **Definition des Anlasses** (etwa: Vorlage von Geschäftsbericht, Aktionärs- versammlung, Jubiläum, Einweihung neuer Gebäude oder Produktionsstätten, Aufnahme neuer Produktion etc.). Der Anlaß soll für möglichst viele Zielgruppen (Rezipienten) interessant sein.
- **Erstellung einer Liste** der einzuladenden Journalisten mit genauer Adresse, Telefon etc. (→ Presseverteiler).
- **Festsetzung des Termins:** Prüfung, ob zu dem geplanten Termin keine konkurrierenden Termine vorliegen (Anfrage bei den von Kom-

munen, Landespresseämtern und Bundespresseamt vorliegenden Terminlisten und beim Bundesverband der Deutschen Industrie, Köln ["Rote Liste"]). Wenn der Termin fixiert ist, sollte er zugleich in die genannten Terminlisten eingetragen werden, um diesen bekannt zu machen und weitere Terminierungen zum gleichen Datum zu verhindern.

- Für die **Wahl des Ortes** sind Attraktivität und Erreichbarkeit (per Auto, Bahn, Flugzeug) ausschlaggebend; ist der Anlaß ein Neubau oder die Aufnahme einer neuen Produktion durch das Unternehmen, findet die Pressekonferenz vor Ort statt.
- **Wahl der Räumlichkeit:** Sie richtet sich nach der Zahl der zu erwartenden Journalisten, nach dem notwendigen Equipment (Sollen die Journalisten vor Ort individuell über Fax und Telefon verfügen können?), nach der Anbindung an Restauration/Catering, Übernachtungsmöglichkeiten etc.
- **Erstes Mailing:** Mehrere Wochen vorher werden alle einzuladenden Journalisten (→ Presseverteiler) unter Angabe von Anlaß, Ort und Zeit informiert und gebeten, sich anzumelden.
- **Erstellung einer Pressemappe:** Planung der beizulegenden Pressemitteilungen, Pressefotos, Dias oder Disk, Imagebroschüre u. a. aktueller Informationen. Als Serviceleistung werden Block und Stift geschätzt. Wenn Fotos beigelegt werden: Thema des Photos und Adresse auf der Rückseite notieren.
- **Verfassen von → Pressemitteilungen** und Erstellung/Druck von relevanten Broschüren, Foldern, Give-aways etc.
- **Zweites Mailing** spätestens eine Woche vor Beginn mit telefonischer Nachfaßaktion: Übersendung einer gestalteten Einladung mit Anfahrtsskizzen, Wegweiser, Hinweis auf Parkmöglichkeiten oder Shuttle zwischen Bahnhöfen/Flugplätzen und dem Konferenzort.
- **Aufbau und Test der Konferenzlogistik:** Prüfung, ob die benötigte Technik vorhanden ist und funktioniert, Vorbereitung von Beschilderungen für Konferenzräume, Garderobe, Telefon/Telefax etc. Einrichtung von Tagungsbüro, Shuttledienst, Pförtnerdienst und Instruktion der beteiligten Personen (Pförtner, Hostessen etc.); Vor-

bereitung von Essen und Trinken, ggf. vorgesehenen gemeinsamen Unternehmungen (vor allem am Abend zuvor).

- **Pre-Checking** der zu erwartenden Resonanz.
- **Zusendung von Unterlagen** an die Journalisten, die nicht teilnehmen können (mit Angabe einer → Sperrfrist).
- **Briefing** für ggf. zu führende Interviews mit der Unternehmensleitung, Vorbereiten von Antworten auf „unbequeme Fragen".

Nach der Pressekonferenz:

- **Zusendung von Unterlagen** an die Journalisten, die trotz Anmeldung nicht gekommen sind (ggf. verbunden mit telefonischer Nachfaßaktion).
- **Persönliche Kontakte** mit allen erschienenen Medienvertretern und
- **Resonanzanalyse**, vor allem:
  - Verhältnis der Zahl der erschienenen zu der der geladenen/zugesagt habenden Journalisten
  - Ermittlung eines Stimmungsbildes (teilnehmende Beobachtung)
  - Clipping
  - Systematische Inhaltsanalyse mit Input-Output-Analyse und Analyse der Bewertungen
- **Erstellung einer Erfolgsbilanz** (Nachbereitung: Was verlief wie erwartet, was nicht? Was ist daraus an Erkenntnissen für das nächste Mal zu gewinnen?)

Pressekontaktdatei → Presseverteiler

Pressekonzentration

Pressekonzentration als Vereinigung mehrerer Zeitungen unter einem Firmendach (in einer Hand) ist in Deutschland seit den 50er Jahren zu beobachten. Weil diese Konzentration Synergieeffekte besitzt (günstigere Werbepreise, gemeinsamer redaktioneller Mantel und Anzeigenteil, kostengünstigere Redaktion, Herstellung und kostengünstigerer Vertrieb), ist sie unternehmerisch attraktiv. Die Gefahr liegt in der dadurch möglichen inhaltlichen (politischen) Ausrichtung (daher seinerzeit: „Enteignet Springer!“). Heute halten fünf Verlagsgruppen mehr als 40% aller Zeitungen und mehr als 60% aller Zeitschriften (Bertelsmann, Bauer, Burda, Springer, Von Holtzbrinck). [Meyn 1996: 100 ff.]

Pressemeldung

Im Nachrichtenstil verfaßte → Pressemitteilung: Das Wichtigste und Neueste/Überraschendste steht am Anfang, alle weitere Information folgt einer Hierarchie abnehmender Relevanz. Die Sprache ist einfach, die Sätze sind relativ kurz, Meinungen und Wertungen werden vermieden. Nach diesem Prinzip geschriebene Pressemeldungen haben eine besonders gute Chance, von einer Redaktion weitgehend unverändert übernommen zu werden.

Pressemitteilung

Schriftliche Mitteilung an die Redaktionen von Presse und Rundfunk, die nach journalistischen Kriterien aufbereitet ist und je nach Zielgruppe unterschiedlich formuliert wird. Stilistisch folgt eine Pressemitteilung den gängigen journalistischen Darstellungsformen. Die häufigste Form ist die → Pressemeldung, weitere sind Statement, Pressebericht und Waschzettel (Factsheets).

Presserat → Selbstkontrolle, freiwillige

Presserecht → Recht

Pressestelle

Eine Pressestelle ist eine staatliche oder private Informationsabteilung, die alle relevante oder für relevant gehaltene Information der jeweiligen Institution/des jeweiligen Unternehmens sammelt und für die Publikation aufbereitet. Pressestellen sind daher wichtige Informationsquellen.

Pressetheorie

Es gibt nach *Siebert/Peterson/Schramm* (1956) vier Pressetheorien:

- das autoritäre Modell (Presse als Instrument staatlicher Politik),
- das liberale Modell (Presse als Instrument zur Kontrolle der Regierung),

- das sozialverantwortliche Modell (Presse als Instrument sozialer Verantwortung) und
- Presse in totalitären Staaten (Presse als Instrument der Propaganda). [Siebert/Peterson/Schramm 1956]

Presseverteiler

Datei (früher: Kartei) für alle Zielpersonen, die laufend mit bestimmten, von einer Organisation verbreiteten Informationen versorgt werden sollen. Der Presseverteiler ist das wichtigste Instrument für die effektive Information der Öffentlichkeit.

Die Datei sollte u. a. folgende Informationen enthalten:

- Name, Adresse und dienstliche Adresse der jeweiligen Zielperson
- Berufliche Stellung (Journalist, Meinungsbildner, Experte, anderes) und Bezug zur Organisation
- Wenn Journalist: Angabe des Ressorts und der Stellung des Journalisten in diesem Ressort sowie Telefon- und Faxnummer und E-Mail
- Angaben über das jeweilige Organ, für das der Journalist arbeitet (Auflage, Ausrichtung, Spezialisierung etc.)
- Notizen über eigenen Ansprechpartner, Anlaß und Folgen aller persönlichen oder telefonischen Kontakte
- Hinweise, welche von der Organisation verbreitete Information der jeweilige Journalist erhalten soll (alle Informationen, nur bestimmte, nur bei besonderen Umständen etc.)
- ggf. persönliche Informationen (Geburtstag, Hobbys etc.)

Mit diesen Variablenbündeln läßt sich eine gezielte Ansprache relevanter Personen für jeweils relevante zu verbreitende Informationen vornehmen. Da sich pro Jahr etwa 25% aller Adressen ändern, ist die Pflege eines Presseverteilers eine kontinuierliche Aufgabe. Professionelle Anbieter wie der STAMM-Verlag (Essen) oder Standardwerke wie ZIMPEL liefern bei Bedarf für alle Medien entsprechende Adressen.

Prestige Papers

Printmedien, die aufgrund ihrer Stellung oft meinungsführend sind. In

Deutschland zählen dazu die Nachrichtenmagazine *Der Spiegel* und *Focus* sowie die Wochenzeitung DIE ZEIT, des weiteren die überregionalen Zeitungen *Frankfurter Allgemeine Zeitung* (F.A.Z.), *Frankfurter Rundschau* (FR), *Süddeutsche Zeitung* (SZ), *Die Welt* und das *Handelsblatt*.

Pretest

Ein Pretest ist eine Voruntersuchung, in der das erstellte Meßinstrument darauf geprüft wird, ob es die valide und reliable Datenerfassung ermöglicht. Der Pretest bedeutet die Durchführung der Messung im kleinen: Hier kann sowohl die Logik und Praktikabilität des Codierbuchs, des Fragebogens oder des Beobachtungsschemas als auch die rein praktische Datenerhebung, also die Codier-, Befragungs- oder Beobachtungstätigkeit getestet werden. → Befragung

Product Placement

Product Placement ist eine Form der indirekten Werbung (Schleichwerbung) durch unauffällige, absichtslos erscheinender Darstellung bestimmter Produkte in den Medien, vor allem in Film und Fernsehen (wenn sich z. B. in einem Film jemand eine Zigarette anzündet und dabei die Packung deutlich gezeigt wird oder wenn „James Bond“ eben in einem „BMW“ vorfährt). → Merchandising ist in Abgrenzung dazu ein Typ von Verkaufsförderung, nämlich die Vermarktung von Produkten durch geschickten Aufbau (etwa vor den Kassen von Geschäften), aber auch das Bedrucken von T-Shirts mit Personen oder Figuren oder die Kreation von Figuren, die im Fernsehen (z. B. in einer Serie) gezeigt werden.

Product Publicity

Product Publicity, auch → Product-PR ist die PR, die sich ausschließlich auf das Produkt, nicht auf die Marke oder das Unternehmen konzentriert (z. B. die Zigarettenwerbung).

Product-PR

Product-PR ist eine firmenseitige Information über das eigene Produkt, das im redaktionellen Teil erscheint und entsprechend gekennzeichnet werden muß (z. B. in Form eines als „Anzeige“ überschriebenen Zeitungstextes im Text-Teil). Product-PR, Product Publicity und Product Information werden als Begriff synonym verwendet.

Produktinformation

Bezeichnet die durch die Gegenwart des Produkts selbst (seine Form, seine Verpackung, die darauf placierten Texte etc.) verfügbar gemachte Infor- mation. Das Produkt ist hierbei zugleich → Werbeträger und Werbemittler.

Professionalisierung, PR → Public Relations, Professionalisierung

Profitcenter

Nach Produkt, Kunde oder Region abgrenzbarer Bereich einer Organisation, der als Profitcenter selbständig, eigenverantwortlich und nur den Anweisungen der Gesamtorganisation zu folgen hat. Profitcenter sind Element moderner Unternehmensstruktur: Das Unternehmen differenziert sich in eine Reihe von Profitcentern, die mit den anderen Profitcentern zwar im Unternehmen verbleiben, aber ansonsten wie eine selbständige Organisation arbeiten.

Programmzeitschrift

Eine Programmzeitschrift ist an sich eine Publikumszeitschrift, d. h., sie richtet sich an die gesamte Bevölkerung. Im Gegensatz jedoch zu einer Illustrierten liegt ihre Funktion in der laufenden Information über die Programmangebote von Fernsehen und Hörfunk, also von Medien. Daher ist sie theoretisch als → Metamedium anzusprechen.

→ Zeitschrift

Prognosetechnik

Prognosetechniken sind Techniken, mit denen man von der Entwicklung bestimmter Größen in der Vergangenheit auf die Entwicklung in der Zukunft schließt, d. h., man unterstellt eine gewisse Konstanz der Entwicklung. Die einfachste Form ist die → Trendanalyse, d. h., die Fortschreibung einer Datenreihe nach dem Kriterium statistischer Erwartungen.

Aufwendiger ist das → Delphi-Verfahren, bei dem n Experten über ihr Urteil zu einer Entwicklung befragt werden. Das Ergebnis wird diesen Experten bekannt gemacht, und sie korrigieren ihr eigenes Urteil in Kenntnis dieses Ergebnisses.

Eine riskantere Methode stellt die Szenario-Methode dar, bei der nach Art eines Brainstormings mögliche Vorstellungen einer zukünftigen Entwicklung formuliert werden. Weiter kann auch das Expertenhearing als Prognosetechnik bezeichnet werden, bei dem unterschiedliche Experten-ansichten sich zu einem wie auch immer definierten Mittelwert verdichten lassen. [Rogge 1972]

Propaganda

Propaganda gilt einerseits als Bereich von PR (→ Publicity), zum anderen als Sonderfall von politischer → Werbung. Propaganda unterscheidet sich jedoch von beiden durch vier Charakteristika:

- Für ein Objekt (Person, Idee, Unternehmen, Produkt) wird ein generalisierender Alleinvertretungsanspruch definiert, der sowohl temporal („ewig"), sachlich („einzigartig") als auch sozial („für alle") formuliert wird.
- Die Befolgung/Nichtbefolgung dieses Anspruchs oder daraus ableitbarer Maximen wird massiv positiv/negativ sanktioniert.
- Die Sanktion wird möglichst so formuliert, daß sie nicht überprüfbar ist und gerade deshalb eine starke Wirkung entfaltet.
- Wenn absehbar ist, daß der Anspruch nicht befolgt wird, kann die spätere Verhängung negativer Sanktionen im Vorgriff erfolgen.

Der Begriff der Propaganda wurde 1622 als Bezeichnung für die durch Papst Gregor XV. gegründete Kongregation für die Verbreitung des katholischen Glaubens (*de propaganda fide*) geprägt. Die Idee des christlichen Glaubens sollte durch Aktivitäten dieser Kongregation gefestigt werden. Typischerweise stellen so gut wie alle religiösen Glaubenslehren Anwendungsfälle von Propaganda dar.

Beispiel 18: Die christliche Glaubenslehre

Die vier genannten Charakteristika lassen sich unschwer identifizieren:

Der Alleinvertretungsanspruch lautet: „Ich bin der Herr, Dein Gott, Du sollst keine anderen Götter neben mir haben."

Die Maxime lautet: „Glaube an Gott!", die Befolgung wird mit dem ewigen Leben honoriert, die Nichtbefolgung mit der Überstellung in Fegefeuer, Hölle und Verdammnis.

Die ungebrochene Wirksamkeit wird schließlich dadurch gesichert, daß die Sanktionen in die Zukunft ausgelagert werden, so daß sie bei Lebzeiten nicht überprüft werden können. Gerade dadurch kann der Druck auf Befolgung gesichert werden (→ Manipulation).

Der weltliche Vorgriff auf die Sanktionen wird durch die Inquisition artikuliert: (z. B. Ketzer- und Hexenverbrennung).

Beispiel 19: Politische Propaganda

Politische Heilslehren (Nationalsozialismus, Kommunismus) entwickeln ihre Propaganda in gleicher Weise:

Der Alleinvertretungsanspruch wird politisch begründet: Das „Auserwählte Volk" sind dann z. B. Arier oder Arbeiter, die Generalisierung wird temporal („1000jähriges Reich"), sachlich („einzigartig") und sozial („ein Volk", „die Arbeiterklasse") vorgenommen und in ihrer Verknüpfung kommuniziert („Ein Volk, ein Reich, ein Führer"). Damit das Volk auch wirklich das „Auserwählte Volk" ist, werden religiöse, rassische oder politische Abgrenzungen aufgebaut.

Die Nichtbefolgung der politischen Lehre wird bereits im Vorgriff sanktioniert: Dissidenten, Konterrevolutionäre oder „Volksschädlinge" werden zur Rechenschaft gezogen.

Beispiel 20: Das Schild „Letzte Tankstelle vor der Autobahn" – Propaganda, Werbung oder PR?

Im Sinne von Propaganda könnte man dies als „Man muß jetzt und hier tanken" deuten; die Sanktion liegt in der Zukunft und ist deutlich negativ (das Stehenbleiben des Autos auf der Autobahn). Gleichwohl ist diese Sanktion überprüfbar, indem man weiterfährt und wartet, ob (doch) eine weitere Tankstelle kommt. Der obige Hinweis ist aber auch keine Werbung, weil nicht auf ein bestimmtes Produkt verwiesen wird, sondern nur die Botschaft „Ohne Benzin fährt kein Auto" kommuniziert wird. Letztlich ist es eine freundliche Information, eine Serviceleistung und damit ein Akt von Public Relations. [Merten 2000a]

Propagandist

Betreibt die (lautstarke) persönliche Anpreisung von Produkten durch Vorführung dieser Produkte und Direktverkauf in der Öffentlichkeit. Die Produkte werden als konkurrenzlos präsentiert (z. B. vor Kaufhäusern). Der Bezug zur → Propaganda ist deutlich: Das propagierte Produkt wird mit einem Alleinvertretungsanspruch ausgestattet („Nur dieses ist/kann/hat..."), ihm wird wegen seiner einzigartigen Qualität eine unbegrenzte Lebensdauer attestiert („ewig"). Die Sanktion liegt darin, daß alle die, die es nicht kaufen, als Ignoranten o. ä. definiert werden.

Prozeßanalyse → Controlling

Prozeßmanagement

Umfassende und dezidierte Planung der Struktur von wiederholt oder laufend durchzuführenden Prozessen. Die Entwicklung von Konzeptionen (→ Public Relations, Konzeption) ist ein typischer Anwendungsfall.

Public Affairs

Gestaltung der betrieblichen Beziehung zur sozial und politisch aktuellen Umwelt, zur Verbreitung gesellschaftspolitischer Informationen nach außen und innen. Öffentlichkeitsarbeit für das Gemeinwohl und im Dienste gesellschaftlicher Problemlösungen, kommunikativer Aspekt des Social Marketings. [Koschnick 1996: 840; Grunig/Hunt 1984: 284 ff.] → Political Relations

Publicity

Gilt im Sinne der → Grunig-Hunt-Modelle als Frühform von Public Relations und wird oft mit → Propaganda gleichgesetzt.

Public Promotions

wird als Verkaufsförderung mit Hilfe von PR verstanden und bewegt sich im Grenzgebiet zwischen Verkaufsförderung, PR und Werbung. Hierzu zählt insbesondere die → Product-PR, d. h. die Vorstellung eines (neuen) Produkts in den Medien nicht durch Werbung, sondern durch gezielte, PR-mäßig durchgesetzte Berichterstattung. Instrumente von Public Promotions sind z. B. Preisausschreiben oder Kundenclubs.

Public Relations

→ Public Relations, Beruf

→ Public Relations, Definition

→ Public Relations, Funktion

→ Public Relations, Geschichte der

→ Public Relations, Konzeption

→ Public Relations, Professionalisierung

→ Public Relations, Theorie

→ Public Relations, Typologie

Public Relations, Beruf

Während das → Berufsbild von Public Relations relativ präzise formuliert ist, gibt es über den PR-Beruf und dessen sich schnell wandelnde Anforderungen bislang weit weniger Konsens. Eine 1996 durchgeführte Befragung von 1200 PR-Tätigen erbrachte folgende Befunde:

a) Demographie

Das Alter der Befragten beträgt 41,1 Jahre; 41,8% der PR-Tätigen sind Frauen, 58,2% Männer. 78,7% haben einen akademischen Abschluß (Hoch-/Fachhochschule), und 68,3% haben eine leitende Position inne. Das Berufsalter (insgesamt) liegt im Durchschnitt bei 15,3 Jahren, die Dauer der Beschäftigung in PR beträgt 10,3 Jahre. Das Gros der Beschäftigten (73,1%) steht länger als sechs Jahre im Beruf. Die Befragten sind mit ihrer derzeitigen Tätigkeit sehr zufrieden (Skalenwert 8,1 auf einer Skala von 1 [= minimal] bis 10 [maximal]). Ein Wechsel in eine gleichdotierte Tätigkeit in einer anderen Branche erscheint deutlich irrelevant (Skalenwert: 2,1).

Die Befragten arbeiten an Arbeitsplätzen, an denen im Schnitt mehr als 13 Mitarbeiter/innen für PR tätig sind, und sie sind oft und teilweise mehrfach Mitglied in entsprechenden Verbänden: 62,9% sind Mitglied der DPRG, 24,4% sind Mitglied des djv, 4,6% sind Mitglied der IG Medien, 5,0% sind Mitglied des BDW, 13,9% sind zudem Mitglied in anderen Vereinigungen (z. B. GPRA, Marketing Club etc.). Die Differenzierung der

Befragten in die oben genannten Tätigkeitsfelder zeigt des weiteren:

Grundlagen von PR (systematische PR) sind das wichtigste Wissensgebiet (Skalenwert: 8,6). Dies gilt jedoch nicht durchgängig für die Einzelgruppen: Für die Gruppe der in Unternehmen Tätigen und die der Pressesprecher erscheint „Rhetorik/Kommunikationstraining" (Skalenwert: 8,9 bzw. 8,6) relevanter, für die Gruppe der selbständigen PR-Berater erscheint dagegen Wissen in „Grundlagen der Journalistik" relevanter (Skalenwert: 8,7).

b) Typus der Ausbildung

Für 1996 wird das „Erlernen von PR von der Pike auf" mit Abstand als der wichtigste Vermittlungstypus PR-relevanten Wissens angesehen. Diese Relevanz nimmt jedoch bis zum Jahr 2000 erheblich ab, während gleichzeitig die Bedeutung eines hochschulgebundenen Studienganges zunimmt.

In diesem Zusammenhang stellt sich die Frage nach einer Begabung für PR. „Begabung" gilt alltagswissenschaftlich als eine nicht erlernbare, besondere Befähigung für die Erbringung bestimmter handwerklicher, künstlerischer oder geistiger Leistungen. Die Vorstellung von einer „Begabung für PR" findet sich noch immer häufig und erinnert stark an die gleiche, aber bereits vor etwa 20 Jahren geführte Diskussion um Journalismus als → Begabungsberuf, die dort schließlich zugunsten eines Ausbildungsberufes beendet wurde. Eine ähnliche Entwicklung deutet sich für PR an: Die in der vorliegenden Untersuchung gestellte Frage „Ist PR ein Begabungsberuf?" erreichte den geringsten Skalenwert (6,6 Skalenpunkte) aller abgefragter Items. → Begabungsberuf

c) Nachgefragte Fähigkeiten

Die Fähigkeit „sich schnell in eine Sache hineinzudenken" (Skalenwert: 9,2) wird generell als höchstrelevante Fähigkeit angesehen, insbesondere bei Tätigkeit in PR-Agenturen und als selbständiger PR-Berater. Dagegen rangiert bei der PR-Tätigkeit in Verbänden/Vereinen und als Pressesprecher das „Schreiben von Texten" als wichtigste Fähigkeit (Skalenwert: 9,2).

An zweiter Stelle folgt als Fähigkeit Entwerfen von Konzeptionen (Skalenwert: 9,1), erwartbar bei PR-Tätigkeit in Agenturen besonders hoch geschätzt. Daran schließen die Fähigkeiten Vermittlungskompetenz (Skalenwert: 9,0), Kontakte herstellen können (Skalenwert: 9,0) und Gute Allgemeinbildung (Skalenwert: 9,0) an. Vermittlungskompetenz wird bei der PR-Tätigkeit in Agenturen erwartbar am besten bewertet, während „Kontakte herstellen können" und „Gute Allgemeinbildung" bei der Tätigkeit als selbständiger PR-Berater am besten bewertet werden. Die Fähigkeit einen Kunden beraten können wird ebenfalls sehr hoch eingeschätzt (Skalenwert: 8,7) und erreicht bei der PR-Tätigkeit in Agenturen mit 9,4 Skalenpunkten den Maximalwert aller dort vorgenommenen Bewertungen. Auf diese Einschätzung haben Alter, Status, Hochschulbildung und Geschlecht der Befragten keinen Einfluß, d. h., diese Befunde gelten für die gesamte PR-Branche gleicherweise.

d) Nachgefragte persönliche Eigenschaften

Abgefragt wurden 11 solcher Eigenschaften. Danach gelten Intelligenz, Flexibilität und Belastbarkeit (Streßresistenz) als wichtigste Eigenschaften (Skalenwerte: sämtlich 9,0), wobei diese Eigenschaften in Agenturen die höchste Relevanz besitzen. Weiterhin sind Kreativität (Skalenwert: 8,9) und Rhetorisches Potential (Skalenwert: 8,4) zu nennen. Dagegen fallen Eigenschaften wie Gutes Aussehen (Skalenwert: 5,5), eine angenehme Stimme (Skalenwert: 6,2) sehr stark ab.

e) Wachstum

Für den Arbeitsmarkt ist schließlich bedeutsam, daß der PR-Beruf unter den generell boomenden Kommunikationsberufen bereits heute die größte Wachstumsrate besitzt und damit besondere Chancen eröffnet: Während im Journalismus die Arbeitslosigkeit zwischen 1993 und 1996 um 17% gestiegen ist, wird für die PR-Branche (derzeit: ca. 20 000 Beschäftigte) eine Verdoppelung bis zum Jahr 2010 erwartet. [Presse- und Informationsamt 1998; Merten 1997]

Public Relations, Definition

PR bezeichnet ein komplexes kommunikatives Handeln. Da bereits → Kommunikation sehr heterogen definiert ist, ist der Begriff Public Relations (als Typ kommunikativen Handelns) entsprechend unterschiedlich definiert: Die Amerikaner gehen pragmatisch vor und fragen:

How does it work? Dagegen gehen die Europäer eher philosophisch oder gar ethisch vor und fragen: Wozu ist PR gut? Was soll PR? oder gar: Was darf PR? Die nachfolgende Auswahl macht das Problem deutlich:

1) Oeckl (1964: 31)

Oeckl definiert Public Relations (Öffentlichkeitsarbeit) als:

„eine Funktion der Leitung, die auf einer kontinuierlichen und systematischen Arbeitsweise beruht, mit deren Hilfe öffentliche oder private Organisationen und Institutionen versuchen, das Verstehen, die Sympathie und die Unterstützung derer, mit denen sie bereits jetzt oder in Zukunft zu tun haben, zu gewinnen und zu erhalten. Zu diesem Zweck muß die Organisation oder Institution die öffentliche Meinung, die über sie besteht, erforschen und ihr soweit als möglich die eigene Politik und das eigene Vorgehen anpassen, um anschließend durch systematische und weitgestreute Informationen eine produktivere Zusammenarbeit und eine größere Befriedigung der gemeinsamen Interessen zu erreichen".

Kritik: Diese Definition ist zu allgemein; sie läßt offen, ob PR eine Kommunikationstechnik oder irgendeine andere Technik ist: Der Begriff der Kommunikation kommt nicht vor.

2) Harlow (1976: 36)

Harlow zählt 472 Definitionen auf und fügt eine weitere in 87 Worten hinzu:

„Public relations is the distinctive management function which helps establish and maintain mutual lines of communication, acceptance and cooperation between an organization and its publics; involves the management of problems or issues; helps management to keep informed on and responsive to public opinion; defines and emphasizes the responsibility of management to serve the public interest; helps management to keep abreast of and effectively utilize change, serving as an early warning system to help anticipate trends; and uses research and sound and ethical techniques as its principal tools."

Kritik: Diese Definition verletzt nicht nur das Ökonomie-Kriterium der Definitionslehre, sondern begreift PR ersichtlich vor allem als interne PR.

3) Grunig/Hunt (1984: 6)

Grunig/Hunt definieren Public Relations offenbar unter Rückgriff auf Harlow (1976) neu, nämlich als „[...] management of communication between an organization and its publics".

Kritik: Diese Definition lehnt sich an das erste Statement der Definition von Harlow (1976) an; aber sie entwickelt sie nicht weiter. Wesentlich ist jedoch, daß es um die Gestaltung von Kommunikation (und um nichts anderes) geht.

4) Meffert (1991: 36)

Meffert definiert PR aus der Sicht des Marketing als:

„die planmäßige, systematische und wirtschaftlich sinnvolle Gestaltung der Beziehungen zwischen der Unternehmung und einer nach Gruppen gegliederten Teilöffentlichkeit [..] Ihr Ziel ist es, bei diesen Teilöffentlichkeiten Vertrauen und Verständnis für das unternehmerische Handeln zu gewinnen bzw. auszubauen".

Kritik: Diese Definition läßt – wie die Definition von Oeckl – offen, ob Kommunikation überhaupt notwendig ist, und sie beschränkt sich zudem auf Unternehmens-PR.

5) Merten/Westerbarkey (1994: 210)

Unter Rückgriff auf konstruktivistische Erkenntnisse (insbesondere die, daß Wirklichkeit ebenso durch Fiktionen wie durch Fakten bestimmt werden kann), definieren *Merten/ Westerbarkey* Public Relations als „Prozeß zur Konstruktion wünschenswerter Wirklichkeiten".

Kritik: Diese Definition verzichtet auf die explizite Benennung von Kommunikation als instrumentelle Basis aller PR; der Begriff „wünschenswerte Wirklichkeit" ist zuwenig erklärt.

6) DPRG (1998)

Die deutsche Public Relations Gesellschaft (DPRG) definiert Public Relations als:

„Pflege und Förderung der Beziehungen eines Unternehmens, einer Organisation oder Institution zur Öffentlichkeit; sie sind eine unternehmerische Führungsaufgabe".

Kritik: Auch diese Definition verzichtet auf die Benennung von Kommunikation.

Der Bezug auf → Kommunikation wird hier nicht von ungefähr angemahnt, denn die wesentlichen Kernkompetenzen von PR (Kommunikationskompetenz, Redaktionskompetenz, Kreativitätskompetenz und Managementkompetenz) sind letztlich sämtliche Kompetenzen, die auf eine generelle kommunikative Kompetenz zielen.

Im Unterschied zu PR geht das → Marketing vom Absatz aus; hier ist die Kommunikationspolitik nur eines unter weiteren, nichtkommunikativen Instrumenten (Produktpolitik, Distributionspolitik, Kontrahierungspolitik). Marketing fragt nach den Möglichkeiten der Absatzsteigerung.

→ Werbung dagegen ist persuasive (überredende) Kommunikation, die kurzfristig und direkt am Produkt ansetzt und einen Kaufentscheid herbeiführen möchte.

→ Public Relations ist dagegen nicht produkt-, sondern organisationsbezogen, sie ist langfristig und indirekt angelegt und zielt nicht vordringlich auf den Absatz, sondern auf die Glaubwürdigkeit des Unternehmens in der Öffentlichkeit.

Public Relations, Funktion

PR werden in bezug auf die Öffentlichkeit folgende Basis-Funktionen zugeschrieben: a) Erhöhung des Bekanntheitsgrades, b) Herstellung von Vertrauen, c) Herstellung von Akzeptanz und d) Pflege des Images einer Organisation (Unternehmen, Verband, Verein, Objekt). Diese Basis-Funktionen spiegeln sich deutlich im Zeitbudget von PR-Beratern. Deren Aufwand verteilt sich wie folgt: a) informelle **Kommunikation** (Herstellung von Kontakten, Kundenberatung): 26,4%, b) **Kreation** (Erstellung und Durchführung von Konzeptionen): 26,7%, c) **Redaktion** (mediengerechte Bearbeitung relevanter Inhalte): 18,2%) und d) **Organisation** (Management): 11,4%. [Merten 1997]

Public Relations, extern/intern → Public Relations, Typologie

Public Relations, Konzeption

Eine Konzeption ist die erschöpfende Formulierung aller für eine gezielte PR-Kampagne notwendigen Arbeitsschritte, die daraus ableitbare Umsetzung kreativer Maßnahmen, deren konkrete Umsetzung (Realisation) – hier gibt es unterschiedliche Auffassungen – und die anschließende Erfolgskontrolle (vgl. Dörrbecker/Fissenewert-Goßmann 1997: 244 ff.). Konzeptionen sind das Herzstück aller PR-Arbeit. Gleichwohl besteht weder für die verwendeten Begriffe (→ Zielgruppe, → Instrument, Public Relations) noch für die Definition der einzelnen Schritte Konsens.

Eine PR-Konzeption wird immer als Problemlösungsprozeß entwickelt und folgt damit einem dialektischen (rekursiven) Prinzip, das eine Rückkopplung von Ziel und Ergebnis wie folgt vorsieht (vgl. Abb. 44):

- Für das Problem wird eine Lösung (Konzeption) entwickelt, deren Durchführung (Operationalisierung) Bestandteil der Konzeption ist.
- Nach Durchführung wird geprüft, ob das gestellte Ziel erreicht worden ist.
- Ist dies nicht oder nur zum Teil der Fall, beginnt der Lösungsversuch (mit geänderten Ausgangsparametern) von vorne.

Die gesamte Entwicklung einer Konzeption folgt diesem Prinzip. Praktisch geschieht das so, daß die Entwicklung präzise einem entsprechend strukturierten, exakten Ablaufplan folgt. Eine besondere Rolle spielt das → Controlling (Position 13 in Abb. 44), weil es die ganze Konzeption von Anfang an begleitet, um schon vor Beginn der Umsetzung sicherzustellen, daß die Konzeption wie geplant umgesetzt wird. Die gesamte Konzeption läßt sich als Prozeß in 13 Schritte wie folgt zerlegen:

- Problemdefinition (Was ist zu tun?)
- Situation/Ist nach Zielgruppen (Wo sind wir bei wem?)
- Ziel/Soll (Wo werden wir sein bei wem?)
- Welche Defizite gibt im Hinblick auf wen?
- Kommunikative Ziele (Was wollen wir erreichen?)
- Kommunikative Botschaften (Was sagen wir wem?)
- Maßnahmen für Zielgruppen (Wie gehen wir bei wem vor?)
- Instrumentenwahl (Welche Werkzeuge setzen wir ein?)
- Zeitplan (Wann geschieht was?)
- Budget (Was kostet es?)
- Operationalisierung (Wie setzen wir es um?)
- Evaluation (Wie messen wir den Erfolg?)
- Controlling (Werden alle Punkte [1–12] so umgesetzt, wie sie konzeptioniert wurden?)

Eine PR-Konzeption hat grundsätzlich in jeder Phase die beteiligten → Zielgruppen im Blick, weil bei der Ist-Analyse und allen weiteren Positionen bis zur Instrumentenwahl (Position 9) nicht Positionen analysiert oder abgefragt werden, sondern bimodale Relationen, d. h. Positionen, die stets in bezug auf die korrespondierende Zielgruppe hin zu formulieren sind: Ob man eine Befragung zum Image durchführt oder kommunikative Botschaften festlegt, man führt stets eine Befragung mit einer Zielgruppe durch, und man formuliert stets kommunikative Botschaften auf eine Zielgruppe hin.

Von besonderer Bedeutung vor allem für die Externe Public Relations ist dabei die Zielgruppe der Journalisten, weil sie auf zweierlei Weise für PR funktional sind: Einerseits, indem sie (passiv) von partikularistischem Interesse getragene Pressemitteilungen einer Organisation in Berichterstattung transformieren und ihnen damit Relevanz und Objektivität verleihen. Zum anderen, weil die (aktive) Berichterstattung von Journalisten hinsichtlich Häufigkeit und Tendenz von einem guten Verhältnis zwischen Organisation und Redaktion abhängt.

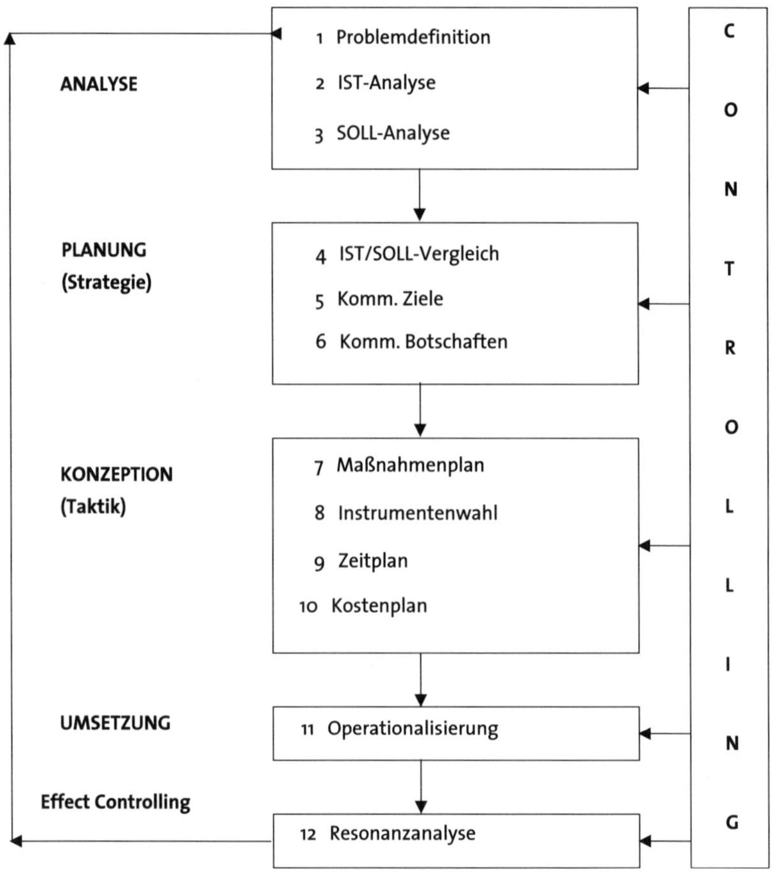

Abbildung 44: Ablaufplan einer Konzeption

Daraus folgt, daß die Bestimmung einer optimalen PR-Konzeption stets einen Kompromiß bzw. einen Ermessensentscheid darstellt, weil man a) nach der wichtigsten Zielgruppe und/oder b) nach den größten Defiziten (und ggf. auch nach weiteren Parametern, z. B. nach Kosten und Zeit) optimieren kann. Mathematisch läßt sich dieses Problem als Partielle Differentialgleichung formulieren, für die es keine eindeutige Lösung gibt. Praktisch äußert sich das vor allem darin, daß ein Ermessensspielraum besteht bzw. ein Spielraum eröffnet wird, der durch strategische Entscheidungen (→ Planung) zu bewältigen ist.

Wichtig ist ferner, daß Ist- und Sollzustand auch als Zustand beschrieben werden (also im Indikativ) und nur der Ist/Soll-Abgleich im Konjunktiv (relational) definiert wird. Damit ergibt sich aus dem Abgleich eine direkte, operationalisierbare Zielvorgabe („mehr", „besser" etc.), die den Beginn der Planung (strategischen Umsetzung) markiert.

Zur Veranschaulichung soll das hier skizzierte Ablaufschema an einem realen Beispiel durchgespielt werden:

Beispiel 21: PR-Konzeption für Gewinn neuer Theaterbesucher des T-Theaters in Berlin

I. ANALYSE

1) Problemdefinition

Das T-Theater in Berlin hat aufgrund der Kürzung der Zuschüsse der öffentlichen Hand Existenzprobleme, die u. a. durch den Gewinn neuer Theaterbesucher behoben werden können. Eine PR-Agentur wird damit betraut, eine entsprechende Konzeption mit möglichst geringen Kosten zu entwickeln. Hier fällt die erste Entscheidung: Kann das Problem (Gewinn neuer Theaterbesucher) durch kommunikative Maßnahmen gelöst oder entschärft werden? Die angesprochene PR-Agentur ABCD entscheidet sich für ein „JA".

2) Ist-Analyse

Sie beschreibt den Zustand einer Organisation (finanzielle und wirtschaftliche Lage, Markt- und Konkurrenzumfeld, Mitarbeiter, Standortprobleme, Kunden und Lieferanten etc.) und insbesondere die relevanten kommunikativen Parameter (etwa: Bekanntheitsgrad, Image, Akzeptanz) und dies stets als Relation auf die korrespondierenden Zielgruppen hin: Wenn z. B. eine → Befragung ergibt, daß das Image des T-Theaters zu wünschen übrig läßt, dann ist diese Aussage erst vollständig, wenn die Zielgruppe, die dieses Image für das T-Theater formuliert, mitgenannt wird.

Methodisches Problem

Wenn man neue Theaterbesucher gewinnen will, ist die zu befragende Zielgruppe eben auch die Gruppe derer, die das Theater „neu" entdecken. Demgemäß kann die Befragung sich eben nicht an die schon vorhandenen Theaterbesucher richten. Da aber diese Zielgruppe nicht unmittelbar erreichbar ist (es gibt ja keinen Verein der Nicht-Theaterbesucher o. ä.), muß man eine Befragung in der Öffentlichkeit machen, die natürlich erhebliche Streuverluste durch die darin enthaltene Gruppe der nicht-potentiellen Theaterbesucher erzeugt und diese herausfiltern. Besser, allerdings nicht repräsentativ, wäre es, die Befragung an Orten durchzuführen, wo erwartbar viele kulturinteressierte Menschen zu finden sind (Volkshochschulen, Museen, Filmtheater etc.).

ad Beispiel 21: Die Agentur ABCD führt eine Befragung an Orten, wo potentielle Theaterbesucher mit größerer Wahrscheinlichkeit anzutreffen sind (in Schulen, vor Bibliotheken, vor dem Theater und an anderen einschlägigen Stellen) durch, die folgende Befunde erbringt: a) der Bekanntheitsgrad des Theaters bei Jugendlichen liegt bei 66%, aber nur 14% der Jugendlichen besuchen das Theater auch, b) 40% der Erwerbstätigen (21–60 Jahre) sagen, daß sie zuwenig Gelegenheit haben, sich über das Theater zu informieren, 60% sagen, daß sie zuwenig Zeit für den Besuch des Theaters haben, und c) 66% der Personen über 60 Jahre sagen, sie könnten das Theater wegen der Kosten und der schlechten Verkehrsverbindungen am Abend nicht besuchen.

Weiterhin ergibt die Ist-Analyse, daß die Presse – im Vergleich zu anderen Theatern – in den letzten 12 Monaten nur dreimal über das Theater berichtet hat.

Ferner sind die Kontakte zur Zielgruppe der Entscheider (Politik, Kultur, Stadtverwaltung) nur marginal vorhanden. Eine Befragung der aktuellen Besucher zeigt, daß das Durchschnittsalter der Besucher bei 52 Jahren liegt.

Aus der landesweiten Theaterszene weiß man zudem, daß im Durchschnitt 1,5% der erwachsenen Bevölkerung das Theater mindestens einmal im Jahr besuchen. Aus der Besucherstatistik von Berlin läßt sich jedoch hochrechnen, daß dies für das T-Theater anteilig nur 0,9% sind.

Die Ist-Analyse zeigt weiterhin, daß die Mitarbeiter/Innen verunsichert sind – vor allem deshalb, weil sie sich Sorgen um ihre Arbeitsplätze machen. Eine interne anonyme Befragung der insgesamt 112 Mitarbeiter/Innen durch ABCD zeigt, daß 42 Mitarbeiter/Innen (37,5%) bereits „auf Distanz" zum Theater gegangen sind. Schließlich zeigt die Ist-Analyse, daß das T-Theater keinen Etat für PR besitzt und dafür auch keine Stelle zur Verfügung steht. Die weitere Befragung ergibt, daß das Image des T-Theaters bei den Jugendlichen den Skalenwert 4, bei Berufstätigen den Skalenwert 6 und bei über 60jährigen den Wert 7 erreicht. Die Entscheider (Vertreter aus Politik und Kultur) kennen das T-Theater sämtlich, vergeben für dessen Image jedoch nur den Skalenwert 5.

Da bei der Ist-Analyse Defizite nicht einfach festgestellt, sondern jeweils in Bezug zur jeweiligen → Zielgruppe gesetzt werden, läßt sich die Ist-Analyse immer in Form einer bivariaten Matrix darstellen. Für die wichtigsten sechs Zielgruppen zeigt dies (Tab. 11):

Zielgruppe nach Ist-Zustand

(1) Jugendliche
(2) Berufstätige
(3) Alte Menschen
(4) Entscheider
(5) Medien
(6) Mitarbeiter

Image (Skala 1–10)	4	6	7	5	–	8
Bekanntheitsgrad	66%	80%	80%	100%	–	–
Aktuelle Theaterbesucher	0,9%	–	–	–		
Potentielle Theaterbesucher	14%	40%	34%	–	–	–
Defizite (Schwächen)	kein Interesse	Zuwenig Information	zu teuer	kein Geld	Bericht 3mal/Jahr	62,5% motiv.

Tabelle 11: Ist-Analyse nach sechs relevanten Zielgruppen (Auszug)

3) Soll-Analyse

Sie spezifiziert Parameter des Zustandes, der nach Durchführung der Konzeption erreicht sein soll, etwa:

a) Alle Jugendlichen und alle Erwachsenen (100%) kennen das T-Theater.

b) Gelegenheit zur Information über das T-Theater ist überall.

c) 20% der einschlägigen Jugendlichen, 50% der einschlägigen Berufstätigen und 50% der einschlägigen Personen über 60 Jahre besuchen das T-Theater, insgesamt mehr als1,5% der Bevölkerung.

d) Die Presse berichtet (mindestens) monatlich über das T-Theater.

e) Zur Zielgruppe der Entscheider bestehen gute und regelmäßige Kontakte.

f) Das T-Theater verfügt über genügend Mittel (mindestens: 250 000 DM per annum) für eine effektive Öffentlichkeitsarbeit.

II. PLANUNG (Strategie)

4) Ist-Soll-Vergleich

Aus dem Ist-Soll-Vergleich ist die Strategie logisch abzuleiten, d. h., der Vergleich liefert die präzisen Vorgaben für alle Maßnahmen – jeweils in bezug auf die einschlägige Zielgruppe.

Zielgruppe nach Ist-/Soll- Vergleich
(1) Jugendliche
(2) Berufstätige
(3) Alte Menschen
(4) Entscheider
(5) Medien
(6) Mitarbeiter

Image (Skala 1–10)	4/10	6/10	7/10	5/10	–	8/10
Bekanntheitsgrad	66/100%	80/100%	80/100%	100/100%	–	–
Aktuelle Theaterbesucher	0,9/1,5%	–	–	–		
Potentielle Theaterbesucher	14/28%	40/80%	34/68%	–	–	–
Schwächen/ Eliminierung	Kein Interesse/ Interesse	Zuwenig Information/ Information	Zu teuer/ nicht zu teuer	Kein Geld/ Geld	Bericht 12mal/Jahr	62,5/ 100% motiv.

Tabelle 12: Ist-/Soll-Vergleich nach Zielgruppen (Auszug)

Fügt man in Tabelle 11 die Soll-Erwartungen (Angabe hinter dem Schrägstrich) ein, so erhält man eine Matrix (Tabelle 12), bei der jede Zelle die Ist-/Soll-Differenz in Bezug zur korrespondierenden Zielgruppe ausweist. In Tabelle 12 sind somit 19 explizite Ansatzpunkte für die Formulierung kommunikativer Ziele und in direktem Bezug zur Zielgruppe vorgegeben.

Die hier ansetzende Strategie besteht zunächst darin, die wichtigsten Defizite zu formulieren bzw. daraus (positiv formulierte) Zielvorstellungen zu entwickeln. Dabei zeigt sich in der Regel, daß die wichtigste Zielvorstellung sich nicht eindeutig ableiten läßt, weil sie nach mehreren Dimensionen (Zielgruppen, Wertigkeit der Defizite, Kosten, Zeit etc.) formuliert werden kann. Eine perfekte multivariate Reihung zur Ableitung eines Optimums würde bedeuten, daß die Gleichung

(1) Erfolg $E = f(\text{Zielgruppe } Z, \text{Defizit } D, \text{Zeit } t, \text{Kosten } K)$

als partielle Differentialgleichung mit

(2a) $E/Z = 0$

(2b) $E/D = 0$

(2c) $E/t = 0$

(2d) $E/K = 0$

eine eindeutige Lösung hat. Dies ist jedoch nur im Idealfall zu erwarten. In der Realität muß hier hilfsweise eine subjektive, aber strategische Entscheidung bezüglich der Abfolge der einzuleitenden Maßnahmen bzw. der Setzung von Prioritäten getroffen werden.

ad Beispiel 21: Die Agentur ABCD entscheidet sich dafür, den Schwerpunkt kommunikativer Maßnahmen an die Zielgruppe der Jugendlichen zu richten, und hier eine Bindung an das T-Theater zu erzeugen, die auch dann anhält, wenn aus den Jugendlichen zahlungskräftigere Erwachsene geworden sind. Diese Präferenz wirkt sich auf die Formulierung der Ziele, der Botschaften, der Maßnahmen, auf die Zeit- und insbesondere auf die Kostenplanung aus.

5) Kommunikative Ziele

Die kommunikativen Ziele beschreiben die einzuleitende kommunikative Problemlösung (etwa: Steigerung des Bekanntheitsgrades, Verbesserung des Images, Erhöhung der Akzeptanz etc.).

Aus den 19 Zellen in Tabelle 12 lassen sich 18 kommunikative Ziele formulieren:

1) Das Image des T-Theaters ist bei Jugendlichen von 4 auf 10 Skalenpunkte zu verbessern.
2) Das Image des T-Theaters ist bei Berufstätigen (bis 60 Jahre) von 6 auf 10 Skalenpunkte zu verbessern.
3) Das Image des T-Theaters ist bei über 60jährigen von 7 auf 10 Skalenpunkte zu verbessern.
4) Das Image des T-Theaters ist bei Entscheidern aus Politik, Kultur und Stadtverwaltung von 5 auf 10 Skalenpunkte zu steigern.
5) Das Selbstimage des T-Theaters ist bei den Mitarbeitern von 8 auf 10 Skalenpunkte zu steigern.
6) Der Bekanntheitsgrad des T-Theaters bei den Jugendlichen ist von 66% auf 100% zu steigern.
7) Der Bekanntheitsgrad des T-Theaters ist bei den Erwachsenen bis 60 Jahre von 80% auf 100% zu steigern.
8) Der Bekanntheitsgrad des T-Theaters ist bei den über 60jährigen von 80% auf 100% zu steigern.
9) Da Ist- und Sollwert zusammenfallen, läßt sich kein Ziel formulieren.
10) Der Besuch des T-Theaters ist stadtweit anteilig auf 166% zu steigern.
11) Der Besuch des T-Theaters durch potentielle jugendliche Theaterbesucher ist (von 14% auf 28%) zu verdoppeln.
12) Der Besuch des T-Theaters durch Erwachsene bis 60 Jahre ist zu verdoppeln.
13) Der Besuch des T-Theaters durch Erwachsene über 60 Jahre ist zu verdoppeln.
14) Das Interesse Jugendlicher für das Theater ist zu wecken und zu stabilisieren.

15) Die Informationsmöglichkeiten über das T-Theater für Berufstätige, die wenig Zeit zur Information haben, sind entscheidend zu verbessern.

16) Der Theaterbesuch des T-Theaters (inkl. Anfahrt) ist kostengünstiger zu gestalten.

17) Vertreter aus Politik/Kultur und Stadtverwaltung sind davon zu überzeugen, daß die Finanzierung des T-Theaters eine kulturell höchst sinnvolle Maßnahme darstellt.

18) Die Medienberichterstattung zum T-Theater muß vervierfacht werden (in jedem Monat).

19) Die Motivation der Mitarbeiter ist von 62,5% auf 100% zu steigern.

6) Kommunikative Botschaften

Kommunikative Botschaften sind Informationen (Wissen, Norm- und Wertvorstellungen), die nach Durchführung der Konzeption (Kampagne) im Bewußtsein aller Mitglieder der korrespondierenden Zielgruppe verankert sein soll.

Für die in Tabelle 12 genannten sechs relevanten Zielgruppen könnten diese Botschaften etwa wie folgt formuliert werden:

(1) Für die Jugendlichen: „Theater ist geil!"

(2) Für die Erwachsenen bis 60 Jahre: „Theater ist Leben!"

(3) Für die Erwachsenen über 60 Jahre: „Theater erhält jung!"

(4) Für die Entscheider: „Das T-Theater ist eine kulturell hochwertige Einrichtung, dessen Existenz ein Gewinn für Stadt und Land ist!"

(5) Für die Journalisten (Medien): „Am T-Theater ist immer was los!"

(6) Für die Mitarbeiter: „Wir sind eine tolle Truppe!"

7) Maßnahmenplan

Der Maßnahmenplan listet alle zu ergreifenden Maßnahmen in bezug auf die jeweils korrespondierende Zielgruppe auf. Er verknüpft die einzusetzenden Instrumente mit den kommunikativen Zielen. Eine Maßnahme ist definiert als Anwendung von mindestens einem → Instrument der PR. „Erhöhung von Bekanntheitsgrad" ist demnach eine Maßnahme, die in ihrer konkreten Umsetzung dann auch „Plakatierung" oder „Veranstalten einer Pressekonferenz" heißen kann. Das zugehörige Instrument ist dann das Plakat bzw. die Pressekonferenz.

ad Beispiel 21: Exemplarisch lassen sich z. B. für die Zielgruppe der Jugendlichen (kommunikative Ziele 1, 6, 11, 14) folgende Maßnahmen entwickeln:

Umsetzung des Ziels „Theater ist geil!"

1) unter dem Motto „Theater zum Anfassen und Mitmachen“ mit dem Instrument „Tag der offenen Tür“, mit Aktionstheater/Straßentheater, Aufführung moderner bzw. provokativer oder zeitkritischer Stücke,

2) Einladungen an die Schulen bzw. die Schülerselbstverwaltungen bzw. den AStA der Universität zum Theaterbesuch (Diskussion mit Schauspielern, Regie, Intendant, Teilnahme an Proben) etc.

3) Provokative Plakatierung in Schulen, Buchhandlungen etc.

Ganz wesentlich unterstützt wird diese Maßnahme durch gezielte Ansprache der Medien.

Vollkommen anders sind Maßnahmen für die Zielgruppe der Entscheider (Zielgruppe 4 in Tabelle 12) zu definieren: Persönliche Gespräche und persönliche Einladungen ins Theater sind hier hilfreich (direkter Effekt). Und es ist sehr hilfreich, wenn die Medien über das Theater berichten (indirekter Effekt).

Eine enorme Wirkung kann hier auch der Gewinn von Sponsoren auslösen, die bereit sind, den Unterhalt des Theaters abzusichern.

8) Instrumente

Instrumente sind kommunikative Werkzeuge, deren Einsatz die erwünschten Wirkungen hervorbringen soll.

Die Auswahl von Instrumenten wird durch die gewählte Maßnahme vorgegeben: Zur Erhöhung des Bekanntheitsgrades sind Happenings, Tage der offenen Tür oder die Schaffung geeigneter Anlässe für Berichterstattung hilfreich, nicht aber vertrauliche Pressegespräche oder die Herausgabe einer Mitarbeiterzeitung. Zur Pflege des Kontaktes zu Journalisten sind umgekehrt Happenings oder Aktions-PR wenig geeignet. Geeignet sind dagegen vertrauliche Gespräche, interessante Pressemitteilungen etc.

ad Beispiel 21: Aktions-PR (Straßentheater, Tage der offenen Tür, „Schnupperkurse“ etc.) ist sowohl für die Vergrößerung des Bekanntheitsgrades als auch zur Verbesserung des Images geeignet. Die entsprechenden kommunikativen Instrumente sind demgemäß z. B. Action und Event, Selbstdarstellung, Plakat etc. und indirekt wiederum die Provokation medialer Berichterstattung.

9) Zeitplan

Der Zeitplan legt Beginn und Ende aller durchzuführenden PR-Maßnahmen fest.

10) Der Kostenplan

Er weist alle für die Konzeption entstehenden Kosten (von der Präsentation bis zur Erfolgskontrolle) aus.

Die Verknüpfung von Maßnahmenplan, Zeit- und Kostenplan durch eine Matrix (vgl. Tabelle 13) ist hilfreich, denn sie listet Beginn und Ende der zu ergreifenden Maßnahmen auf einer Zeitachse unter Angabe der Kosten auf, so daß in der Summenspalte alle Kosten im jeweiligen Zeitabschnitt, in der letzten Spalte die Gesamtkosten je Maßnahme abgelesen werden können:

Maßnahme/ Zeit/Kosten	1.-13. Woche	14.-26. Woche	27.-40. Woche	41.-52. Woche	Σ
Maßnahme 1	M1 (DM)	M1 (DM)	–	M1 (DM)	ΣM1
Maßnahme 2	–	–	–	M2 (DM)	ΣM2
Maßnahme 3	–	M3 (DM)	–	M3 (DM)	ΣM3
Σ:	Σ_{1-13} (DM)	Σ_{14-26} (DM)	Σ_{27-40} (DM)	Σ_{41-52} (DM)	Σ_{gesamt}

Tabelle 13: Maßnahmenmatrix nach Zeit und Kosten

11) Operationalisierung (Umsetzung)

Durchführung der Maßnahmen (Realisierung). Zwar begreift die Mehrzahl der Autoren (vgl. statt anderer Dörrbecker/Fissenewert-Goßmann 1997: 191) die Umsetzung als Bestandteil der Konzeption, doch wird dieses Verständnis nicht überall geteilt.

12) Resonanzanalyse

Bestimmung der durch die Realisierung der PR-Maßnahmen erzielten kommunikativen → Wirkungen in bezug auf den Abbau der Ist-Soll-Differenz mit Mitteln der Wirkungsanalyse (z. B. → Clippings, Messung von → Images und Bekanntheitsgrad etc.). Die Messung von Resonanz kann sich – je nach umgesetzter Maßnahme – vieler unterschiedlicher Verfahren und Indikatoren bedienen. Vgl. dazu exemplarisch → Tag der offenen Tür.

ad Beispiel 21: Die Steigerung von Bekanntheitsgrad und Image des T-Theaters bei den relevanten Zielgruppen kann durch eine → Befragung erhoben werden. Aber auch die Medienresonanz, die durch Clippings oder geeignete Verfahren der → Inhaltsanalyse zu leisten ist, kann zur Resonanzanalyse herangezogen werden.

13) Controlling

Das → Controlling als systematische Prüfung auf Einhaltung vorgegebener Sollgrößen findet vor, während und nach der Durchführung einer Konzeption statt. [Dörrbecker/ Fissenewert-Goßmann 1997; Zerfaß 1996: 344 ff.]

Public Relations, Professionalisierung

Die Informationsflut und die Verlagerung von Relevanz ins Mediensystem bewirken notwendig, daß Sachverhalte, die nicht in den Medien resp. in der Öffentlichkeit auftauchen, als nicht real und nicht relevant gelten. Die damit einhergehende, nur fiktional wahrnehmbare Darstellung von Sachverhalten wird zwar flächendeckend akzeptiert, allerdings nur in dem Maß, wie Hinweise auf deren Glaubwürdigkeit beigesteuert werden können: Es entwickelt sich – parallel zur Evolution von Kommunikation – ein Markt für die Darstellung und Behauptung von Relevanz und zugleich ein Markt für die Beschaffung von Vertrauen.

Folgerichtig entwickelt sich eine Profession, die die mediengerechte und glaubwürdige Konstruktion von Sachverhalten aller Art durch → Kommunikation betreibt: Public Relations. Nicht zufällig markieren Katalyse von Kommunikation (Dialog), Konstruktion von → Images und deren Positionierung in der → Öffentlichkeit zentrale Tätigkeitsfelder von Public Relations.

Zu Beginn oft als unlauteres Tun, als „Heimsuchung der Deutschen Publizistik" (Haacke 1957: 129) diskreditiert, ist Public Relations mittlerweile zu einem Typus strategischer Kommunikation avanciert. Gegenüber dem Journalismus, dessen Ziel die laufende Erzeugung und Verbreitung von Medieninhalten ist, operiert Public Relations auf einer anderen, höheren Ebene, weil sie Kommunikation betreibt, *um* Kommunikation (Dialog mit der Öffentlichkeit) zu bewirken. Public Relations entwickelt sich, unter dieser Perspektive betrachtet, konsequent, zielgerichtet und auch immer deutlicher wahrnehmbar zu einer Profession, die Managementfunktionen zu erfüllen hat. Zu Recht definieren Grunig/Hunt (1984: 6) daher PR als „management of communication", und zu Recht wird PR immer stärker als strategisches Handeln akzeptiert und in den Chefetagen von Unternehmen, Verbänden und Parteien angesiedelt. Schon daraus läßt sich ableiten, daß PR-Handeln als verantwortliche Aufgabe eine anspruchsvolle und systematische Ausbildung verlangt.

Die wachsende Professionalisierung von Public Relations läßt sich anhand einer Fülle von Indikatoren belegen. Beispielsweise zeigt die Mitgliederzahl der → DPRG (Deutsche Public Relations Gesellschaft) eine Entwicklung (Abb. 45), an der diese Professionalisierung hilfsweise abzulesen ist.

Die Implementation hochschulgebundener PR-Ausbildung an Hoch- und

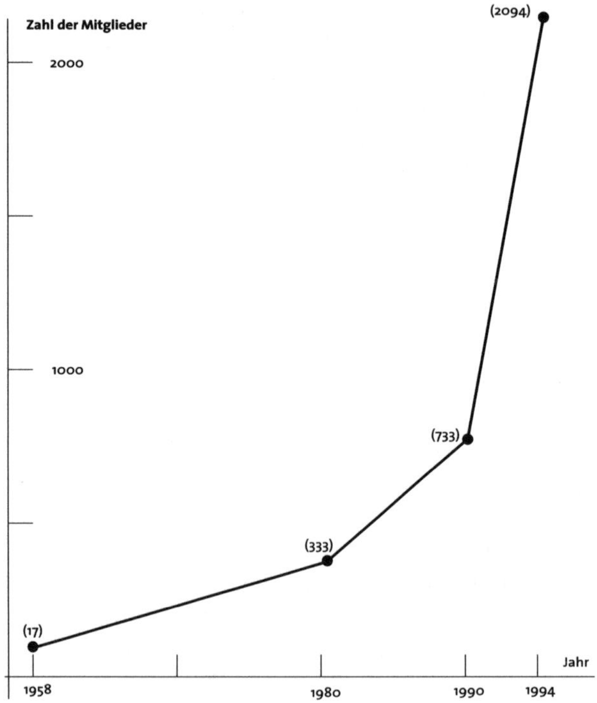

Abbildung 45: Mitgliederentwicklung der DPRG (1958–1994) (Quelle: Deutsche Public Relations-Gesellschaft (DPRG) (Hrsg.) (1995): Mitgliederverzeichnis 1994/1995. Königswinter: 19–21.)

Fachhochschulen nimmt mittlerweile konkrete Formen an, und seit längerem ist an universitären Instituten für Publizistik/Kommunikationswissenschaft ein stetiges Ansteigen von Abschlußarbeiten und Dissertationen mit PR-Themen zu beobachten.

Ein wichtiger **Indikator für die Professionalisierung** von PR ist vor allem das Niveau der beruflichen und praktischen Ausbildung. Vergleicht man die von *Merten* (1997) ermittelten Werte von 78,7% für einen akademischen Abschluß und von 62,8% für eine PR-spezifische Aus- oder Weiterbildung und vergleicht diese mit denen früherer Jahre, so ergibt sich ein aussagekräftiger Trend: Innerhalb von 15 Jahren hat sich der Anteil der Akademiker unter den PR-Tätigen fast verdoppelt, und der Anteil derer, die eine Aus- oder Weiterbildung in Public Relations absolviert haben, hat sich von 41% auf 63% vergrößert. Einen weiteren Hinweis für Professionalisierung liefert der Vergleich der studierten Fächer bei den leitenden PR-Tätigen. Danach sinkt der Anteil der PR-fremden Fächer (vor allem: Wirtschaftswissenschaften, Technik/ Naturwissenschaften und Recht), während der Anteil der PR-affinen Fächer (vor allem: Kommunikationswissenschaften, Geistes- und Sozialwissenschaften) deutlich steigt.

Studienfach leitender PR-Tätiger (nach: Haedrich 1994: 19)	**Riefler (1987)**	**Haedrich (1993)**	**Merten (1997)**
Kaufmannn/Wirtschaftsw./Jura	49,0%	50,9%	34,5%
Technisch/Naturwiss.	10,0%	18,3%	4,4%
Sozialwissenschaften	23,0%	6,9%	9,8%
Journalist./Publizistisch/Komm.	13,8%	16,9%	
Geisteswissenschaftlich	16%	7,6%	29,7%
Sonstige	2%	2,4%	4,9%
Summe:	100%	100%	100%
Fallzahl:	160	242	225

Tabelle 14: Studienfach leitender PR-Tätiger im Vergleich

Einen weiteren Hinweis für Professionalisierung liefert der Vergleich von Zeitbudgets. *Haedrich* hat das Zeitbudget von leitenden PR-Tätigen von 1981 und 1993 analysiert. Dabei zeigt sich ein stetiger Aufwärtstrend für eine der wichtigsten PR-Aktivitäten, nämlich „Persönliche Kontaktpflege" und ein stetiger Abwärtstrend für eher PR-fremde Tätigkeiten wie Medienproduktion, Layout und Mediaplanung. Die Daten der 1996er Untersuchung (Merten 1997) bestätigen diese Entwicklung: PR-relevante Tätigkeiten nehmen im Zeitbudget zu, PR-ferne Tätigkeiten nehmen im Zeitbudget ab.

Einen zusätzlichen Hinweis für Professionalisierung ergibt die bei den Befragten erhobene Prognose über die Relevanz von Ausbildungswegen. Sie besagt, daß die Bedeutung der Ausbildung „Von der Pike auf" bis zum Jahr 2000 deutlich zurückgehen wird, während umgekehrt die Bedeutung einer hochschulgebundenen PR-Ausbildung im gleichen Zeitraum deutlich zunimmt.

Waren 1987 nur 13% der PR-Tätigen Frauen, so sind es 1996 bereits 41,8%. Dabei ist hervorzuheben, daß die Zufriedenheit mit dem Beruf/Arbeitsplatz sowohl bei Frauen (Skalenwert 8,1) als auch Männern (Skalenwert 8,2) sehr hoch liegt. PR stellt in Deutschland ein Berufsfeld dar, in dem gerade Frauen gute Berufschancen haben. [Merten 1997]

Public Relations, Theorie

Theoretische Aktivitäten im weiteren Sinne (Ordnung durch Begriffsbildung, Bildung von Kategorien, Typologien und Klassen) und im engeren Sinne (Bildung von Hypothesen, Prüfung von Hypothesen, Formulierung von Modellen/Theorien durch Verknüpfung von Hypothesen) sind zentrale wissenschaftliche Aktivitäten jeder Wissenschaft.

Für PR ist eine Theorie zumindest an fünf „Baustellen" notwendig und sinnvoll:

- Definition von Begriffen (insonderheit: die zufriedenstellende Definition des Begriffs „Public Relations"), aber auch die Klärung des Verhältnisses von Begriffen wie Teilöffentlichkeit und Zielgruppe, Instrument und Maßnahme etc.
- Formulierung einer Theorie der Entstehung und Entwicklung von PR
- Theorie des Verhältnisses von PR und Mediensystem (Journalismus)
- Theorie des optimalen Einsatzes von Instrumenten (Für welches Problem sind welche Instrumente am besten geeignet?)
- Theorie der Wirkung (Resonanz) von PR-Maßnahmen (Welche Wirkung entfaltet welche Maßnahme/Kombination von Maßnahmen unter welchen Bedingungen?)
- Theorie der Ausdifferenzierung und Vernetzung (Entgrenzung) mit anderen Bereichen (z. B. Human Relations, Financial Relations)

Wie alle → Theorien, hat auch eine Theorie der PR grundsätzlich eine ordnende und den Erkenntnisfortschritt lenkende Funktion. Es gibt mittlerweile eine Mehrzahl von Versuchen, PR theoretisch zu fassen:

Ronneberger/Rühl (1992) haben hierzu einen funktionalen Entwurf vorgelegt (der sich freilich stark im Formalen erschöpft). *Grunig/Hunt* (1984) haben eine Systematisierung von PR unter Einzug einer historischen Perspektive, angelehnt an vier Kommunikationsmodelle der PR, vorgelegt und später ein → Win-Win-Modell nachgeliefert. *Burkart* (1994) hat den Entwurf einer → verständigungsorientierten PR vorgelegt, der sich allerdings nicht bewährt hat.

Baerns (1991) hat die → Determinationshypothese entwickelt, *Bentele* die → Intereffikationshypothese. *Merten* (1992; 1994; 1999) hat den Entwurf eines systemtheoretischen Ansatzes vorgelegt, der PR als „Konstruktion wünschenswerter Wirklichkeiten" definiert.

Kernstück einer Theorie der PR wird vor allem das Verhältnis von PR und Journalismus (Mediensystem) sein:

Der Journalist übernimmt eine Pressemitteilung (mehr oder minder vollständig), weil ihm dies Zeit, Arbeit und Kosten spart. Da sein journalistisches Selbstverständnis es ihm zudem verbietet, als Verfasser des zu publizierenden Beitrags den eigentlichen Urheber („Pressestelle der Organisation X") anzugeben, läßt er diese Angabe weg. Sein Gegenüber auf der PR-Seite ist daran interessiert, daß eine Berichterstattung gerade so ausfällt, wie er sie – wünschenswert im Sinne seiner Organisation – formuliert hat. Die Publikation unter Weglassung des Urhebers ist dann ein eindeutig konstruktiver Akt.

Diese noch recht einfache Bindung des Journalismus an PR ist de facto wesentlich stärker, weil PR gerade an wirtschaftlich und politisch exponierten Stellen besonders intensiv vertreten ist, so daß hier das dichteste Netz für aktuelle Information zu vermuten ist: Unterstellt werden muß, daß alle relevante Information über alle gesellschaftlich relevanten Angelegenheiten – insbesondere aus Politik und Wirtschaft – zuallererst bei PR-Managern abzurufen ist: PR-Manager sind exzellente Informationsquellen, und sie sind es um so mehr, je hochrangiger sie angesiedelt sind.

Baerns (1991: 91) zeigt, daß in der Presse der Bundesrepublik im Mittel 62% der Pressemitteilungen vom Mediensystem übernommen werden. In den USA sind dies bereits 80%. Diese Befunde zeigen, daß sich das Mediensystem in einer spezifischen Abhängigkeit von Public Relations befindet, die nach *Baerns* (1991: 87) als Determination bezeichnet wird. PR erlangen de facto – neben den Nachrichtenagenturen oder der Recherche durch die Journalisten selbst – die Funktion der Nachrichtenbeschaffung im großen Stil: PR selegiert praktisch ein partikularistisch strukturiertes Informationsangebot riesigen Ausmaßes vor und erhöht durch die mediensystemkonforme Verfassung von Pressemitteilungen die Akzeptanzchance (Selektionschance) durch die Journalisten. Strukturell ist PR einerseits von der finalen Selektionsentscheidung der Journalisten abhängig. Andererseits sind die Journalisten von dem Angebot, dessen zeit- und themenspezifische Präsentation in der ausschließlichen Verfügbarkeit von PR liegt, abhängig.

Die Determinationshypothese wurde mehrfach überprüft. *Grossenbacher* (1989) fand heraus, daß die Journalisten die von PR-Stellen verbreiteten Pressemitteilungen sogar zu 75% zugrunde legten und im großen ganzen auch die von den PR-Stellen vorgegebenen Interpretationsmuster. *Barth/Donsbach* (1992) relativieren diese Befunde insofern, als sie feststellen, daß bestimmte Randbedingungen, vor allem der Nachrichtenwert des zugrundeliegenden Themas und die Einstellungen des Journalisten zum jeweiligen Unternehmen direkten Einfluß auf die Übernahme von Pressemitteilungen nehmen: Je krisenhafter das Thema und je negativer die Einstellung der Journalisten, desto weniger sind sie geneigt, Pressemitteilungen zu übernehmen. Danach kann die Determinationshypothese nur unter bestimmten Randbedingungen als gültig angesehen und nicht ohne weiteres verallgemeinert werden. Die Determinationshypothese trifft um so mehr zu:

- je größer die Organisation ist, die Pressemitteilungen verbreitet
- je größer die Aktualität der Pressemitteilung ist
- je monopolartiger der Zugang zum verbreiteten Nachrichtenkern ist
- je schwächer die konkurrierende Ereignislage ausfällt
- je glaubwürdiger das Unternehmen agiert und
- je weniger krisenhaft das thematisierte Ereignis ausfällt.

Daß Journalisten bei Befragungen solche Abhängigkeiten von PR nicht zugeben können oder wollen, läßt Befragungen hierzu erwartbar reaktiv (verzerrt) ausfallen. Von daher sind Ergebnisse von Befragungen, in denen solche Sachverhalte erhoben werden (vgl. Weischenberg 1992: 237 ff.; Weischenberg 1997), mit einiger Vorsicht zu betrachten, insbesondere wenn aus ihnen eine Widerlegung der Determinationshypothese abgeleitet werden soll.

Bentele/Liebert/Seeling (1997: 240 ff.) schlagen vor, den Begriff Determination durch den der → Intereffikation zu ersetzen, weil der erstere ihrer Ansicht nach eine einseitige Einflußnahme suggeriert. Dabei wollen sie unter → Intereffikation – analog zum biologischen Begriff „Symbiose" oder zum soziologischen Begriff Interpenetration – eine wechselseitige Abhängigkeit verstehen. Zwar muß – analog zum Win-Win-Modell (vgl. Ehling 1992: 623 f.) – die Intereffikation für beide Seiten einen Pay-off erzeugen. Von daher ist der Begriff der Intereffikation angemessen. Fragt man aber nach dem Prozeß, so ist PR – analog etwa einer Nachrichtenagentur – dem redaktionellen Handeln temporal vorgeordnet und übernimmt – sozusagen kommissarisch ohne Auftrag – ein Selektionshandeln, das vom Mediensystem mehr oder minder akzeptiert wird. Von daher sind Determination und Intereffikation Begriffe, die einander nicht ausschließen. Determinationshypothese und Intereffikationshypothese gehen von Beeinflussung bzw. wechselseitiger Abhängigkeit aus. Sie vernachlässigen damit allerdings die Analyse des wechselseitigen Nutzens, den PR und Journalismus aus ihrer Interaktion im Sinn einer Win-Win-Situation ziehen und aus dem heraus erst Strukturen von ein- oder wechselseitigem Einfluß zu erklären sind. Diese Nutzenschöpfung hat eine sehr klare Struktur:

- PR-Abteilungen in Organisationen oder von diesen beauftragte Agenturen verfassen redaktionelle Beiträge über Ereignisse aus ihrem Umfeld, die in der Regel eher eine partikuläre Relevanz besitzen und deren Darstellung eine subjektive und eher positive Tönung aufweisen.
- Der Journalist ist aufgrund der wachsenden Elektronisierung von Redaktionen mehr denn je an seinen Arbeitsplatz gebunden, so daß die Zeit für umfangreiche eigene Recherchen immer geringer wird.
- Er ist daher zunehmend bereit, Pressemitteilungen als Informationsangebot zu nutzen.
- Sofern der Journalist einen Beitrag akzeptiert und veröffentlicht, passieren simultan mit dem Beitrag drei Dinge: a) Der Beitrag verliert seine originäre Quellenangabe (so diese überhaupt je manifest wird) und erscheint als originäres Produkt des Journalisten, b) der Beitrag verliert seine subjektive Tönung und erscheint nun objektiv, c) der Beitrag verliert seine partikuläre Relevanz zugunsten einer gesamtgesellschaftlichen Relevanz.

Dieser Prozeß funktioniert nur, wenn eine Win-Win-Situation vorliegt, d. h. wenn beide Parteien einen Nutzen davon haben. Diese Situation ist aber standardmäßig gegeben, weil der Journalist eine journalistisch brauchbare Information erhält, die zudem bereits journalistisch aufbereitet ist und also weder finanzielle noch temporale Ressourcen in Anspruch nimmt. Daß der Journalist hierbei praktisch ein Plagiat vornimmt, ist unproblematisch, weil er von dem zum Plagiierenden ja gerade zum Plagiat aufgefordert wird und weil das Plagiat daher weder bekannt werden kann noch Sanktionen nach sich zieht.

Auch der PR-Mann/die PR-Frau hat einen Nutzen, denn ihre ursprünglich nur partikulär relevante Aussage hat durch die öffentliche Berichterstattung durch das Medium nun den Adel des Objektiven, des gesellschaftlich Relevanten erhalten, ohne daß diese Mutation je in der Öffentlichkeit bekannt würde. Der Pay-off der Win-Win-Situation läßt sich für beide Seiten sogar noch steigern:

Bei erfolgreicher, auf lange Sicht geplanter PR wird sich das Verhältnis zwischen Journalist und PR-Mann/-Frau noch weiter verbessern dadurch, daß man lernt, einander wechselseitig in angebbarem Umfang zu vertrauen. Zugleich schafft der PR-Mann/die PR-Frau sich bei wiederholter Lieferung abdruckwerter Pressemitteilungen (Spoon-feeding) einen Glaubwürdigkeits- und Leistungsbonus, der von seiten der PR dann strategisch genutzt und abgerufen werden kann, wenn von seiten der PR ein bestimmter Beitrag unbedingt und schnell in den Medien verbreitet werden soll. Das Verrechnen wechselseitigen Nutzens und wechselseitiger Forderungen ist der Mechanismus, der die Beziehung von Mediensystem und PR im Sinne von Bargaining stabilisiert. Von daher wird eine Theorie der PR im Kern eine Theorie reziproken kommunikativen Nutzens sein müssen. [Baerns 1991: 85 ff.; Bentele/Liebert/Seeling 1997: 240 ff.; Rühl/Ronneberger 1992: 21 ff.; Merten 1999: 256 ff.]

Public Relations, Typologie

PR als sich schnell ausdifferenzierendes Berufsfeld umfaßt heute bereits eine Vielzahl spezieller Ausrichtungen und Anwendungen. Diese lassen sich nach unterschiedlichen Kriterien ordnen (vgl. Tab. 15). Die wichtigsten sind:

Differenzierung von PR	Kriterium			
Political Relations	Medical Relations	Financial Relations	...	segmentär
Interne PR	Externe PR	funktional		
Profit-PR	Nonprofit-PR	ökonomisch		
Pressearbeit	Lobbying	Online-PR	...	instrument-bezogen
Krisen-PR	Messe-PR	Event-PR	...	anlaßbezogen
kurzfristige PR	langfristige PR		zeitbezogen	
PR von Unternehmen	PR von Agenturen und Beratern	PR von Nonprofit-Organisationen	Typ der Organisation	
Tourismus-PR	Handels-PR	Versicherungs-PR	...	branchen-bezogen
Government Relations	Community-PR	Investor Relations	...	zielgruppen-bezogen

Tabelle 15: Differenzierung von PR nach unterschiedlichen Kriterien

- Segmentäre Differenzierung: Political Relations, Medical Relations, Financial Relations etc.
- Funktionale Differenzierung: Interne und externe PR (die miteinander korrespondieren)
- Ökonomisches Differenzierungskriterium: Profit-PR vs. Nonprofit-PR
- Instrumentbezogene Differenzierung: Pressearbeit, Lobbying, Sponsoring etc.
- Anlaß als Differenzierungskriterium: Krisen-PR, Konferenz-PR, Event-PR etc.

Die letzten drei Kriterien sind dabei – anders als bei der funktionalen Differenzierung – rein klassifikatorisch, d. h., die differenzierten Bereiche sind gegeneinander indifferent, während interne und externe PR aufeinander bezogen werden müssen. [→ Köcher/Birchmeier 1992: 85 ff.]

Zu den wichtigsten Spezialisierungen zählen a) Unternehmens-PR (die klassische PR), b) Polit-PR (PR für das politische System), c) Nonprofit-PR (PR für Vereine/Interessenverbände, deren Zweck nicht das Erwirtschaften von Gewinnen ist, z. B. die Kirchen), d) Financial Relations (PR für → Shareholder), e) Medical Relations, f) Kultur-PR. [Köcher/ Birchmeier 1992: 85 ff.]

Publikum

Im Gegensatz zu einer → Masse ist sind Mitglieder eines Publikums füreinander nicht wahrnehmbar und auch nicht kollektiv beeinflußbar. Mitglieder eines Publikums (z. B. die Seher einer Sportschau oder die Rätselrater einer Zeitung) sind jedoch hinsichtlich demographischer und/oder anderer Merkmale (z. B. Präferenzen für bestimmte Hobbys) relativ homogen.

Publizistik

Bezeichnung, die die Zeitungswissenschaft nach 1945 angenommen hat. Sie wurde definiert als „Lehre von der öffentlichen Aussage aktueller Bewußtseinsinhalte" (Hagemann 1947: 37) und hat sich unter diesem Rubrum zu einer auf den deutschsprachigen Raum beschränkten Medienwissenschaft entwickelt, die vor allem deskriptiv-historisch oder empirisch-analytisch vorgeht. Die von ihr verfochtenen → publizistischen Kriterien und weitere theoretische Bestände gelten als überholt [Noelle-Neumann et al. 1999: 184; Merten 1999: 431 ff.]

Publizistische Einheit

Zeitungen, die den gleichen Mantel (das sind mindestens die Seiten eins und zwei jeder Ausgabe) besitzen, gelten als gleiche publizistische Einheit. Wegen der im → Mediensystem Deutschlands zu beobachtenden → Pressekonzentration ist die Zahl publizistischer Einheiten rückläufig. [Meyn 1996: 59 ff.]

Publizistische Kriterien

Aktualität (jüngstes Gegenwartsgeschehen), Publizität (Zugänglichkeit für jedermann), Periodizität (regelmäßiges Erscheinen) und Universalität (der verbreiteten Inhalte) gelten als Kriterien für Zeitung, Hörfunk und Fernsehen. Bei → Zeitschriften ist wegen ihrer weniger starken Erscheinungsfrequenz das Kriterium der Aktualität nicht erfüllt und bei den meisten Zeitschriften (Ausnahme: → Publikumszeitschrift) auch nicht das Kriterium der Universalität.

Q

Qualitative Analyse

Erhebung und Analyse sozialer Wirklichkeit nicht nach vorgegebenen Klassifikationen (etwa: standardisierte Fragebögen) und nicht durch quantifizierende Skalierung (→ Quantitative Analyse), sondern durch Analyse des „gemeinten Sinns" sozialer Handlungen durch hermeneutische Verfahren resp. durch Interpretation unter systematischer Berücksichtigung des situativen oder semantischen Kontextes. Typische Verfahren sind z. B. das Narrative Interview, die Objektive Hermeneutik oder das Interpretative Paradigma. [Garz/Kraimer 1991: 1 ff.]

Quantitative Analyse

Quantitative Analyse beruht auf der Quantifizierbarkeit von Variablen nach bestimmten → Skalen und der b) durch die quantitative Analyse möglichen Prüfung auf Validität von Ergebnissen – insbesondere, wenn diese statistisch auf → Signifikanz geprüft werden können.

Quotenstichprobe → Stichprobe